PAPIER
FRESSERCHEN
MTM-VERLAG
DIE BÜCHER MIT DEM DRACHEN

Impressum:

Alle weiteren Personen und Handlungen des Buches sind frei erfunden. Ähnlichkeiten mit lebenden oder verstorbenen Personen sind zufällig und nicht beabsichtigt.

Besuchen Sie uns im Internet:
www.papierfresserchen.de
www.herzsprung-verlag.de

Mühlstraße 10, 88085 Langenargen
Telefon: 08382/9090344
info@herzsprung-verlag.de + info@papierfresserchen.de

Erstauflage 2019

Cover gestaltet mit Bildern von © Zacarias da Mata (Hintergrund),
© nicolasprimola (Fledermaus) + © eshma (Blutstropfen)
alle Adobe Stock lizensiert

Gedruckt in der EU
ISBN: 978-3-86196-773-6

Lektorat: Redaktions- und Literaturbüro MTM
www.literaturredaktion.de

Schauderwelsch

Spannende Texte zum Schmunzeln,
Fürchten, Trösten, Lieben, Lachen ...

Jochen Stüsser-Simpson

Von Elfen, Tieren, Kindern – am See, in der Stadt, in der Schule

Märchen

Krimis

Phantastisches, Unheimliches, Skurriles

Über allem die Liebe

Weihnachten

Aktuelles, Zeitgeistiges, Politisches

Am Flimmersee

Wo ist die kleine Schwester? Sie ist schon wieder weg. Manchmal ist sie etwas anstrengend, wirklich. „Dafür ist sie nicht langweilig", sagt Mama. Und: „Sie kann doppelt sehen, die kleine Schwester, sie sieht auch hinter den Nebel und den Dunst und unter die Wasseroberfläche."

Erwachsene reden oft Unsinn. Als er neulich mit seinen Freunden angeln ging, wusste sie noch nicht einmal, an welcher Uferstelle die Karpfen gründeln. Sie ist nicht langweilig, ja, das stimmt. Sie ist neugierig und immer in Bewegung, wenn sie nicht schläft oder malt oder auf einem Zweig sitzt und singt.

Der kleine Elf setzt die Trockenpilz-Kappe auf und macht sich auf die Suche. Verkehrt herum trägt er sie, die Pilz-Kappe, mit dem Schirm im Nacken. Wozu denn das? Vielleicht findet er es einfach schön. Fast alle Leute hier tragen Käppis, aber richtig herum, in Blau und Gelb, in Grün und Rot. Der alte Wald-Elb, der vor langer Zeit zugewandert ist, meint, deshalb hießen die Leute hier Pilz-Elfen. Aber wer glaubt schon Wald- Elben, die uralt sind? Großvater sagt, das liegt an den vielen Hütten, die sie unter den großen Pilzen bauen. Die Hauben und Kappen der Pilze schützen vor Regen und schirmen im Sommer vor der heißen Sonne ab.

Großmutter lacht, wenn sie das hört. „So ein Quatsch", sagt sie dann immer sehr laut und macht sich lustig: „Ihr dummen Beerensammler-Elfen, ihr Angel-Elfen und Seeufer-Elfen, ihr Apfelpflücker- und Rotkäppi-Elfen – wir sind alle einfach Elfen." Dann klopft sie auf den Holztisch und das Gespräch ist beendet. So ist die Großmutter.

Unser kleiner Elf macht sich auf den Weg durch das Dorf. Die Strohdachhütten und Ställe ziehen sich am Ufer entlang. Übrigens können die meisten Dorfbewohner mit den Pflanzen und Tieren reden. Wie sie das genau machen, hat ihnen noch niemand abgeschaut. Auch unser kleiner Elf versteht sie schon ein bisschen. Er fragt die Elfenblumen, ob sie seine kleine Schwester gesehen haben, doch die schwingen nur ihre schwefelgelben Blüten zum Gruß und haben nichts bemerkt. Er fragt die Trollblumen, aber die wackeln nur und sind albern. Das Pfeifengras orgelt in den höchsten Tönen, um auf sich aufmerksam zu machen, die

Gräser haben leider auf nichts geachtet. Wo der feste Grund endet und das Wasser beginnt, rauschen und wogen überall die Schilfhalme in Wellen und Wind. Hier rastet gerne der Fischotter, sein Schnurrbart ist auch gleich zu sehen. Bis zu den Knien watet der kleine Elf ins Wasser, dann steht er vor ihm und stupst ihn zur Begrüßung auf die Nase.

Der Otter faucht und lacht überrascht, er war ein bisschen eingeschlafen: „Heute ist ja viel Unruhe am See, ständig passiert etwas, seit heute Morgen ist der blaurote Schneckendrache zu Besuch auf dem See, heute Mittag sind nicht nur die Tauben und die Schwalben über das Wasser geflogen, sondern auch zwei kleine Engel", prustet er.

Der junge Elf macht einen sehr weisen Gesichtsausdruck: „Du siehst Gespenster, lieber Otter, du solltest auch einmal aus dem Wasser herauskommen."

Der Otter spuckt einen Wasserstrahl in Richtung des kleinen Elfen, dass dieser sich zu Seite dreht, um nicht nass zu werden. „Sag das nicht, kleiner Elf, du bist wie der große Hecht vom Südufer, der hat einmal nach einem Engel geschnappt, aber er ist gegen eine unsichtbare Wand geprallt. Der Engel stand wie eine Libelle über dem Wasser in der Luft, hier vor dem Schilf. Und als der Hecht zurück ins Wasser gefallen ist, hat der Engel gewinkt – und ich glaube – gelächelt. Der Hecht hat das nie wieder versucht, er ist ja nicht dumm."

Der kleine Elf rümpft die Nase und sagt, er hat noch nie Engel gesehen. Der Otter schnaubt: „Du bist ja noch jung, kleiner Elf, und die Engel kann längst nicht jeder sehen. Zwischen Wasser und Himmel gibt es mehr Dinge, als du sehen und riechen kannst. Du verstehst die Pflanzen und viele Tiere. Hast du dich auch schon einmal mit Muscheln unterhalten? Und die Sprache der Steine versteht niemand von uns. Die Engel mit ihren Flatterflügeln haben einen lustigen Lichtkranz, der ihnen folgt wie anderen ein Schatten in der Sonne, nur leuchtet er auch im Dunkeln. Das sind keine Käppis."

Der junge Elf spitzt die Lippen und spuckt in hohem Bogen über den Otter, der unbeirrt weiterredet: „Im Schilf sind die Engel nur selten, ihr Gebiet ist hoch über den Wolken, da kennen sie sich aus. Hinter den Wolken geht es nämlich weiter, wie auf einer Treppe, immer nach oben – in die Richtung des Lichts, das auf uns strahlt und leuchtet. Und das uns sieht. Es ist nämlich nicht nur eine Lampe zum Anzünden und Ausblasen, es ist wie ein großes freundliches Auge."

Der Elf wird unruhig und schnippst mit den Fingern, weshalb soll er dumme Steine verstehen, die nur in der Gegend herumliegen. Der alte Fischotter ist seltsam geworden, vielleicht ist das so, wenn man nie aus dem Wasser herauskommt. Vieles hat er gesehen, aber nicht seine Schwester. Zum Abschied würde Elf gerne noch einmal spucken, leider hat er keine Spucke mehr. Deshalb gibt er dem Otter einen Klaps auf die Nase und zieht weiter am Ufer entlang.

Auf einem Baumstumpf in der Nähe hockt der kleine Drache mit den undurchsichtigen Flügeln und lauert auf Fische. Er traut sich nicht mehr weiter hinein in die Schilfwelt und den unermesslichen See, weil er schon einige Male vom Hecht gebissen worden ist. Und: Das Ungeheuer aus dem Flimmersee hat ihn auch schon zweimal verprügelt. „Er wird immer mehr zum Pflanzenfresser", sagen die alten Leute, „er frisst jetzt auch Rüben und Ranunkeln."

Nach der Begrüßung murmelt der kleine Drache, dass heute ja viel Betrieb auf dem See sei: „Hast du auch den uralten Schneckendrachen auf dem Wasser gesehen?" Der junge Elf schüttelt den Kopf, wer soll denn das sein? „Er taucht mal hier und mal da auf, meist an den Küsten, aber auch auf den größeren Seen und hier bei uns, er ist wasservernarrt. Der Schneckendrache liebt es, zu schwimmen, er surft auf der Wasseroberfläche, fast ohne eine Welle zu machen, tauchen kann er auch, so wie er möchte ich auch gerne schwimmen können."

Der kleine Drache seufzt und der Elf wird ungeduldig, er hat noch nie von dem Schneckendrachen gehört, wie er denn aussehen solle. „Er trägt sein Haus wie eine Schnecke auf dem Rücken. In ihm spiegeln sich die Wolken und der Himmel, ja, die ganze Welt. An manchen Stellen ist sein Gehäuse durchsichtig und sein rotes Drachenblut schimmert und leuchtet, er soll sehr klug sein und die Engel lieben ihn."

Schon wieder die Engel, der kleine Elf stöhnt. Immerhin passt der kleine Drache besser auf als all die anderen. Er hat nämlich die kleine Schwester gesehen, sitzend und strampelnd auf dem Haus der Weinbergschnecke, in der Hand hat sie ein Steinchen zum Klopfen gehabt. Sie feuerte die Schnecke an und rief ununterbrochen: „Schneller, schneller!" Und dann sagt der kleine Drache: „Neben ihr hoppelte der Waschbärhamster."

Der junge Elf und der Drache müssen da beide lachen, alle kennen den Kleinen, der irgendwann aus den Weizenfeldern eingewandert ist und meint, er sei ein Biberhamster. Stundenlang sitzt er am Ufer oder auf den Stegen und sieht auf den See. Wenn man ihn fragt, hört man, dass er gerne mit den Enten und den Kormoranen um die Wette taucht und dass er es liebt, die Fische zu necken. Aber noch niemand hat ihn im Wasser schwimmen sehen.

Großvater sagt, er sei ein Lügner: „Er kann gar nicht schwimmen."

Jedenfalls ist er oft in der Nähe der kleinen Schwester und begleitet sie wie ein Hund. Der Drache hat von der Schnecke sogar noch gehört, dass sie gurgelte und murrte, irgendetwas wie: „Setz dich doch auf ein anderes Tier, wenn dir mein Kriechgang nicht gefällt."

Der kleine Elf murmelt: „Na, Gott sei Dank, die Schnecke." Schnecke ist nicht so gefährlich wie Maus. Maus holpert und buckelt, das weiß er aus eigener Erfahrung. Nun folgt er der Spur der Schnecke, die silbern in der Sonne glänzt. Sie führt durch das Dorf am See entlang durch wohlriechende Pflanzen und Blumen, denn angenehme Gerüche sind den Elfen noch wichtiger als schöne Farben.

„Düfte öffnen geheime Türen unserer Seelen", sagt die Großmutter manchmal abends. Morgens vergleicht sie sie gerne mit Musik: „Die strengen und die zarten, die milden und die starken Düfte bringen besondere Stimmungen in uns hervor, Düfte sind wie Musik." Auf dem Marktplatz wachsen die besonders ausgewählten Morcheln und Stäublinge mit den Zauberdüften, die alle Elfen so lieben. Sie können so stark werden, dass Kobolde kleben bleiben, dass Feen nicht mehr losfliegen können und dass Menschen in ihren Bann geschlagen werden. Sie verharren dann in der Bewegung und bleiben wie versteinert stehen. Aber niemandem passiert etwas, keiner wird verletzt. Die alten Frauen und Männer aus dem Elfen-Dorf haben ihre Pass- und Zauberwörter, um den Bann wieder zu lösen. Und wenn sie sich dann wieder bewegen können, die Menschen und Feen und Kobolde, dann lächeln sie so, als hätten sie etwas sehr Schönes geträumt.

Unser kleiner Elf lässt den Pilzplatz hinter sich und geht zum Ausgang des Dorfes, wo die Fliegen- und Steinpilze wachsen, er riecht schon Lavendel, Melisse und Minze. Veilchen nicken ihm freundlich zu, lustig schaukeln die Lavendelstengel. Kapuzinerkresse wuchert ein Stück neben ihm her und erzählt, verhaspelt sich: „Die Schneckenschwester, die Schwesternschnecke, nein, die Schwester auf der Schnecke ist vorbeigekommen." Doch dann kann die wuchernde Kresse nicht Schritt halten und fällt zurück.

Unter dem tanzenden Mückenschwarm kommt dem Elf eine pralle Zucchini entgegengeschlängelt und bleibt mitten auf dem Weg liegen. „Sei nicht so frech", sagt der Jung-Elf, „sonst wirst du eingetopft und umgesiedelt." Elf wartet eine Antwort nicht ab, sondern folgt der Schneckenspur in das Reich der Menschen, in einen Garten. Auf dem Rasen spürt er überall die schlechte Laune der Grashalme. Er versteht sie gut. Mit Kalk und Dünger werden sie ermuntert, möglichst schnell zu wachsen, aber bevor sie blühen können und Samen verbreiten, werden sie schon wieder geschnitten. Fast niemand wächst so schnell wie die Grashalme, und doch steht die Zeit still, weil nie ein Ziel erreicht wird. Über dem Rasen liegt kein Glück, aber in der Ecke die Schnecke. Genauer das Schneckenhaus, denn die Schnecke hat sich in ihr Haus zurückgezogen und den Eingang mit Schleim versiegelt. Der Jung-Elf klopft mit seinem Stöckchen dagegen und ruft: „Liebe Schnecke, komm heraus, aus dem runden Schneckenhaus." Er weiß, dass Schnecken Reime und Lieder mögen, aber nichts geschieht. Er weiß nicht, dass die alte Schnecke schlecht hört und nur das Klopfen mitbekommt. Doch das kann auch Gefahr bedeuten, also bleibt sie lieber im Schutz ihres Hauses. Und je mehr der Elf klopft, umso mehr zieht sie sich zusammen. Wie weiter? Der Elfen-Junge weiß es nicht und macht erst einmal eine Pause. Er denkt, denn denken hilft immer, doch ihm fällt erst einmal nichts ein.

Wie er so sitzt, kommt ein Schmetterling vorbeigeflattert und lässt sich auf dem Schneckenhaus nieder: „Weshalb schlägst du denn die arme Schnecke?" Der Elf will doch nur mit ihr reden, er schlägt sie doch gar nicht! „Wenn du sie herauslocken möchtest, musst du sie streicheln und ihr die Hand auflegen. Dann spürt sie die Wärme und weiß, dass du es gut mit ihr meinst", rät der Schmetterling, seine bunt schillernden Flügel in den Sonnenstrahlen bewegend. Gesagt, getan.

Das Schneckenhaus wackelt und hebt sich, langsam gleitet die Schnecke heraus und fährt ihre schlanken glänzenden Fühler aus. „Hallo, kleiner Elf, was willst du denn?"

Er sucht seine Schwester, das kann sie sich doch denken. „Weißt du, wo sie jetzt ist?"

Die Schnecke wiegt ihr Haupt und sagt mit hoher freundlicher Stimme: „Du bist genauso ungeduldig wie deine Schwester, der ich immer zu langsam bin. Manchmal ärgert mich das, doch ich mag sie, du hast eine besonders allsichtige Schwester, obwohl sie noch so jung ist. Sie war mit diesem seltsamen Kaninchen und einem kleinen Engel unterwegs und wollte unbedingt ans andere Ufer, ich weiß nicht warum, vielleicht aus Neugier ..."

Der kleine Elf unterbricht sie, ob sie vielleicht den Schneckendrachen meint? Die Schnecke hat plötzlich eine hohe Fistelstimme: „Das sagen die Drachen immer, ich weiß, aber in Wirklichkeit ist sie eine Schnecke." Dem Elfen ist es gleich – Schneckendrache, Drachenschnecke – seinetwegen kann sie auch eine Graugans oder ein Schwan sein.

„Dann hatte ich eine gute Idee", die Schneckenstimme hört sich wieder normal an, „bei mir war gerade eine uralte Verwandte zu Besuch, meine Urahnin, die blaurote Drachenschnecke. In der riesigen Trauerweide da vorne hielt sie ihren Mittagsschlaf. Zu ihr brachte ich deine Schwester, damit sie ihre Bitte vortragen konnte. Und die Drachenschnecke ist sofort darauf eingegangen. Bei den Fliegenpilzen ist sie ins Wasser geplätschert, es sah aus, als würde eine Fähre losfahren. Deine Schwester saß mitten auf dem großen Schneckenhaus, zwei kleine Engel schwebten über ihnen und das Begleitkaninchen wollte hinterherschwimmen."

Während sie sich unterhalten, spürt der Elf einen Luftzug und sieht einen silbernen Schatten auf das Schneckenhaus fallen, in der Luft ist ein Geräusch, als würde mit Papier geraschelt. Er hebt den Kopf und sieht über sich die Libelle, die mit schwirrenden Flügeln und blau funkelndem Leib in der Sonne steht.

„Willst du wissen, wo deine Schwester ist, kleiner Elf? Sie liegt am Westufer des Sees in einer Seerose und schnarcht fürchterlich."

Der Elf stöhnt, was hat er nur für eine Schwester! Dann sagt er: „Ja, liebe Libelle, das muss sie sein. Aber wie komme ich dahin?"

Der Schmetterling zuckt mit den Flügeln: „Ich kann dich fliegen, setz dich zwischen meine Flügel in den Reitersitz und halte still."

Gesagt, getan. Der kleine Elf sitzt auf, sie winken der Schnecke zum Abschied, die Libelle fliegt vor und zeigt den Weg zu den Seerosen, sie landen auf einem Blatt neben der großen weißen Blüte, in der seine Schwester schon aufgewacht ist.

„Willerwat der grosche Bruder?"

„Kannst du nicht normal reden?" Seine Schwester ist oft sehr peinlich.

„Kann isch nisch, isch bin eine Prinzesschin leder."

„Was hat das denn mit Leder zu tun?"

„Leder, luder, lieder."

„Jetzt rede endlich mal normal, ich soll dich nach Hause bringen." Manchmal mag er sie überhaupt nicht, obwohl es seine Schwester ist.

„Läder, leuder, leider." Er stöhnt, doch seine Schwester scheint unbeeindruckt: „Leider, leider weiß isch nischt, wie man alles rischtisch sprischt."

Mit lauter Stimme fragt der Elf: „Wo ist der Drache und wo ist der Biberhamster?"

Für einen Augenblick wird die Schwester ernst: „Der Biberhamster ist beim Schwimmen doch immer so ungeschickt, doch er wollte uns folgen. Ich habe ihm zugerufen, er soll zurückschwimmen, aber dann habe ich ihn nicht mehr gesehen. Die beiden Engel haben mir gesagt, sie kümmern sich um ihn. Aber jetzt genug, liebes Bruderherz, die Engel sind verschwunden, der Schneckendrache hat sich vom Wasser in die Luft erhoben und ist weitergereist – und ich habe jetzt Hunger. Wie kommen wir nach Hause?"

Der Schmetterling, der schon ein bisschen ungeduldig ist, bietet an, die Schwester zu fliegen, er hat ja nun schon Übung.

„Dann nehme ich dich, kleiner Elf", sagt die blaue Libelle, „du musst dich nur gut an meinem Körper festhalten." Zu zweit können sie also die Elfen-Geschwister zurückfliegen.

Da wird die kleine Schwester schon wieder peinlich: „Lieber guter Schmetterling, ganz im Ernscht, dasch ischt kein Ding, du verstehst doch sischer Spaß, und isch glaub, da geht noch was." Bei dem ungeduldigen Pfauenauge geht nichts mehr, alberne Elfenkinder, es startet und die Libelle folgt. Als kleine Luftflotte fliegen sie die Geschwister sicher ins Elfendorf ein. Beim Landeanflug gibt es allerdings ein kleines Missgeschick, Schwester Elfe rutscht ab und stürzt in einen Knollenblätterpilz, der in sich zusammenbricht und sie unter sich begräbt.

Der kleine Elf stellt sich daneben und ruft: „Schwesterschen, vorsischt, Mund zuhalten, der Pilz ischt giftisch."

Ich bin der Zauberwald

… montags

Es war einmal und kommt doch wieder
Mir in meiner blauen Stunde
Wenn ich fühle meine Glieder
Wenn ich lausche in die Runde

Wo der Wind bewegt die Wipfel
All meiner Bäume hier und hier
Und streicht über Felsengipfel
In mir erwacht jetzt das Getier.

Junge Drachen lassen's krachen,
knicken Bäume, kokeln, lärmen,
Lachen Feuer aus dem Rachen,
um ihre Därme aufzuwärmen.

Sie ziehn schwärmende Riesen an
Und dicke Trolle, die hier hausen
Dreadlocks am Kopf, im Kopf nur Flausen
Zum Kräftemessen ohne Plan,

Die brausend ihre Haare zausen
Und klatschend Ohrfeigen verteilen
Sich keilen bis sie nichts mehr peilen,
Den Waldestieren kommt das Grausen.

Auch Riesen mischen gerne mit: Schiet.
Sie haun sich kräftig auf die Hüte
Und wollen es partout nicht lassen,
Nicht zu fassen, meine Güte.

Ich dreh mich weg zu Elfen, Feen
Da gibt es Schöneres zu sehn:
In Händen haltend bunte Bänder
Sie weben wallende Gewänder

Die leben. Und mit lauen Winden
Lassen sie sich höher wehen
Bis sie meinem Blick entschwinden
Und dann sind sie wieder zu sehen

Geflügelte über den Wellen
Mit Silbermöwen, Schwalben schaukelnd
Über dem Schilf mit den Libellen
Im schrägen Licht der Nebel gaukelnd.

... dienstags

Es war einmal und kommt doch wieder
mir in meiner blauen Stunde
wenn ich fühle meine Glieder
wenn ich spüre in die Runde.

Man durchstreift mich laut und leise
die Wanderer sind überall
viele sind hier auf der Reise
am Wasser singt die Nachtigall.

Ich höre tuscheln, höre Schritte
es kitzelt mich wer ist das nur
zwei Kinder gehen durch die Mitte
legen mit Brot die Krümelspur.

Es joggt ein Hase, auch zwei Igel
verstecken sich tun so, als ob
an ferner Wand vor einem Spiegel
gibt eine Königin sich grob.

Man reist in Gruppen und allein
mit blauen und mit roten Kappen
im Sonnen- und im Mondenschein
auf Pferden und auf Schusters Rappen.

In Schuluniform auf Wanderschaft
mit auf die Stirn geblitztem Mal
ein Junge schlurft mit halber Kraft
und Brillensprung durchs Areal
– auf der Schulter eine Eule
trifft er den mit der Glückskuh
den Hans stört nicht das Wolfsgeheule
er wandert fröhlich immerzu.

Ein Wanderer mit grauem Bart
gebückt mit Stab und blauem Hut
ein Bogenschütze blond behaart
ein Rotbartzwerg mit Wagemut
gespäßig kichernd drei Hobbits
unter einem Regenbogen
braun gelockt rotblond mit Witz
die Ringgesellschaft kommt gezogen
stößt auf Esel, Hahn und Hund
und Katze, diese Tiergemeinschaft
unter dem Regenbogenrund
hat eine klare starke Botschaft:
im Einvernehmen bei Problemen
heißt die Lösung immer Bremen.
Ich bin viele, ich find's schwierig
doch bin ich immer lernbegierig.

Ein Wichtel in der Abendstunde

Und es irrt der kleine Wicht
durch Dickicht, Busch und Dämmerlicht.
zwischen Borke, Moos und Rinden
Sucht er seinen Weg zu finden.

Und Elfen auf den Blütenblättern
mit kleinen Händchen greifen, klettern,
mit ihren feinen Flügeln, sirren,
und glänzen, gaukeln, schaukeln, schwirren.

Wenn im Abendrot die Drachen
röchelnd aus dem Schlaf erwachen,
lassen sie die Schwarte krachen,
und dann dröhnt ihr lautes Lachen

und es erschrickt der kleine Wichtel
im Gebüsch, Getann, Gefichtel
vor dem Krachen und dem Lachen,
wenn schnaubend Flammen sie entfachen

und leuchten, wenn das Licht verschwindet,
dass seinen Pfad er wiederfindet.
Und wenn dann auch die Elfen helfen
Fasst er Mut: Alles wird gut.

Manchmal

Manchmal fürchte ich mich
dass ein Drache vorbeikäme
doch dann erscheint er
in einer warmen Wolke
und ich finde ihn
unwiderstehlich.
Manchmal wünsche
ich mir groß zu sein
wie eine Riesin
aber wenn ich
die Zwerge tanzen sehe
freut mich mein kleiner Wuchs

Sommerski in Mecklenburg

Der Winterüberfall hatte mit Kirschen zu tun. Im heißen Frühsommer hatten sie sich prächtig entwickelt, allerdings gab es nicht zu viele.

„Auf die Vögel musst du achten“, sagte meine sonst etwas karge alte Nachbarin und stellte eine Vogelscheuche auf. In jenem Sommer hatte ich mich aus beruflichen Gründen – und um mich gegen die gesellige Versuchung der Altonaer Bars und Kneipen abzuhärten – in die Weiten Mecklenburgs verfügt und ein Haus am See gemietet.

Als ich eines Abends in meinem Garten saß und mir die noch milde Sonne ins Gesicht scheinen ließ, nahm ich eine Bewegung in den Zweigen meines Kirschbaumes wahr. Ich blickte genauer hin und erkannte am Stamm eine blaue Kunststoffschüssel, aus der es weiß leuchtete. Was ich genau gerufen habe, weiß ich nicht mehr. Jedenfalls plumpsten zwei Jungen aus dem Blattwerk des Baumes auf die Wiese, ein kleiner Eimer schlug auf den Boden und dunkelrote Kirschen kullerten heraus. Sie rappelten sich auf, griffen in das Weiße der Schüssel und starteten ihren Winterangriff.

Der erste Schneeball traf mich an der Schulter. Er zerplatzte und ich spürte den kalten nassen Schnee an der Wange. War das wirklich Schnee? Dem Unglauben folgte das Staunen: Ja, es war Schnee, weiß und kalt und nass. Und das Staunen wandelte sich in ein Gefühl heftigster Empörung, als mich der nächste Schneeball mitten im Gesicht erwischte. Die Schneekristalle rutschten an meiner Nase entlang. Es roch nach Schnee und es schmeckte nach Schnee, Pappschnee. Ich stellte mir kurz vor, es wäre Winter. Aber trotz des Schnees in den Augenwinkeln sah ich grünes Laubwerk, mit Kirschen rot gesprenkelt, und zwei verwischte Jungs, die über den Zaun verschwanden. Mit dieser Episode begann in dem kleinen Ort die Wintersaison.

Die Jungen waren schnell ausfindig gemacht, im ganzen Dorf gab es nämlich nur zwei. Obwohl sie ihr Kirschvorhaben langfristig und gründlich vorbereitet hatten, war ihnen diese Tatsache entgangen. Zehn Minuten später zeigte sich der Kirschenraubzug für die beiden Urheber als ein einziger Schlag ins Wasser. Zerknirscht standen sie vor ihrer Großmutter, die ihre Seelen durch den Fleischwolf drehte. Angesichts dieses Bildes überkam mich Großmut. Die Jungen hatten die Tiefkühltruhe des verstorbenen Großvaters für ihre Zwecke genutzt. Der hatte dort früher sein Hammelfleisch eingefroren. Im Winter wollten die Jungs noch keine Vorstellung davon gehabt haben, dass die Frischobst-Versuchung auf ein nicht mehr kontrollierbares Maß anschwellen könnte. Gramgebeugt beteuerten sie ihre Winterliebe. Und als der Schnee im Frühjahr taute und der Winter stöhnte, da retteten sie ihn eben. Zumindest teilweise – in die Gefriertruhe. Damit auch im Sommer ein bisschen Winterlust aufkäme.

„Für etwas frische Kühle habt ihr ja schon gesorgt", sprang ich ihnen bei. Dankbar griffen sie diesen Faden auf und erzählten mit großen Augen von den Wonnen beim Schneemannbauen. Das winterliche Reden ließ auch die großmütterlichen Grundsätze schmelzen und mit den Jungs war auf einmal gut Kirschen essen. Ich erzählte ein bisschen von meinen früheren Skiurlauben in Tirol.

Als ich am nächsten Abend die Glocke des Verkaufwagens hörte, der hier mit seinen Lebensmitteln über die Dörfer fuhr, überkam mich die Lust auf ein Eis am Stiel, denn es war noch immer sehr heiß und ich hatte tagsüber viel geschwitzt. Der alte Fiete war gerade mit seinem Einkauf fertig geworden. „Du kannst also Skilaufen", sprach er mich an.

Das klang eher nach einer Feststellung. Als er noch als Zimmermann gearbeitet hat, habe er auch auf den höchsten Gebäuden keine Höhenängste, aber ein gutes Gleichgewichtsgefühl gehabt. „Wer so gut die Balance halten kann, der kann doch auch Skifahren, oder?"

Ich äußerte einige Bedenken und wunderte mich, dass der wirkliche Kirschen-Diebstahl in dem kleinen Dorf offensichtlich schon vergessen war, nicht aber die mit den verschiedensten Absichten geäußerten Winterfantasien.

Doch dann vergaß ich zunächst das kurze Gespräch. Als ich mir wenig später ein paar Kirschen zum Nachtisch pflücken wollte, lehnte sich meine alte Nachbarin über den Zaun und fragte, ob Skilaufen genauso wäre wie Schlittschuhlaufen. Im Fernsehen hatte sie gesehen, wie ein Skifahrer erfolgreich vor einer Lawine weggefahren war. „Die Lawine kam nicht hinterher." Und dann holte sie zu der entscheidenden Frage aus: „Geht Skilaufen auch ohne Skilift?"

Ich zupfte mich an meinem Ohr, man braucht keinen Lift, natürlich, sogar ein Trockenkurs wäre denkbar. Ich sagte: „Ja, das geht." Ich hatte gerade meinen folgenreichsten und wichtigsten Satz in diesem Jahr gesprochen. Ich wurde Skilehrer. Skilehrer in Mecklenburg. Das Märchen begann.

Wir trafen uns zweimal die Woche am frühen Abend in meinem Garten. An der höchsten Stelle steht das Backsteinhaus, ungefähr zehn Meter über dem See. Das ist nicht sehr viel, aber für die Gegend gar nicht schlecht. Im Dorf gibt es keine höhere Erhebung. Der Garten fällt zum See hin ab, allerdings nicht gleichmäßig. Dadurch ist der Hang in einigen Partien etwas steiler. Und für die Fantasie sind steilere Hänge natürlich anregender, genauso wie beim richtigen Abfahrtslauf.

Mit Gekicher und Räuspern zogen sich alle Handschuhe und Mützen an und ich sorgte für einen schönen stillen Schneefall. Ich bat alle Teilnehmer, für einen Augenblick die Augen zu schließen, und beschrieb mit ruhiger Stimme die Schneeflocken, die wie an unsichtbaren Fäden langsam und gleichmäßig herabschwebten. Nach und nach begann alles weiß zu werden, die Baumkronen hellten auf und bekamen einen Überzug, das gegenüberliegende Ufer schien ferner gerückt, frischer lockerer Schnee lag vor unseren Skiern, die Welt im Schneegestöber wurde leiser. Und meine Stimme auch.

Wir begannen den Skikurs mit dem Schneepflug, denn Fiete und meine Nachbarin waren schon über Achtzig. Da wird Sicherheit großgeschrieben. Sie mussten lernen, in jeder Situation abbremsen zu können. In Wirklichkeit glitten oder rutschten sie natürlich nicht den Hang hinunter, sondern standen still auf der Stelle. Dies war eine der vielen Gelegenheiten, bei denen sie die Fantasie bemühen mussten, und ich natürlich auch. Wir bildeten also ein V mit den untergebundenen Brettern oder Ästen und belasteten die gedachten Innenkanten. Nur bei Fiete waren sie nicht gedacht, der hatte seine Kanthölzer gehobelt und mit Stahl beschlagen. Dann nahmen wir in beide Hände einen Stock und belasteten zuerst das rechte, dann das linke Bein, um das Kurvenfahren zu lernen. Und um nicht im Schuss geradeaus in den See fahren zu müssen. Der See ist übrigens schon nach einigen Metern so tief, dass man mit Skiern an den Füßen ertrinken könnte. Vor allem Großmutter war nicht nur wasserscheu, sie konnte nicht schwimmen und hatte panische Angst, zu ertrinken. Deshalb ließ ich den See zufrieren. Ich war sozusagen der Winter. Auf diese Weise war es nicht so schlimm, wenn die Kurventechnik noch nicht ganz klappte, denn man konnte den Schwung auch bei einer Schussfahrt auf der Eisfläche auslaufen lassen. Schlittschuhfahren kann jeder. Ein schöner Erfolg: Nach der ersten Woche konnten alle, ohne zu stürzen, den Abhang hinunter bis zum See fahren.

In der zweiten Woche übten wir, den Talski zu belasten und den Bergski leicht anzuheben. Die beiden Jungs schlugen vor, sich diese Bewegung nicht nur vorzustellen, sondern sich von einem Bein auf das andere zu stellen, um das richtige Gespür zu entwickeln. Neuerungen gegenüber bin ich immer aufgeschlossen. Ich griff den Vorschlag auf und belohnte die beiden Jungs, indem ich sie wie ein Tiroler Skilehrer *Buben* nannte. Wir simulierten den Parallelschwung und alle wirkten am Ende der Woche glücklich. Niemand sprang von dem Skikurs ab, im Gegenteil, ein Schäfer stieß neu hinzu, der am Ortsrand in seinem Wagen wohnte. Wir alle brauchen hin und wieder Gefahren in unserem Leben, weil der Alltag so langweilig ist. Deshalb steigerte ich die sportlichen Ansprüche.

Als der Hang zum See eines Tages mit Maulwurfshügeln übersät war, übten wir das Buckelpistenfahren. Die beiden Buben legten sich ständig auf die Nase, bis sie dann konzentrierter und rechtzeitig in die Knie gingen. Auch Fiete hatte sich zu viel vorgenommen. Er meinte, er sei mit der Skispitze im Schnee hängen geblieben und habe sich das Bein gebrochen. Immer wenn er an sein Bein dachte, spürte er den Schmerz. Jedenfalls verzog er das Gesicht.

„Er hat ein Wirklichkeitsproblem", sagte die Nachbarin, „er hat den Schmerz im Kopf und meint, er wäre im Bein."

Doch niemand wollte sich auf solche schwierigen Überlegungen einlassen. Als praktische Frau ging sie mit Fiete in dessen Werkschuppen neben dem Hühnerstall, wo er sein Material sammelte, und machte ihm dort einen gewaltigen Gipsverband. Als er getrocknet war und Fiete ihn vorführen konnte, schien er sehr glücklich. Mit Schwung und Geschick nahm er unter allgemeinem Beifall die Buckelpiste. Dass man mit einem gebrochenen Bein eigentlich nicht weiter Ski läuft, sondern erst einmal aussetzt, verriet ich nicht. Fiete lief weiter, der Skikurs ging in die vierte, siebte und zehnte Woche, in der vierzehnten nahm sich Fiete den Gips ab, die Monate mit R begannen.

Im Oktober waren wir so weit, dass wir uns an den schnellen Abfahrtslauf machen konnten. Wir fuhren unser erstes Rennen. Alle gingen leicht in die Hocke, verlagerten das Gewicht nach hinten, die Jungs, bis sie fast umfielen – und los ging's. Der Schnee stob seitlich hinweg, in den Kurven schabten die Kanten und wir warfen sprühende Schneefahnen, die Geschwindigkeit griff unter unsere Ski, der See flog uns entgegen. Wir spürten den Fahrtwind im Gesicht, und als wir am Ufer ankamen, tränten uns die Augen. Nur bei der Nachbarin tränte gar nichts. Sie hatte geschummelt – und gab es auch zu. Sie wollte gar nicht erst die Hügel hinunterfahren, sondern gleich am Ufer sein. Das ging natürlich nicht. Dennoch blieb sie stur: Sie hielt nichts von hohem Tempo und von Rennen. Sie wollte in eleganten Schwüngen abwärtsfahren.

Das Rennen gewannen übrigens die Buben. Sie waren gleichzeitig mit mir am Ufer, aber ich war als der Coach nur außer Konkurrenz mitgelaufen.

Als wir uns im November auf meiner Seehangwiese versammelt hatten und ich über die Gewichtsverlagerung beim Wedeln redete, fing es an zu schneien. Zuerst tanzten einige Flocken aus den tief hängenden grauen Wolken. Sie wurden immer dichter, bis die Luft von grauweißen Wirbeln erfüllt war. Es schien, als senkten sich die Wolken immer mehr herab und lösten sich über unserem Hang auf. Der See war nicht mehr zu sehen. Wir rückten einander näher, um uns nicht aus den Augen zu verlieren.

„Ein Traum wird Wirklichkeit", sagte die Großmutter. Der Schnee dämpfte ihre Stimme.

„Jetzt fehlen nur noch richtige Ski", sagten die Buben.

Ich stellte das Programm um auf Tiefschneefahren. In den kommenden Tagen fror der See tatsächlich zu, in der Weite war das Eis mit Schnee bedeckt, am Ufer war es blankgefegt, der Wind hatte ganze Arbeit geleistet – um jeden einzelnen Schilfhalm in Ufernähe bildeten sich kleine Schneeberge.

Als ich im Dezember über spiegelglatte Kopfsteinstraßen nach Hause fuhr, sah ich einen ungewöhnlichen Menschenauflauf vor meinem Haus. Eine Frau mit einer Pelzmütze schälte sich aus der Gruppe heraus und trat ein paar Schritte auf mich zu. Sie hatte rot geschminkte Lippen und graugrüne Augen. Sie lächelte ins Mikrofon: „Sie sind also der Skilehrer dieser Gruppe, der einzige Skilehrer in Mecklenburg. Die jungen Leute haben sich an unser Studio in Schwerin gewandt und wir drehen nun eine Reportage. Alle Teilnehmer haben wir bereits interviewt."

Im Hintergrund wurde gelacht, die beiden Jungs machten Faxen. „Diese Reportage wird sich für Sie lohnen. Wir spendieren der gesamten Gruppe eine Skiausrüstung und einen vierzehntägigen Skiurlaub in Oberhof in Thüringen."

Es wurde geklatscht.

Nur die alte Nachbarin sagte: „Da fahr ich nicht mit. Das ist mir zu weit. Wenn ich Ski laufe, dann nur in Mecklenburg."

Alle lachten – und alles ward gut.

Auf dem Spielplatz die Kleinen
sie weinen und lachen
sie schaukeln und schaufeln
sie wippen und schippen
sie schlucken und lutschen
und rutschen und spucken
und spielen im Sand.

Alleine geht Schaukeln
alleine geht Schippen
gehen Lutscher lutschen
und Rutsche rutschen
nicht alleine geht Wippen
gilt für Große und Kleine
geht gar nicht alleine.

Sie spielen das Spiel
mit dem Gleichgewicht
mit Senken und Heben
und Fliegen und Schweben
laut geht es und munter
mal hoch und mal runter.

Verhungern heißt ein Wippenspiel
und bloße Erdung ist das Ziel
wer oben bleibt ist angeschmiert
die Wippenseite immer siegt
die am Ende schwerer wiegt
wer oben zappelt der verliert.

Das Hin und Her wird abgehackt
es zählt allein der Fußkontakt
zu Mutter Erde; mit Gekicher
wird die Wippe stillgestellt
wer unten sitzt der fühlt sich sicher
auf einmal zeigt sich nun die Welt

In den Verhältnissen stabil
Geschrei von oben zählt nicht viel.
Doch bald beginnt ein neues Spiel.

Stumme Hirsche

Super findet und schnieke
aus Flottbek die blonde Ulrike
geschmacklich ohne zu knirschen
kleine Modelle von Hirschen
Hirsche in Ganz und in Teilen
Hirsche, die kommen, enteilen
springende Hirsche, Geweihe
bunt durcheinander, in Reihe
im Küchenregal, auf der Fensterbank
sie röhren nicht auf dem Wohnzimmerschrank
zu ihr passen nur die Stillen
also Hirsche, die chillen
und wenn ich mich etwas drehe
seh ich auch überall Rehe
auf Möbeln, auch auf dem Pulli
äsen und schmücken sie Ulli
alle Hornhufer aber ringsum
bleiben stille und stumm

Meiner kleinen Nachbarin gewidmet

Schneebälle aus der Tiefkühltruhe

Eine sommerliche Winterballade

Sie braucht sie im Augenblick nicht mehr
– und wir lieben so sehr den Winter.
Großmutters Gefriertruhe steht leer
und draußen tropft und rinnt er,
der Winter taut und schmilzt und stöhnt,
wir werden ihn teilweise retten,
wir lieben ihn, sind Schnee gewöhnt,
wollen ihn etwas umbetten
und stopfen in die Tiefkühltruhe,
für uns, für Freunde, Nachbarschaft,
dass er bis zum Sommer ruhe,
dann beginnt die Vorratswirtschaft.
Zwar geht der Frost, doch kommt kein Frust,
denn viele, viele Schneebälle
liegen bereit und Winterlust –
kann mit dem Schnee auf alle Fälle
und mit ihrer frischen Kühle
Platz greifen in der Sommerschwüle.
Im Juni nachmittags um 4,
es ist dreißig Grad im Schatten,
ein Anruf im Polizeire4,
wie sie ihn dort bisher nicht hatten:
Wissen Sie was, wie unerhört –
sich die frechen Jungs benehmen!
Ich hatte etwas im Garten gehört –
nun müssen Sie sie festnehmen;
Die beiden Jungs sind übern Zaun
in meinem Garten Kirschen klaun;
als ich rufe, sie glauben es nicht,
bekomme ich Schneebälle ins Gesicht,
und zwar von den harten und kalten.

Ich bin empört, noch ganz verstört,
wie soll ich mich jetzt verhalten?
Im Hintergrund sein Kollege lacht,
Halbkreise sichelnd, gestikulierend
in Nasenhöhe er Zeichen macht,
dann flüstert er leise Luft inhalierend:
Eierlikör, Eierlikör.
Der Polizist am Telefon
wirkt hin und her gerissen,
in dieser seltsamen Situation,
schenkt er der Dame sein Gehör?
Er antwortet dienstbeflissen:
Ich bitte Sie, im Sauseschritt
kommen Sie auf diese Wache,
das Corpus Delicti bringen Sie mit,
wir prüfen diese Strafsache. –
Sie antwortet, das ginge nicht,
außerdem müsse sie bekunden,
die Schneebälle seien im Sonnenlicht
leider längst getaut und verschwunden.
Unterm Kirschbaum die feuchten Flecken
könnten niemanden mehr erschrecken. –
Die Antwort: Lassen Sie es bleiben!
Wir wollen nicht übertreiben.
Wenn die Jungen wiederkommen
In der kalten Jahreszeit,
werden sie gleich festgenommen,
wegen Ungehörigkeit!
Vielleicht kämen Sie damit klar? –
Ja, vielen Dank, Herr Kommissar!

Kleiner Maulwurf auf Entdeckungsreise

Sanft fällt das Land ab zum See. Im Winter kann man mit dem Schlitten nach unten rodeln, allerdings nicht allzu schnell. Ein kleiner Teil des Landes wird durch Zäune abgetrennt. Das sind die Gärten der Menschen. Wenn man ein Seeadler oder ein Storch oder eine Gans wäre – oder ein kleiner Spatz – und hoch oben über das Land und den See fliegen würde, dann sähen die Gärten wie lange Handtücher aus, denn sie sind viel länger, als sie breit sind.

Es gibt vier solcher Streifen. Untereinander sind die Gärten noch einmal durch Hecken unterteilt. Auf der Erde merkt man, dass sie gar nicht schmal sind, sondern breit wie Fußballfelder. Oben auf dem höchsten Punkt stehen in einer Reihe drei Häuser aus rotem Backstein an einem Feldweg. In einem wohnt der etwas mürrische alte Mann mit der Pfeife, der in der Dämmerung immer auf dem Steg sitzt und angelt. Daneben wohnt die alte Katrin mit ihrer gelben Katze. Die gelbe Katze sieht man oft im Garten, die alte Katrin fast nie.

Der kleine neugierige Maulwurf hat die getigerte Katze natürlich noch nie gesehen, jedoch schon so schreckliche und unheimliche und gruselige Geschichten von ihr gehört, dass er am liebsten an sie gar nicht denken mag.

In dem letzten Haus wohnen Lisa und Max mit ihren Eltern. Auf der anderen Seite des Grundstücks hinter Hecke und Zaun steht kein weiteres Haus, sondern eine große alte Eiche, in der tagsüber regelmäßig die Schleiereule schläft. Und unter der Eiche in der Erde wohnt der kleine neugierige Maulwurf mit seinen drei Geschwistern und seinen Eltern, die ähnlich wie die Eltern von Lisa und Max ständig beschäftigt sind. Sie haben die Gänge so geschickt zwischen die Wurzeln der Eiche gegraben und dort ein gemütliches weiches Nest angelegt, dass sie alle gut geschützt sind und der alte rotbraune Fuchs schon zweimal verärgert seine Versuche aufgegeben hat, die Maulwürfe auszugraben. Die Maulwurfseltern haben die Kinder immer wieder gewarnt, nicht auf der Weide gegenüber zu spielen, ganz gleich, ob unter oder über der Erde. In jungen Jahren ist nämlich einer Maulwurfstante von einem großen Pferd aufs Auge getreten worden, obwohl sie eine schlaue und vorsichtige Maulwürfin ist und damals, in jungen Jahren, die Pferdeweide in einem stabilen Gang unterqueren wollte. Doch das Pferd war so schwer, dass es mit dem Huf eingebrochen ist. Seitdem ist das rechte Auge der Tante nicht mehr so schön wie das linke, sagt die Mutter.

Der kleine neugierige Maulwurf kann da eigentlich keinen Unterschied sehen, aber vielleicht hat er auch nicht so genau hingesehen. Und aus den Pferdeweiden und Menschengärten sollten kleine Maulwürfe auch ihre Nasen heraushalten! Man wisse nie, sagen die alten Maulwürfe.

Der kleine Maulwurf sagt überhaupt nichts und findet den Nachbargarten viel interessanter als die eigene Wiese. Von dort hört er die Stimmen der Kinder, wenn sie rufen und lachen und singen und schimpfen. Und von dort ziehen gelegentlich eigenartige und geheimnisvolle Gerüche über die Maulwurfswiese. Deren Ursprung würde der kleine Maulwurf gerne erkunden! Also gräbt er sich unter der Hecke durch und folgt den angenehmen Düften.

Als er den Kopf vorsichtig aus der Erde schiebt, sieht er sich von roten und blauen und gelben Blumen umgeben. Die duften gut, so gut: Der Schmetterlingsbaum riecht nach Honig, die roten und gelben Rosen nach Äpfeln und Orangen, die Iris nach reifen Pflaumen. Dabei hat der kleine Maulwurf noch nie in seinem Leben Pflaumen gegessen, denn die haben gerade erst die Blüte hinter sich und sehen noch klein und grün und langweilig aus. Kurzum: Er ist zu jung. Aber das weiß er nicht, also schließt er seine Augen und saugt die Luft genießerisch durch die Nase ein. Er grunzt glücklich und zufrieden.

Hier könnte er in dieser Stellung immer so bleiben, wenn ihn nicht das plötzliche und zornige Brummen einer großen dicken Hummel aufgeschreckt hätte, die ganz knapp an seinem Näschen vorbeibraust, als wollte sie es rammen. Der kleine erschreckte Maulwurf duckt sich und zieht sich, so schnell er kann, unter die Erde zurück. Na so was! Diese dumme Hummel, murmelt er: „Denkt sie, ich würde ihr den Honig wegsammeln?“

Und er machte sich auf, um eine andere Gegend zu erkunden. Seinen Weg findet der kleine Maulwurf mithilfe seiner Nase, in der er zuerst einen schwachen verführerischen Geruch spürt, der allmählich stärker wird und ihn anspornt, schneller zu graben und zu schaufeln. Inmitten der herrlich riechenden Himbeerhecke durchbricht unser kleiner Abenteurer die Erdkruste, direkt neben einer abgefallenen Himbeere, die schon ein bisschen reif ist. Er schnuppert vorsichtig, nimmt sie in sein Mäulchen, kostet sie auf der Zunge und schluckt sie sehr schnell.

So etwas Leckeres hat er noch nie gegessen! Und schon liegt ihm ein neuer Duft in der Nase, er gräbt sich langsam zum Beet für Spargel und Schwarzwurzeln, das der Vater von Lisa und Max angelegt hat.

Doch vorsichtig, kleiner Maulwurf! Sperr deine Ohren auf, dann könntest du hören, dass Vater gerade in der einen Ecke des Gartens mit dem Spaten arbeitet. Und so ein Spaten kann zu einer ähnlich großen Gefahr wie ein Pferdehuf werden. Im Augenblick ist der kleine Maulwurf jedoch viel zu gierig. Mit aller Kraft drängt er vorwärts und durchpflügt die sandige Erde. Er stößt durch die angehäufelte Erde hindurch – und sieht sich Auge in Auge dem Vater gegenüber.

„O du Maulwurf", sagt der Vater, und es klingt überhaupt nicht freundlich. Gott sei Dank ist der kleine Maulwurf nicht dumm. Er erkennt die Tonlage und zieht sofort den Kopf ein, um in seinem Gang zu verschwinden. „Wenn ich dich erwische ...", hört er den Vater schimpfen.

Und als er schon tief unter den Wurzeln der Tomaten ist, hört er Lisas helle Stimme: „Papa, jetzt sei mal nicht so unfreundlich!"

Obwohl der kleine Maulwurf weiß, dass die Kinder auf seiner Seite stehen, beschließt er trotz aller Verlockungen, diese Gegend des Gartens zu verlassen und bergab in Richtung See zu wandern. Den wohlriechenden Komposthaufen lässt er links liegen, frisst allerdings zum Trost einige fette Maden, die ihm in die Quere kommen. Seine unterirdische Reise zum See unterbricht er nur einmal, als er dem Duft der Veilchen nicht widerstehen kann, die irgendwo über seinem Gang wachsen.

Als die Erde feuchter und manchmal ein bisschen schlammig wird, als es modrig nach Moosen und Hölzern riecht, steckt er behutsam seinen Kopf heraus. Er hört leise das Wasser plätschern und das Schilf rauschen, er sieht Blumen, die mächtigen Stämme alter Kopfweiden und einen braunen Frosch, der ihn freundlich begrüßt. Der kleine Maulwurf freut sich zuerst, dann wundert er sich und fragt: „Weshalb hast du so lange Beine?"

Der Frosch weiß es nicht recht und denkt nach. Und während er noch überlegt, huscht ein dunkler Schatten über Frosch und Maulwurf. „Das ist der Bussard", quakt der Frosch und springt mit einem großen Sprung in den See. Es spritzt ein bisschen – und er ist verschwunden. Jetzt weiß der neugierige Maulwurf, warum der Frosch so lange Beine hat. Als er sich in seinen Gang zurückziehen will, sieht er die Bescherung: Das geht gar nicht mehr, denn der Gang ist inzwischen mit Wasser vollgelaufen. Als der Schatten zum zweiten Mal, und nun schon viel größer, über ihn hinwegsaust, fängt der kleine Maulwurf gar nicht erst an, sich Gedanken zu machen, ob er nun schwimmen kann oder nicht. Er hoppelt und läuft zum Wasser, lässt sich hineinfallen – und ist begeistert. So gut kann er schwimmen. Das hätte er nicht gedacht. Und es ist ihm ein Leichtes, die Luft anzuhalten, so wie manchmal in eingestürzten Gängen.

Gemächlich taucht er zum Grund und macht mit seiner Schnauze eine kleine Schlammwolke, die vom Ufer in die Tiefe des Sees wegzieht. Er will gerade eine Muschel ausbaggern, als ihm das Herz fast stehen bleibt. Er klammert sich mit einer Schaufel an der weißen Süßwassermuschel fest und rührt sich nicht mehr. Ganz langsam schiebt sich ein riesiges Maul auf ihn zu. Es ist voller Zähne. Sie sind spitz und nach hinten gebogen.

„Das war's“, denkt der neugierige kleine Maulwurf. „Gleich werde ich gefressen, hoffentlich schmerzt es nicht zu sehr.“

Und während er das noch denkt, gleitet der gelblich braune Hecht langsam, sehr langsam an ihm vorbei. Der Maulwurf sieht in das schwarze unbewegliche Hechtauge, das vorbeiwandert. Er hat nicht den Eindruck, dass er sich mit dem Hecht so freundlich unterhalten kann, wie vorhin mit dem Frosch. Der kleine Maulwurf fühlt sich unendlich erleichtert, als der Hecht vorbeigezogen ist.

Als er wieder Luft zum Atmen und Überlegen hat, beschließt der neugierige kleine Maulwurf, kein Wassertier zu sein. An Land macht er sich sogleich auf den Heimweg zu der Maulwurfswiese, denn im Garten der Menschen hat er nun genug erlebt, zumindest für heute.

Lyrisches Aquarium

Und Kindern sollte man Aquarien schenken
die sanft beleuchtet sind mit fahlem Licht
sie werden langsam sich versenken
und tauchen ein in neues Gleichgewicht
in einen anderen Ort, in eine neue Welt
mit großen Augen werden sie dann schweben
und es verlieren sich Konturen beigesellt
den schönen Fischen träumerisch sie leben
wenn ihre Lippen leicht das Glas berühren
sind ganz bei sich sie und in eins
stirbt ohne Laut einmal ein Fisch werden sie spüren
dass dennoch Grenzen sind die Endlichkeit des Seins

Katzen Haiku

Zugelaufen im
Juni, die kleine Katze
sie redet und redet

Grüngelbe Blicke
Mondsicheln im Sommer und
sie hat gewonnen

Nach fast einem Jahr
Wiederkehr im Dezember
Könnte er reden!

Viel Lärm im Frühjahr
gefiederte Treppe, ganz
oben der Kater

Du alter Kater
schläfst in der Frühlingssonne
vor dem Mauseloch

Die Katze am See

Das Blatt schimmert in der Sonne. Es ist ganz gelb und bewegt sich ein wenig, obwohl es windstill ist. Aus größerer Nähe sind zwei sich bewegende Stäbchen an einem Vorsprung zu sehen, unter dem ein aufgerollter Faden liegt. Das Blatt lässt sich nicht berühren. Kurz vorher hebt es ab und flattert hoch in die Luft, unerreichbar hoch. Also doch kein Blatt, ein Tier. Es fliegt und trudelt über der Wiese in Richtung Wasser und Sonne, verdeckt und vergittert durch Blüten und Blätter. In dem hohen Gras ist es schwierig, es im Auge zu behalten. Hindurch zwischen Halmen, Grasbüschel durchteilend, Stängelgeschiebe. Gezähnte und gefiederte Blattränder kratzen, niederliegende Winden verhaken sich, es klettet und klebt. Peitschende Bewegung trifft zwischen die Augen, einhalten und ducken, Tier oder Pflanze? Schlagende Kolben, elastische Stiele, hochschießend mitten in Kräutern und Klee. Bloß weiter, hier beißen rote Ameisen. Aus bräunlichen Blüten duftet es schwer. Es wimmelt von Fliegen und Schildläusen. Ein kleiner Luftsprung, erfolgreicher Zugriff, es knirscht und es schmeckt. Auffliegen im Umfeld Hummeln und Bienen, es brummt und sirrt: Vorsicht! Schon bekannt wehrhafte Wespen.

Jetzt neben der silbern glänzenden Schleimspur, gelegt von braunroten Pflanztieren, die wie zwei abgetrennt menschliche Finger ihre Bahn ziehen, nur ohne jede knöcherne Härte, feuchtweich und übel riechend, häufig gesehen beim Saugen von Blättern und toten Mäusen, vorne auch Stäbe wie das fliegende Gelbblatt, aber zum Ausfahren. Ihr nicht schluckbarer Schleim klebt auf der Zunge, schmeckt scheußlich. Und sie können nicht fliegen und besser schmecken Kleinvögel trotz ihrer Federn.

Für einen Augenblick Lebensgefahr, unbemerkt. Hoch im Himmel, sehr weit oben und schattenlos, schüttelt kurz der Seeadler. Vor ein paar Wochen noch hätte er dich bei klirrender Kälte mitgenommen, jetzt ist er wählerisch. Vorsicht kleine Katze! Sie verharrt auf schwankendem Grund, unter ihr lebt es, langsam fällt die Schafgarbe zur Seite, ein Duftstoß von knickenden weißroten Blüten. Ein kurzes Innehalten und das Beben geht weiter, aufbricht die Erde und türmt sich in Schüben nach oben, aus bröckelndem Erdhaufen stößt zwischen Schaufeln schnüffelnd die große Nase. Erschrocken duckt sie sich zurück und beginnt zu fauchen. Der Maulwurf wendet langsam seinen flachen Kopf und taucht wieder ab. Der aufgeworfene Hügel fällt in sich ein bisschen zusammen.

Vorsichtig riecht die kleine Katze an ihm und stochert zögernd mit einer Pfote in den Erdkrumen. Sie ist über sich selbst überrascht: Dass sie so fauchen kann! Sie fühlt die Sonnenstrahlen warm auf ihrem Fell, legt sich ins Gras und streckt alle viere von sich. Sie wäre wohl liegengeblieben, doch schreckt sie das zornige Brummen einer großen dicken Hummel auf, die ganz knapp an ihrem Näschen vorbeibraust, als wolle sie es rammen.

Sofort ist sie wieder auf den Pfoten. Sie kraust die Nase und atmet durch. Ständig muss sie auf der Hut vor unbekannten Gefahren sein. Sie sieht über die abfallende Wiese, die an der einen Seite von einer Hecke begrenzt wird, bis zu den Sträuchern und hohen Bäumen, zwischen denen das Wasser des Sees in der Sonne blitzt. Über der hohen Wiese fliegt und flattert es – sie erkennt ihren Gelbling wieder, der zwischen blauen und weißen Schmetterlingen zum Ufer segelt.

In schleichender Haltung setzt sie ihren Weg fort, die Kräuter und Blumen als Deckung nutzend. Sie verharrt riechend bei den angenehm duftenden weißen Pilzen, weich wie die schleimspurigen Pflanztiere, aber fest verwurzelt in der Wiese und angenehm duftend. Gleich daneben ein anderer eigentümlicher Geruch von weißem Klee, sie schnuppert und hat schon ein Blatt im Mäulchen, da fällt ihr der harte Pfotenschlag der Mutter ein, quer über den Kopf. Sie lässt es also und zieht weiter. Glück gehabt, kleine Katze: Hättest du den Steinklee gefressen, hättest du zuerst Blähungen und dann schlimmere Schmerzen bekommen. Vielleicht wärest du gestorben. Du musst lernen, was für dich giftig ist und welche Pflanzen du fressen kannst. Für eine so große Wanderung bist du noch sehr jung.

Zur gleichen Zeit läuft die schwarzweiße Katzenmutter unruhig durch die Stallgebäude, in denen sie wohnen. Im alten Schafstall sucht sie zwischen den dort gelagerten Strohballen nach ihrer Tochter. Auf ihr Miauen erhält sie keine Antwort. Im Hauptgebäude klettert sie die Leiter hinauf auf den großen Dachboden voller Heurollen. Hier soll das kleine Kätzchen nicht spielen, weil es viel zu gefährlich ist. Oben im Gebälk unterm Dach sitzt schlafend die große alte Schleiereule, die hier auch wohnt. Wahrscheinlich hat sie etwas damit zu tun, dass zwei Geschwisterchen des kleinen Kätzchens verschwunden sind. Die schwarze

Katze läuft schnell den gesamten Boden ab und sieht vor allem in die dunklen Winkel am Rande.

Umsonst! Sie springt – oder besser – sie lässt sich von einem großen Trägerbalken tief nach unten auf die hinter dem Traktor gestapelten Strohballen fallen. Durch die Katzenklappe schlüpft sie in den angebauten Schweinekoben, wo sie ein paar Fledermäuse aufscheucht, die dort an der Decke hängen. Doch vergebens, von ihrem Kätzchen keine Spur!

Sie eilt durch die Sattelkammer, aber auch da ist keine kleine Katze. Ihre Unruhe steigt so, dass sie die kleine Maus, die ihren Weg quert, gar nicht beachtet. Im Pferdestall ist es ruhig, nur die Hengste stehen dort und dösen, die übrige Herde ist draußen auf den Weiden am Bach oder See. Allein unter der Decke herrscht reger Betrieb. Dort bauen die Schwalben neue Nester, einige haben die alten bezogen und sind schon beim Brüten.

Als es modrig nach Hölzern und Moosen riecht, ist die kleine Katze am Komposthaufen angekommen. Hier wimmelt es von Ohrenkneifern und Kellerasseln, von schwarz und grün glänzenden Käfern, im Schatten klumpen Schleimspurler. Sie knackt einen wohlschmeckenden Schwarzkäfer und lässt eine große weiche Raupe folgen, die fast keine Haare hat. Eine Ecke des Komposthaufens ist so warm, als würde darunter ein Feuer brennen. Das Kätzchen legt sich auf die abgeschnittenen Zweige und ist sofort eingeschlafen.

Durch die weit geöffneten Türen läuft die Schwarzweiße auf die Koppel, vorbei an dem leeren Reitplatz, über die kleine Dorfstraße hinüber zu den zum Wasser abfallenden Wiesen. Kurz hat sie den schwachen Duft ihrer Tochter in der Nase – und verliert ihn gleich wieder. Ungerührt steht der Storch im Graben, hoch über ihr hallt das Geschrei ziehender Kraniche.

Das kleine gelbe Kätzchen erwacht durch ein Kratzen und Schaben. Eine große braune Wasserratte macht sich im Komposthaufen zu schaffen. Die kleine Katze fährt hoch, die Haare stehen ihr zu Berge – und aus ihrem kleinen Körper ertönt auf einmal ein tiefes gefährliches Knurren, über das sie selbst überrascht und sogar ein bisschen erschreckt ist. Die Ratte hebt den Kopf und zeigt riesige Zähne. Für einen Moment kreuzen sich die Blicke, grün gegen rot. Gemächlich dreht sich die Wasserratte um und verschwindet im Heckengesträuch. So einfach ist das also!

Langsam, kleine Katze, werde nicht übermütig. Hätte auch anders ausgehen können. Von da, wo die Ratte im Unterholz der Hecke verschwunden ist, ertönt ein schwaches Schnorcheln, das sie sich nicht erklären kann. Weil sie weiß, dass sie über das gefährliche Knurren verfügt, das riesige Wasserratten vertreibt, macht sich die kleine Katze kühn auf den Weg, um die Ursache des Geräusches zu entdecken. Entlang der Hecke wird es lauter. Inmitten von Brennnesseln, die unter einem Holunderbusch stehen, liegt eine grauweiße Stachelkugel, die sich aufpumpt und wieder zusammenfällt. Behutsam steckt sie ihre Tatze durch die Brennnesseln, fährt ein wenig die Krallen aus und zupft an den Stacheln. Mit einem Gurgeln entrollt sich das Stacheltier und richtet sich mit blinzelnden Augen auf. Der Igel ist größer als das Kätzchen, das so ein Dornentier noch nie gesehen hat. Schnell dreht es sich um und springt und läuft schleunigst zum Ufer. Wenig später hat sich der gestörte Igel wieder zur Kugel gerollt.

Sein Schnarchen hört das Kätzchen schon nicht mehr, denn in einer leichten Windböe rauscht leise das Schilf und das Wasser plätschert hinter den alten Kopfweiden. Auf einem Stein, der zur Hälfte von Wasser überspült ist, sitzt ein brauner Frosch, der so groß ist, wie es das Kätzchen noch nie gesehen hat. Die dunklen Frösche im Graben am Stall und die grünen auf den Bäumen der Koppel sind viel kleiner.

„Weshalb hast du so lange Beine?“, fragt die kleine Katze und ist sich nicht sicher, ob der Frosch sie versteht. Er scheint es nicht recht zu wissen und über die Antwort nachzudenken. Und während er noch überlegt, huscht ein großer dunkler Schatten über Frosch und Katze.

„Das ist der Reiher“, quakt der Frosch und springt mit einem weiten Sprung in den See. Es spritzt ein bisschen – und er ist verschwunden. Jetzt weiß das neugierige Kätzchen, weshalb der Frosch so lange Beine hat.

Über den Rand eines an Land liegenden Kanus balanciert die kleine Katze und hüpft dann auf den alten Holzsteg, der knapp über dem Wasser und ein ganzes Stück durch das Schilf in den See hinausführt. Jetzt ist es fast windstill und die Wasseroberfläche ganz glatt. Das mit Bäumen bestandene gegenüberliegende Ufer ist gut zu sehen, bei den beiden anderen Richtungen ist das jeweilige Ende des Sees nicht abzusehen, er verliert sich hinter Windungen oder im Röhrricht. Viele Fliegen und Schmetterlinge fliegen über dem Schilf und dem Wasser. Auch ihr schöner gelber fliegt weit hinaus auf das Wasser, bis die kleine Katze ihn nicht mehr sieht. In der Ferne schwimmen Gänse und zwei große weiße Schwäne auf dem Wasser – sie ist erstaunt, dass sie schwimmen können. Sie kennt sie bisher nur im Winter, wenn sie in großen Schwärmen und mit schweren Flügelschlägen über das Stallgebäude ziehen, das ihr

Zuhause ist. Die Schwalben jagen dicht über die Wasseroberfläche und stoßen immer wieder mit ihren Schnäbeln ins Wasser, um kleine Tiere aufzusammeln. Sie ritzen die glatte Wasserfläche auf, hinterlassen Furchen auf der Oberfläche, die sich nach kurzer Zeit wieder glättet. Über und im Schilf sirren wie blaue und grüne Blitze die Libellen, einige mit verknüpften Körpern. Die kleine Katze beugt sich vom Steg über das Wasser und beobachtet die flinken Wasserläufer, die direkt unter ihr hin und her jagen. Und auf einmal sieht sie im Wasser eine Katze. Die kleine Katze legt ihren gelb-weißen Kopf zur Seite – und die Katze im See tut das auch, nur zur anderen Seite neigt sie den Kopf. Die Katze im Wasser stellt die Ohren auf und blickt intensiv aus dem Wasser nach oben zu der kleinen Katze. Verschreckt faucht die kleine Katze und zeigt ihre Zähne, aber die Wasserkatze ist so ungeheuer schnell, dass sie im selben Augenblick auch faucht. Der kleinen Katze wird ganz unheimlich und sie weicht ein bisschen zurück. Doch dann sammelt sie ihren ganzen Mut, fährt die Krallen ihrer rechten Pfote aus und schlägt damit nach der Wasserkatze. Noch während des Schlages hat sie gesehen, dass die Wasserkatze auch nach ihr ausholt. Doch sie schlägt nur in Wasser, dass es spritzt. Da ist keine andere Tatze und keinerlei Widerstand. Die Katze im See muss sehr schnell und sehr geschmeidig sein, wenn sie solchen Schlägen ausweichen kann.

Es frischt auf, die Schilfhalme biegen sich, die Wasseroberfläche wird gesichelt und plötzlich verzerrt sich das Katzengesicht, es dehnt sich in die Länge, zerreißt – und es gibt zwei Katzengesichter nebeneinander im See. Das hält die kleine Katze nicht aus, sie weicht zurück und dreht sich zur anderen Seite des Stegs. Warum sind die beiden Katzen in den See gegangen und was wollen sie dort? Auf der anderen Seite sieht sie im Wasser eine schnelle Bewegung. Sie kann überall auf den Grund sehen, nur zwischen zwei Stegbohlen gibt es eine kleine Schlammwolke, die langsam vom Steg weg in das dichte Schilf nebenan zieht.

Plötzlich löst sich aus der Wolke ein Schatten, ein sehr großer Fisch dreht langsam zurück zum Steg und lässt sich zur Oberfläche treiben. Die kleine Katze bleibt regungslos sitzen, als sich das riesige Maul voller Zähne langsam auf sie zuschiebt. Sie sieht sie gestochen scharf, sehr spitz sind sie und nach hinten gebogen. „Gleich werde ich gefressen", denkt die kleine Katze, und sehr langsam gleitet der gelblich braune Hecht auf sie zu, sie sieht genau in die schwarzen unbeweglichen Augen, – die unter den Brettern des Stegs hinweg zur anderen Seite wandern, dorthin, wo die beiden Katzen hausen. Die kleine gelbe Katze ist nun sehr froh, dass sie eine Landkatze ist und nicht im Wasser wohnt.

Als jetzt die Gefahr vorbei ist, merkt die kleine Katze, wie anstrengend ihr abenteuerliches Leben ist. Sie rollt sich zur Seite in die Mitte des Steges und bleibt dort liegen, um erst einmal ein bisschen auszuruhen.

Auf dem gepflasterten Stück des Weges begegnet die schwarzweiße Katzenmutter dem Dorfdackel. Er bleibt mit gefletschten Zähnen knurrend stehen. Sie macht einen riesigen Buckel und schreitet langsam an ihm vorbei, als wäre er nicht vorhanden. Als sie auf seiner Höhe ist, verstummt das Knurren und der Dackel dreht sich um, als wollte er Reißaus nehmen. Doch da wendet sich die Schwarzweiße schon zu der hohen bunten Wiese, die in diesem Sommer noch nicht gemäht worden ist. Sie schlängelt sich durch das hohe Gras und sieht von einer lichteren Stelle aus, dass auf dem Steg irgendetwas liegt, auf dem abends immer der alte Mann mit seiner Pfeife sitzt und angelt.

Geschickt und schnell durchquert sie die Wiese von oben nach unten. Auf dem Steg angekommen erkennt sie ihre schlafende Tochter und stupst sie unsanft mit der Nase an. Noch während das Töchterchen sich gähnend reckt, ist vom See her ein plätscherndes Geräusch zu hören. Mit großer Geschwindigkeit kommt der Fischotter an den Steg geschwommen; Mutter und Tochter fahren zugleich einen Schritt zurück, als der Fischotter den Mund öffnet und sagt: @&&§§***++*““““####////////. Fischotter sind schwer zu deuten – und beide Katzen sind froh, auf dem Steg und nicht im Wasser zu sein. Die Katzenmutter fasst ihr Kleines nicht sonderlich sanft am Genick, wedelt dem Otter freundlich mit ihrem Schwanz zu, dessen Umfang sie allerdings verdreifacht hat, und verlässt ruhig den Steg landeinwärts.

Kurze Zeit später legt sie ihre Ausreißer-Tochter im heimatlichen Stall in ihre Heuhöhle. Das kleine gelbe Kätzchen schläft sofort tief und fest. Das gleichmäßige schnurrende Atmen wird immer wieder durch ruckende Bewegungen unterbrochen, als erlebte es im Traum große Abenteuer.

Spinne

Hoch auf der Zinne
Und tief in der Rinne
Lebt die liebe Spinne
Und wird einmal ihr Netz zerfetzt
Dann wird es wieder neu vernetzt
Dann muss sie fleißig Fäden kleben
Und eben weben weben weben
Die Schwalben zwitschern im Geschwätz
Hoch in der Luft und in der Schwebe
Das Spinnennetz das Spinnennetz
Heißt deshalb auch Gewebe

Kommt, wir spielen Tiere

Kommt, wir spielen Tiere, kommt auf alle viere
hebt sie hoch die Tatzen, wir sind alle Katzen
wir schnurren, schauen schlau: miau miau miau
und schau da unterm Himmelsblau,
sitzt Herr Hund und macht: wau wau
wir machen eine Biege, und spielen Schaf und Ziege
es kommt aus nächster Näh': mäh mäh mäh mäh.
Nicht so brav wie das Schaf, doch in der Nähe
spaziert sehr stolz die schwarze Krähe: kräh kräh kräh
auf der Wiese steht, nanu,
schwarzweißbunt die junge Kuh: muh muh muh
Wenn es dunkelt kommt dazu Mutter, Vater, Kind Uhu:
huhu huhu huhu
Im Aquarium auf dem Tisch schwimmt malerisch der alte Fisch:
blubb blubb blu
Ohne Plan geht der Hahn in die Knie: kikeriki, kikeriki
Mit Federn nur und ohne Fell im Apfelbaum sitzt die Amsel:
triller trilleri trilleri
Darunter mit Genäsel steht der alte Esel, er äße lieber Pizza: ia ia ia
Auch im Moos ist viel los, Frau Frosch, die feiert Freudentag:
quak quak quak
Auf der Erde in der Herde traben Pferde,
kommt ein Pferd, aufgesessen, nicht verkehrt:
hopp hopp brrr hopp hopp brrr
Hinterm Zaun rauscht ein Baum, schnell merken wir,
ist kein Tier, ausgetauscht:
blasenpusten blasenpusten

Fliehen und Flüchten

Oder: Wie ängstlich sind die Tiere?

„Jetzt kommt schon raus“, ruft Jannick. Er steht auf dem großen Platz zwischen Stall und Bauernhof. Die Ferien haben angefangen. Für eine Woche ist Jannick mit seinen Schwestern und mit Mama und Papa auf dem Bauernhof am See. Jannick ist schon in der zweiten Klasse, er spielt gerne Fußball und kann freihändig Fahrrad fahren. Seinen Namen schreibt er vorne mit J. Das ist ihm wichtig, weil die Lehrer das oft falsch machen.

Nele ist das egal, denn sie kann noch nicht schreiben. Auch noch nicht schwimmen. Das will sie aber in diesen Ferien lernen. Sie geht in die Kita und kann sehr schön singen. Eigentlich heißt sie nach ihrer Großmutter Cornelia, aber das ist zu lang und kompliziert. Jedenfalls kommt sie jetzt aus der Tür gestürmt „Was wollen wir denn machen?“, fragt sie ihren Bruder.

„Ich habe ein neues Spiel erfunden“, sagt Jannick, „wie mutig sind die Tiere. Wir gehen einfach auf sie zu und finden heraus, wann sie weglaufen oder wegfliegen. Manche Tiere sind mutig – wie hier die kleine Katze auf der Bank, sie bleibt schön sitzen und schnurrt sogar, wenn ich sie streichele.“ Auch Nele streicht der Katze über das Fell, schön weich. Als sie ihren Schwanz anfasst, dreht sich die Katze auf den Rücken und schlägt mit der Pfote nach Nele. Ganz schnell zieht Nele ihre Hand weg. Ja, die ist wirklich mutig!

„Sieh mal hier.“ Jannick macht ein paar schnelle Schritte auf zwei Hühner zu und bremst kurz vor ihnen ab. Sie flattern mit den Flügeln und rennen gackernd davon. Ja, die Hühner haben weniger Mut als die Katze.

Inzwischen ist auch Anna herausgekommen. Sie ist schon in der Vorschule und liebt Pferde und Fußball. „Was macht ihr denn mit den armen Hühnern?“, fragt sie. Sie erklären Anna das neue Spiel, sie sagt: „Klar, die Hühner haben mehr Angst als die Katze. Wir essen ja auch ihre Eier und manchmal sogar Hühnchenfleisch. Aber niemals Katzenfleisch.“

Nele verzieht den Mund: „Igitt. Sollten wir das Spiel vielleicht das Angst-Spiel nennen?"

„Mir doch egal", murrt Jannick, „wir können es auch das Flüchten-Spiel nennen, oder einfach Flieh-Spiel. Ich möchte doch nur wissen, wie nah wir an die Tiere kommen können."

Anna ist nicht zufrieden: „Ich würde es lieber das Spiel vom Weggehen oder Weglaufen nennen."

Jannick beendet das Gespräch: „Ok, dann heißt es Weglauf-Spiel!" Weil der Bauer von den Rehen auf den Wiesen hinter dem Stall erzählt hat, gehen die Kinder um die Ecke – und siehe da – in einiger Entfernung stehen tatsächlich drei Rehe. „Die grasen", meint Nele.

Anna macht ein kluges Gesicht. „Die Kühe grasen, aber die Rehe äsen."

„Hört auf damit, ist doch ganz egal." Jannick runzelt die Stirn und die Rehe heben die Köpfe in Richtung der Kinder und laufen langsam in den Wald.

Die Kinder gehen den Hang hinunter zum See. Im Gras sitzt eine Amsel und fliegt weg, als sich die Kinder nähern. „Die Tauben bei uns in der Einkaufsstraße fliegen nie weg, sogar dann nicht, wenn ich in die Hände klatsche", erzählt Nele.

Anna lacht: „Dann müssen die Tauben ja sehr mutig sein."

„Irgendwann fliegen sie immer weg", bemerkt Jannick und Anna fügt hinzu: „Man kann auch ohne Angst wegfliegen, wenn es langweilig wird zum Beispiel." Auf der Wiese glänzt zwischen zwei Brennnesseln Spinngewebe. Jannick wedelt mit den Händen darüber, eine große Kreuzspinne krabbelt an den Rand des Netzes und duckt sich auf ein Blatt. Ist sie jetzt mutig, weil sie hier sitzen bleibt?

„Vielleicht läuft sie aus Angst nicht weg", meint Anna.

„Aber dann ist Angst ja das Gleiche wie Mut", denkt Nele und fragt: „Ist Angst eigentlich schlecht und Mut gut?"

Jannick richtet sich auf: „Wenn ich ein Angsthase bin, ist das doch nicht gut!"

„Aber", Anna hebt den Finger, „wenn die Hasen vor dem Fuchs nicht weghoppeln, werden sie gefressen. Also ist Angst nicht so schlecht."

Als sie ans Ufer kommen, macht es Platsch und Platsch und Platsch. Drei Frösche hüpfen ins Wasser und schwimmen mit kräftigen Stößen auf den Grund unter der Wasseroberfläche. Dort bleiben sie unbeweglich sitzen. Eine blau schillernde Libelle steigt vom Steg auf, bleibt einen Augenblick mit einem knisternden Geräusch in der Luft stehen und fliegt ins Schilf. Die Kinder betreten den Steg und bemerken auf dem Wasser davor eine Bewegung. Eine Schwanenfamilie gleitet langsam vorüber, zwei große weiße Schwäne und zwischen ihnen drei kleine braune Schwanenkinder. Plötzlich dreht sich der eine große Schwan zur Seite und schwimmt genau auf den Steg zu. Gleichzeitig beginnt er sehr laut zu zischen. Anna und Lena laufen ganz schnell zurück zum Ufer, nur Jannick macht ein paar Schritte zurück, bleibt aber am Anfang des Steges stehen. Hier kann ihn der Schwan mit seinem langen Hals und dem zischenden Schnabel nicht erreichen.

Auf dem festen Land sagt Lena: „Ich habe noch nie so viel Angst gehabt, mir gefällt das Weglauf-Spiel nicht mehr. Warum ist der Schwan so böse, ich will ihm doch nichts tun, ich finde ihn sehr schön."

Inzwischen ist auch Jannick zurückgekommen: „Ich hatte auch Angst, aber bin trotzdem nicht weggelaufen. Das ist Mut."

Anna blinzelt mit einem Auge: „Das ist Angeberei. Du kannst doch ruhig weglaufen!"

Falschrum-Welt

Draußen Regen, Regen, Regen
graue Wolken ohne Ende
Anna ist nass ebendeswegen
dreht sie eine scharfe Wende
zurück nach Haus und in ihr Zimmer
da ist sie gerne, da spielt sie immer
und ihren Schritt gediegen lenkt
obwohl sie nicht ans Liegen denkt
direkt zum Bett, zum Hüpfen Schütteln
der Kissen und Wörter, zum Reimen und Rütteln
abwärts, aufwärts, seitwärts springt sie
vorwärts rückwärts singt und reimt sie
ihr Herz hüpft mit den Wörterketten
NETTE KETTEN, NETTE KETTEN
von hinten gehen auch NETTE BETTEN
und mit sich selbst, was tut sie da
sie spricht sich rückwärts, die Anna
ANNA TUT NUN, NUN TUT ANNA

Wolken-Tanka

Nur eine Wolke
Steht vor der Sonne. Der Wind
bläst sie nach links, dann
nach rechts. Oh, wie ich friere:
überall nur Gänsehaut.

Regenbogenrutsche

Es war nicht in der alten Zeit, als die Menschen arm und sehr oft hungrig waren. Als viele Kinder obdachlos und verwaist ihres Weges zogen. Dennoch war das kleine Mädchen traurig und unglücklich. Mutter hatte ihre Koffer gepackt und war ausgezogen. Vater würde ihr im Haus alles alleine überlassen und nie staubsaugen, sagte die Mutter. Vom Wäschewaschen und Rasenmähen war auch die Rede. Mutter, mit der sie so viele Bilderbücher gelesen hatte und von der sie so viele Märchen kannte, hatte die Koffer gepackt. Mutter, die so oft mit ihr gekuschelt hatte, war weg. Ohne ihr einen Kuss zu geben oder einen Ton zu sagen. Und Papa sagte gar nichts. Er tat auch nichts. Bis auf etwas Unsinniges: Er goss sich ein rotbraunes Getränk ins Glas und rauchte eine Zigarette nach der anderen. Dabei hatte er schon vor zwei Jahren aufgehört zu rauchen.

Das kleine Mädchen hatte keine Lust auf eine böse Stiefmutter, die jetzt bestimmt bald einziehen würde. Es schnappte sein Bündel wie eine Müllersburschin und ging in den nächsten Park, der den Namen Stadtpark hatte. Ein leichter Wind kam auf, und aus dem wolkenverhangenen Himmel begann es zu regnen. Das Mädchen stellte sich in den Schutz einer mächtigen Eiche und fühlte sich elternlos und ausgesetzt, obwohl es ja von alleine in den Stadtpark gekommen war. Weil es sich aber so unglücklich fühlte, weinte es bitterlich auf seiner alten Parkbank, obwohl es in Wirklichkeit noch Eltern besaß und auch nicht obdachlos war.

Der anhaltende Wind wurde noch stärker und schob an einigen Stellen die Wolken beiseite, sodass die Sonnenstrahlen einen Teil der großen Parkwiese hell beleuchtete. Obwohl es über ihr noch regnete, kam die Sonne immer mehr hervor und es entstand ein Regenbogen, der von der einen Seite des Parks bis zu der anderen reichte. Das Mädchen betrachtete die stärker werdenden Farben und staunte: „So ein schöner Rogenbegen!“ Es merkte aber sogleich, dass das irgendwie falsch war, und dann fiel ihm ein, dass der Rogenbegen eigentlich Regenbogen heißt. Um seinen Fehler möglichst schnell wiedergutzumachen, rief es ganz laut noch einmal: „So ein schöner Regenbogen!“ Es wollte auch verhindern, dass der Regenbogen gleich wieder verschwand, man wusste ja nie. Und dann sah es sich in Ruhe die leuchtenden Farben an, das Rot und das Gelb! Und das Grün und das Blau! So schön! Das Mädchen überlegte, ob die Farbe unter dem Blau Violett oder Lila hieß. Es war da sehr unsicher. Hätte ihre Mutter ein Kleid in dieser Farbe gehabt, hätte sie es bestimmt gewusst.

An der höchsten Stelle des Regenbogens nahm sie irgendetwas Zappelndes wahr, so als ob eine Fliege im Spinnennetz gefangen wäre. Es wischte sich kurz die Augen, vielleicht waren da noch Tränen. Der kleine dunkle Punkt bewegte sich langsam auf dem Regenbogen nach unten. Dann sah es so aus, als würde der Regenbogen genau da, wo er gerade war, ein bisschen kräftiger, er hatte eine Verdickung, die wie ein Knoten aussah, der sich bewegte, vielleicht, weil er noch zugezogen wurde. Der Knoten wurde jedoch nicht kleiner, sondern immer größer und immer schneller. Die Knotenverdickung war ein Männlein, das wie auf einer Rutsche nach unten glitt und im letzten Augenblick schwungvoll aus dem Rutschstrahl absprang. Mit grünen Augen und noch bebendem roten Bart stand es vor dem kleinen Mädchen, machte ein besorgtes Gesicht und runzelte die Stirn.

„Wo drückt dich der Schuh, du schönes Kind?“, fragte das Männchen in den blaugelbgrünen Kleidern. Und das Mädchen erzählte ihm, dass seine Mutter es gerade zur Waise machen würde, zumindest zur Halbwaise. Da nahm das Männchen, das ein bisschen wie ein bunter Prinz aussah, das Mädchen an der Hand und ging mit ihm bis zum Ende der Stadtparkwiese, wo der Regenbogen den Boden berührte. Mit seinem Zeigefinger machte das Männlein einen raffiniert angedrehten Doppelschlag in den Regenbogen, dass die Funken sprühten. Und dann sprach es: „Gehe an den Rand des Stadtparks zur großen Bushaltestelle. Dort steht der blaue Koffer, auf dem deine Mutter sitzt. Du kannst beide abholen und nach Hause gehen. Wahrscheinlich will deine Mutter den Koffer nicht schon wieder alleine tragen.“

Das Mädchen tat genau das, und alles klappte wunderbar. Es war nicht zur Waise geworden, sondern lebte glücklich und zufrieden in seiner Familie. Der Vater hatte übrigens wieder mit dem Rauchen aufgehört.

Das Glücklich- und Zufrieden-Sein dauerte so lange, bis es von der Grundschule in eine weiterführende Schule kam. Denn es war nicht die alte Zeit, in der die Kinder noch nicht schulpflichtig waren und frisch in die Welt hinausziehen konnten, um dort Prinzen kennenzulernen oder anderweitig ihr Glück zu machen. Als sie die neue Klasse betrat, sah sie, dass sich dort niemand von ihren netten Mitschülerinnen aus der Grundschule befand. Stattdessen stand da eine Gruppe kichernder Mädchen, die sagten zu ihr, sie sei pummelig. Die Mädchen selbst waren so dünn, dass sie einzeln vielleicht gar nicht zu erkennen gewesen wären. Doch weil die Magermädchen nicht aufhörten zu kichern, taten sie ihm doch nicht mehr so leid, wie das kleine Mädchen sich selbst leidtat. Und als einige Jungen ihr „Guten Morgen" wünschten, war es sich auch nicht sicher, wie diese das meinten.

Das kleine Mädchen hatte also Grund, unglücklich zu sein. Als ihr Unglück am größten war, fiel ihm das bunte Regenbogen-Männchen wieder ein, und es lief aus der Schule zum nächsten Park. Dort flogen nur ein paar Tauben im Himmel, der noch blau und leer war. Drei Tage musste es warten, bis endlich Wolken aufzogen und es zu regnen begann. Und weil es Sommer und die Sonne stark war, gab es wieder einen Regenbogen. Es drückte die Daumen ganz fest und sagte: „So ein schöner Regenbogen!" Dabei dachte es ganz stark an das Regenbogenmännchen von früher. Und während es so dachte und wünschte und hoffte, nahm es eine Bewegung auf dem Regenbogen wahr, die größer und immer schneller wurde. Und schon sprang das Männlein mit dem roten Bart von seiner Regenbogenrutsche ab. Als es in seinem bunten Wams vor ihm stand, erzählte es ihm von der neuen Klasse mit den Stabheuschrecken und seinem großen Unglück. Das blaugelbgrüne Männlein mit dem violetten Hut furchte die Stirn, ließ den Daumen so schnell kreisen, dass er kaum mehr zu sehen war, hielt ihn in den Regenbogen und versprach im Funkenflug, ihm zu helfen.

In der zweiten Stunde am nächsten Morgen klopfte es an der Klassentür und der Schulleiter bat das Mädchen heraus. Er sah ein bisschen wie ein Köhler aus und sprach sehr freundlich. Er entschuldigte sich und erklärte, dass es durch einen Fehler im Sekretariat in die falsche Klassenliste gerutscht sei. Es hätte eigentlich von Anfang an mit seinen alten Grundschulfreundinnen in die Parallelklasse gehen sollen. Der Fehler war im Computer schon verbessert, und nun wollte der Direktor es noch in seine neue Klasse bringen. Als sie dort angeklopft hatten, sah das Mädchen, dass in der Klasse noch ein einziger Platz frei war – genau neben seiner besten Freundin aus der Grundschule.

Ohne sich sonderlich anzustrengen, wuchs das kleine Mädchen zu einem jungen Mädchen heran. Das klingt, als wäre sie jünger geworden, aber das Gegenteil war natürlich der Fall. Wie so manche Dinge um es herum, waren manchmal auch die Wörter wie verzaubert. Da es nicht nur zum jungen, sondern zum hübschen jungen Mädchen herangewachsen war, mit lustigen braunen Augen, langen blonden Rapunzel-Haaren und vielen Sommersprossen um die Nase, hatte es auch nur wenige Probleme, sondern war meist glücklich und zufrieden. Und wenn es doch einmal in Schwierigkeiten war, sah es einfach auf seine Fingernägel und schöpfte sofort wieder neuen Mut. Die Fingernägel nämlich hatte das junge hübsche Mädchen aus Dankbarkeit in den Regenbogenfarben lackiert. Und anders als viele andere Menschen war es immer guter Laune, wenn Regenwolken aufzogen.

regenbogen

regensonne bewegt sonnenregen
dunkwolkige wand beiseite
aufbaut und zitternd steht
ein rot ein gelb ein grün ein blau
am geschleiften himmel kalibriert
widersteht wind anders als wolken
boden buntbogen berührt fährt in die erde
ferne rückt näher im farbigen halbkreis
länger als sternschnuppen dennoch
halbwertzeit offen wir müssen uns widmen
lässt sich nicht speichern mit dem
handy fangen nun ja mit dem handy
an seinem anfang an seinem ende
wusste schon mickey mouse
da liegt ein schatz

Falsch gebeichtet

Die zugezogene Mitschülerin
schlechtes Gewissen, Grübchenkinn
auf dem Schulhof kleinlaut und wunderlich
mit schönen Haaren schämt sie sich
sie hat gebeichtet, gesteht sie inmitten
der anderen Mädchen, sie hätte gestritten
mit ihrer Schwester, das stimmt aber nicht
verliert sie endgültig ihr Gesicht?
Hinzu kommen Jungen, es wird gelacht
Ist doch nicht schlimm, war ausgedacht
ist es dir wirklich eine Qual
Fastnacht beginnt, das ist normal.

Lob der Beichte

Und einmal im Monat, das reichte
ging es im Beichtstuhl zur Beichte
qua Katechismus einstudiert
wurden die Sünden nummeriert
der Katalog war hinlänglich
erinnerlich und sachdienlich.
Punkt Sechs, der war in früheren Zeiten
– der Sex, die Unschamhaftigkeiten –
am schwierigsten zu präsentieren
und wohl dosiert zu balancieren
von Mal zu Mal zu variieren
niemand sprach gern vom Masturbieren.
Tuch vor dem Mund hinter dem Gitter
und sein Rasierwasser roch bitter
in unbeweglicher und starrer
Haltung im Beichtstuhl saß der Pfarrer
wenn wir vor ihm im Beichtstuhl knieten
erzählten, auch ins Stottern gerieten
oder ins Schwitzen bei den Witzen
zuerst kam irgendein Klein-Klein
der Schwerpunkt dann im nachhinein
war das Geständnis, gequält, gestählt:
„Ich habe schmutzige Witze erzählt!"
Im Beichtstuhl Schweigen, schauderhaft
der Frevel drückte uns nieder
als er Fassung und Worte wieder
gefunden hatte, der Pfarrer
das ist zu pauschal, so sprach er
welche denn, wollte er wissen
und die Witze, die wir gerissen
ob scharf, ob mittel, beschissen
die wurden nun wiedergegeben
anfänglich mit Widerstreben

doch zunehmend besser. Eben!
Beim Beichten die schmutzigen Witze
waren der Hit, an der Spitze
all unserer lässlichen Sünden
das waren Sünden, die zünden.
Wir sprachen uns ab und berieten
versuchten uns zu überbieten
in der Schule, im Fußballverein
kann auch im Schwimmbad gewesen sein
wir sammelten und erfanden
und wo wir uns gerade befanden
Witze wurden ausgebreitet
und die Beichte vorbereitet.
Die Beichte hat uns angesteckt
und die Erzählfreude geweckt.
Der Pfarrer hat fast nie gelacht
im Beichtstuhl dann den Job gemacht:
„Ego te absolvo a pecatis
tuis in nomine Patris
et Filii et Spiritus Sancti. Amen."
Danach die Bußauflagen kamen
zehn „Vater unser" hinterher
zu beten war denn nicht so schwer
auch „Gegrüßet seist Du, Maria"
trainierte gratia plena
hervorragend die Fertigkeit
verbaler Hochgeschwindigkeit.

Der Elefant ist interessant

Suchst du zum Elefant den Schlüssel
dann rat ich dir, such nach dem Rüssel
sehn im Gesicht wir eine Nase
steht da vielleicht ein Hund, ein Hase
doch ganz bestimmt kein Elefant
der wird am Rüssel nur erkannt.
Die Elefanten leben wo?
Meist in den Steppen, oft im Zoo
wo sie zwischen andern Dingen
gerne Schwanz und Rüssel schwingen.
Der Elefant hat keine Pranken
für die Bananen wird er danken
gibst du ihm aber Tannenzapfen
so wird er mit den Füßen stapfen.
Bekommt er Wasser aus der Schüssel
bläst er Fontänen mit dem Rüssel
wenn Wärter ihm die Ohren kneten
hören wir leise ihn trompeten

Liebe Mama, deine Anna

Liebe Mama,

eigentlich geht es mir sehr gut, das Wasser im Mittelmeer ist schön warm und das Brot hier schmeckt cool. Jeden Morgen esse ich ein ganzes Baguette. Nur gestern hatte ich ein weniger schönes Erlebnis. Wir waren mit unserer Pfadfinder-Gruppe ja neu in St. Maries angekommen und kannten den Campingplatz noch nicht richtig. Ich musste dringend aufs Klo, aber habe es nicht richtig gefunden. Das mit den Waschräumen und Duschen war klar, aber wo waren die Klos? Nur so eine Art Bodenwaschbecken gab es, mit einem nicht allzu großen Loch in der Mitte. Ich habe eine Frau nach den Toiletten gefragt, das ist ja ein französisches Wort, und sie hat gelacht und auf diese Bodenwannen gezeigt. In der Mitte haben die solche Erhebungen, zwei waagerechte Flächen für die Füße. Auf die habe ich mich mit den Flipflops gestellt. Und habe mein Geschäft verrichtet. Wahrscheinlich hätte ich mehr in die Hocke gehen sollen. Jedenfalls ist es über die Füße gegangen – und ich habe einen Schrecken bekommen, weil es plötzlich so warm war. Nicht nur warm, auch feucht. Und ich hatte Angst, wegzurutschen.

Deshalb habe ich mit einer schnellen Bewegung nach Halt gesucht und den Griff zu fassen bekommen. Den Griff an der Kette des riesigen Wasserkastens irgendwo unter der Decke. Und dann kam das Wasser angerauscht, wie bei einem Wasserfall. Plötzlich wirbelten die Wassermassen um meine Füße und über das Bikiniteil zwischen meinen Schienbeinen. Ich habe mich so erschreckt, dass ich wirklich ausgerutscht bin und mit dem linken Fuß – er tut immer noch weh – in das Loch geglitscht. Da steckte ich dann fest und konnte mein Bein nicht mehr herausziehen – und die Wassermassen konnten nicht richtig abfließen. Einen Moment hatte ich Panik, zu ertrinken, weil ich inzwischen auf dem Beckenboden saß oder hockte und das Wasser bis über die Hüfte sprudelte. So laut ich konnte, habe ich um Hilfe geschrien.

Jean-Pierre, der Mann vom Campingplatz, hat mich nicht verstanden, aber er konnte ja sehen, was los war. Unter den Armen hat er mich abgestützt und mein Bein aus dem Loch vorsichtig herausgedreht und gehoben. Jetzt weiß ich auch, dass es ein normales südfranzösisches Klo ist.

Als wir nach dem Abendessen am Lagerfeuer saßen, hat mein lieber Bruder die Gitarre genommen und das Scheiße-Lied gespielt. Du weißt, das mit den Strophen wie *Scheiße in der Lampenschale gibt gedämpftes Licht im Saale* und so weiter – du magst es nicht und hast ihm zu Hause verboten, es zu singen. Und jetzt hat er es in der großen St. Georgs-Lagerfeuerrunde vorgetragen – und sogar noch eine neue Strophe dazugedichtet. Auf mein Missgeschick. Die ist so dumm, dumm, dumm, dass ich sie hier nicht schreiben will. Sag ihm bitte nicht, dass du das alles von mir hast. Dann nennt er mich wieder Petze.

Ansonsten ist es hier sehr warm und wir baden immer im Mittelmeer. Ich bin schon eine richtige Wasserratte.

Liebe Mama, viele Grüße, deine Anna

Frischwärts

Zwanzigpunktzwanzig

Immer spielt der Peter
online.
Oma schickt ihn
in die Garage.
Frische Luft,
sagt sie.
Sie denkt:
Vielleicht wird es
ein Weltkonzern.

Wie ich Herrn Müller ausgetrickst habe

So übel ist mein neuer Klassenlehrer nicht. Wir haben ihn in Deutsch und Sport. Er kann super Fußballspielen und beim Turnen hat er uns ein Flickflack vorgemacht. In Deutsch hat er eine Leseliste ausgeteilt. Wenn man ein Buch von der Liste gelesen hat, lässt du dich abfragen und bekommst dafür Punkte, für die dickeren und langweiligeren Bücher gibt es mehr als für die dünnen und spannenden. Für einen Band Harry Potter will er nur fünf Punkte geben, weil das angeblich sowieso jeder kennt. Die Punkte werden aufgeschrieben und am Ende des Halbjahres kannst du deine mündliche Deutschnote um eine ganze Stufe verbessern, aus einer Drei wird eine Zwei usw.. Bei der Gesamtnote zählt bei uns das Mündliche mehr als das Schriftliche. Ich will gute Noten haben, weil ich später ein weltberühmter Architekt werde. Mit einigen Jungen aus meiner Klasse, die im selben Fußballverein spielen, hatte ich mich verabredet, dasselbe Buch zu wählen: *Jugend ohne Gott*, von Horvath. Jeder liest nur ein Kapitel, beim Training erzählen wir uns dann schnell die anderen in der Umkleide, sodass jeder einen Überblick hat. Herr Müller fragt meist mehrere Schüler zugleich in den Pausen ab. Anselm hatte dann im Internet noch eine Zusammenfassung gefunden und für uns ausgedruckt.

Und dann ging es los, direkt nach der normalen Deutschstunde zu Beginn der großen Pause. Ole erzählte den Anfang des Buches, wie der Lehrer neu in die Klasse kommt usw.. Herr Müller unterbrach ihn mit der Frage: „Wann taucht der gefährliche große Hund auf?"

Ole stockte, runzelte die Stirn und sagte: „Als der Lehrer von der Schule nach Hause gegangen ist."

Und dann: „Welche Rolle spielt der Hund, Anselm?"

Anselm sagte: „Na ja, der hat den Lehrer angefallen."

Mit diesen Antworten waren die beiden draußen. „Ihr habt das Buch nicht gelesen, ihr könnt gehen", so Müller.

Felix erzählte als Nächster von dem Diebstahl und dem Mord, aber Herr Müller kam wieder mit einer Zwischenfrage: „Was ist mit dem Mann im Mond?" Felix dachte, das wäre eine Fangfrage, dachte ich übrigens auch, und sagte: „Der kommt nicht vor."

Dann konnte auch Felix gehen, es war doch keine Fangfrage. Ich blieb übrig und erzählte das Ende des Romans, wie der Lehrer nach Afrika fährt. Herr Müller fragte mich, welche Bedeutung die Prinzessin aus dem Hochadel hat. Keine Ahnung, aber ich bin ein guter Spieler, ich sagte: „Sie kommt nicht vor."

„Richtig", meinte Müller, „aber du kannst bestimmt etwas zu dem Erdbeben sagen." Ich hatte wieder keine Ahnung, ich bluffte: „In dem ganzen Roman ist die Erde ruhig."

„Stimmt", sagte Herr Müller, „du scheinst das Buch gelesen zu haben, volle Punktzahl."

Tricksen und Täuschen zahlt sich aus! Allerdings werde ich noch mal nachlesen, wie das mit dem Mann im Mond ist, ob es den gibt, bin da halt neugierig geworden.

Die Ziege, der Wolf und die sieben Geißlein

Ein Märchen von der Liebe

Es war einmal ein neugieriger Wolf, den trieb es auf die alte Route, die von Polen bis nach Frankreich führt. Er folgte der Fährte bis ins Mecklenburgische, da wurde er von einem schrecklichen Unwetter überrascht. Die Bäume bogen sich im Orkan, die morschen Äste brachen und fielen krachend und splitternd zu Boden. Blitze schlugen in das Wasser des nahen Sees und schreckten Reiher und Enten auf, und in der Luft lag der Geruch von Schwefel. Der Sturm heulte so laut, dass er nicht von dem andauernden Donnern zu unterscheiden war. Der Regen fiel so dicht, dass sich die Erde unter den Pfoten verflüssigte und der alte Wolfspfad sich in einen Bach verwandelte. Kurzum, es war kein Reisewetter.

Also beschloss der neugierige Wolf, seine Wanderung zu unterbrechen und unter einer alten Eiche Schutz zu suchen, denn er teilte nicht den Aberglauben der Menschen und kannte deshalb auch nicht das Sprichwort von den Eichen, vor denen zu weichen wäre. Als er seinen Körper gegen den mächtigen Eichenstamm drückte, bemerkte er Bewegungen hinter und über sich. Er war nicht der Einzige, der hier Zuflucht gesucht hatte. In strömendem Regen kletterte eine Katze an der Eichenrinde nach oben und entschwand im dichten Laubwerk. Die Bewegung hinter ihm hatte eine junge Ziege verursacht, die jetzt allerdings keinen Mucks mehr von sich gab, sondern in Schreckstarre verharrte. Die Ziege hatte zwei schöne braune Flecken in ihrem Fell und sie roch trotz des Regens köstlich nach Klee und Gras. Er stupste sie mit seiner warmen feuchten Nase, über deren magische Kraft er im Lauf der Zeit ein schwaches Bewusstsein entwickelt hatte. Damit dieser wunderbare Nasenzauber auch recht zur Geltung gelangte, bemühte er sich, seine schönen weißen Zähne nicht blinken zu lassen, er hatte da so seine Erfahrungen. Und tatsächlich tat der Nasenzauber seine Wirkung. Die Ziege rührte sich wieder und sprach mit zitternden Flanken: „Friss mich nicht!"

Der Wolf, der vor Kurzem einen Hasen verspeist hatte, war nicht hungrig, sondern zunehmend von einer anderen Neigung beseelt, die als einzige in der Lage ist, die sonst undurchdringlichen Grenzen zwischen den Tierarten dahinschwinden zu lassen, genauso wie sie als einzige Kraft bei den Menschen die Barrieren zwischen den Kulturen durchlässig macht.

„Hallo Ziege“, flüsterte der Wolf zärtlich.

Doch die Ziege mochte dem Frieden nicht recht trauen. Immerhin hatte sie ihre Sprache wiedergefunden: „Wie sollen wir uns vertragen, dir knurrt doch gleich der Magen.“

Doch dem verzückten Wolf stand der Sinn nicht nach Fressen, die Kraft der Liebe zügelte seinen Appetit vollkommen, und als er ihre Ohren sanft leckte, verschwendete er keinerlei Gedanken daran, wie diese wohl schmecken würden. Er spürte ihr weiches samtiges Fell mit den Lippen und nahm es leicht zwischen die Zähne. Und da schlug auch bei der Ziege die Liebe ein wie ein Blitz, sie erdrückte fast den Wolf und hätte ihn vor Liebe fressen können. So warteten die beiden ab, bis das Gewitter hinweggezogen war, und wärmten sich gegenseitig.

Als es aufgehört hatte zu regnen und der Wind sich gelegt hatte, sprach die Ziege: „Gegen die Liebe ist kein Kraut gewachsen.“

Und der Wolf erwiderte mit wohltönender Stimme: „Der Liebe kann niemand entgehen.“ Und so gingen sie gemeinsam in das modern ausgestattete Walmdachhaus, in dem die alleinerziehende Geiß mit ihren sieben Kindern wohnte. Die Geißlein waren ganz aus dem Häuschen, dass ihre Mutter wieder einen Freund hatte, und sie schlugen Kapriolen und machten die wagemutigsten Bocksprünge.

So lebten sie glücklich für sieben Tage, zuerst von Luft und Liebe, dann sammelte der Wolf Gras und Löwenzahnblätter und hin und wieder ein paar Mäuschen, mit denen die Geißlein aber wenig anzufangen wussten. Der Wolf lernte schnell und er fand Gefallen am modernen Ziegenleben, er lernte mit dem Herd hantieren und die Musikanlage bedienen, selbst der Rechner blieb ihm nicht fremd. Allerdings sang der Wolf am dritten Tag unter der Dusche: „Die Liebe, die soll blühn, ich mag aber kein Grün!“

Die Ziege, die den Gesang zufällig gehört hatte, drehte ihm sofort das warme Wasser ab und war empört. „Wenn du mich liebst“, meckerte sie, „musst du dein Leben ändern.“ Und sie erhob reimend ihre Stimme: „Liebe geht auch durch den Magen, sonst wird sie nicht lange tragen.“

Und die kleinen Zicklein rappten den Refrain.

Das Wohlleben hatte den Wolf bequem und unaufmerksam gemacht, und er merkte gar nicht, dass ihm Familie Ziege ein Ultimatum gestellt hatte. Als der Wolf den dritten Tag nacheinander weder sein Zimmer aufgeräumt noch frisches Grünzeug organisiert hatte, warf die Ziege ihn kurzerhand hinaus. Der Wolf trollte sich und fraß versehentlich einen Dackel, der ihm in der Nähe eines Parkplatzes in die Quere kam. Er war todunglücklich und zog nicht weiter auf der alten Wolfsfährte nach Westen, sondern blieb in der Nähe des Hauses.

Eines Tages beobachtete der Wolf, wie es seine Art war, das Haus der geliebten Geiß. Er sah, dass sie die Tür hinter sich verschloss und verriegelte und ausging, wohl um Futter zu holen. Sie hatte also die Kinder alleine zurückgelassen. Und einige Zeit später bemerkte der Wolf Rauch über dem Dach des Hauses, der nicht aus dem Schornstein stammte. Obwohl das Haus sehr neu war, hatte es ein altes Reetdach und der Wolf wusste gut, wie lichterloh diese Dächer brennen können. Mit Feuer kannte sich der Wolf überhaupt gut aus, denn die Jäger hatten oftmals versucht, ihn mit Feuer aus Dickichten zu vertreiben, in denen er sich versteckt hatte oder ihn aus seinen Höhlen auszuräuchern.

Der Wolf dachte kurz und tief nach, und mit zu Schießscharten verengten Augen und mahlenden Kiefern presste er hervor: „Ich muss sie täuschen, wenn ich sie retten will. Denn ihre Mutter hat sicher nicht viel Gutes über mich erzählt."

Er nahm seinen Rucksack, den er seit dem Aufenthalt im Hause Ziege besaß, und eilte zum Eingang des gefährdeten Hauses. Er drückte auf den Klingelknopf und hoffte, dass ihm nun kein Fehler unterliefe. Als eine Kennziffer verlangt wurde, tippte er das Geburtsdatum der Ziege ein, denn er wusste: Sie war eitel. Es klappte auf Anhieb. Als er von der scheppernden Stimme aufgefordert wurde, eine Erkennungsmelodie zu singen, dachte er nach, was Ziege meist gesungen hatte, im Bett, in der Badewanne, in der Küche. Ihm fiel ein Rocksong ein, er holte seinen I-Pod aus dem Rucksack und spielte den Originalsong in die Sprechanlage, den die geliebte Ziege immer gesummt hatte. Es funktionierte ebenfalls.

Als er aufgefordert wurde, seine Pfote auf den Scanner zu legen, wurde er ein wenig unsicher. Sein eigenes Fell war zu struppig, aber auch das der Ziege war an den Füßen nicht sehr schön. Ihm fiel wieder ihre Eitelkeit ein: Bestimmt hatte sie das feinere Fell eines anderen Tieres oder ein schönes Tuch zur Erkennung eingegeben. Auf gut Glück legte er ein Mäusefell auf die Photozelle, und die Tür sprang auf. Im Nu war er bei den sieben Geißlein, die im Zickzack durch das Treppenhaus liefen und sich in den Zimmern versteckten. Er musste sie nach draußen bringen, damit sie nicht verbrannten, und zwar alle auf einmal. Denn wenn er ein Zicklein nach dem anderen aus dem Haus brächte, würden ihn die restlichen Geißlein aussperren, denn sie waren muntere Gesellen. Sie würden die Schlossanlage verändern oder sich verbarrikadieren, sodass er nicht mehr hereinkäme.

Und da kam die Eingebung. Er hatte von Tieren gehört, die ihre Jungen zum Schutz in den Mund nahmen und sie wieder freiließen, wenn die Gefahr vorbei war. Sein Mund war so groß nicht, er musste sie vorsichtig herunterschlucken und anschließend wieder hochwürgen, als wäre er ein Wiederkäuer. Eine Zeit lang würden sie in seinem Bauch überleben können, dafür gab es Beispiele.

Gesagt, getan.

Er stöberte die Geißlein in ihren Verstecken auf und verschluckte sie, eins nach dem anderen, bis er das Gefühl hatte, er würde gleich platzen. Mit schweren Schritten torkelte er aus dem Haus und legte sich schwer atmend unter den nächsten Busch in einiger Entfernung von dem Ziegenhaus. Vor Anstrengung und Müdigkeit schwanden ihm die Sinne und bald schnarchte er in einem tiefen ohnmächtigen Schlaf.

Er hatte einen schweren Traum, in dem die Mutter Geiß zurückkam. Sie ging ins Haus und holte etwas, aber sie herzte und streichelte ihn nicht, sondern schnitt ihm mit einem Skalpell den Bauch auf, um alle ihre Kinder schnell wieder an die frische Luft zu holen. Und dann hantierte sie in seinem Bauch herum, ohne dass er sehen konnte, was sie da eigentlich machte. Und er wurde im Traum immer schwerer, und er hatte einen großen, großen Durst. Mühsam richtete er sich auf und bewegte sich zum nächsten Brunnen, um seinen Durst zu löschen. Als er sich aber über den Brunnenrand beugte, verlor er plötzlich das Gleichgewicht und eine mächtige Kraft zog ihn nach unten und er fiel und fiel, und während seines Falles hörte er von weit oben über sich Gesang und Geschrei, und es klang, als würde da gerufen: „Der Wolf ist tot! Der Wolf ist tot!"

Als der Wolf immer tiefer in seinen Albtraum fiel, kam ein kräftiger Regen auf, der das Feuer im Reetdach löschte. Als die Ziege nach Hause kam, hörte sie von dem Zicklein, das der Wolf vergessen hatte, die Geschichte. Und sie machte sich ihren eigenen Reim darauf. Sie ging zum Brunnen, zum Wolf, der im Schlaf stöhnte, schüttelte ihn sanft an den Schultern. Als er die Augen aufschlug, sagte sie zärtlich: „Wolf! Lieber Wolf! Ich werde dich nie wieder hinauswerfen! Und sie streichelte über seinen Bauch."

Blondmarie

Oder wie der Hans zum Großbauern wird

Eine schlechte Ernte steht ins Haus! Das muss man sich mal vorstellen. Sie steht ins Haus, sie ist noch gar nicht da. Bestens noch leben alle von der letzten Ernte, die Scheunen und Ställe und Vorratskammern sind voll. Hans schüttelt den Kopf und bestellt ein Bier. Die Sonne scheint und es riecht nach Frühling. Ihn will kein scheuendes Pferd abwerfen und er muss keiner spritzenden Kuh an das Euter. „Und was sollen wir im nächsten Jahr essen?“, fragt ihn der Jungbauer mit dem grünen Hut.

„Das wird sich schon finden“, sagt Hans und lacht.

„Sind wir dir egal?“, fragt der Jungbauer und runzelt die Stirn. „Wenn wir nichts zu essen haben, wirst du auch hungern.“

„Mal sehn“, sagt Hans. Über seine Hand buckelt eine Raupe.

Im Dorf seiner Mutter ist gerade Jahrmarkt. Deshalb ist er gar nicht erst nach Hause gegangen, Mutter läuft nicht weg. Er sitzt vor dem Tanzboden unter der Linde und redet ein bisschen mit den Jungs, die die Mundwinkel hängen lassen. Und die Schultern. Wegen der schlechten Ernte. Alle Mühe umsonst. Es reicht gerade noch zum Trinken. Zum Tanzen nicht mehr, aber das macht nichts, denn Hans ist immer zu einem Tänzchen aufgelegt. Und die Mädchen sind besser gelaunt und so tanzfreudig, dass sie sogar ohne Jungen tanzen.

Der Reiter mit dem gelben Hut bindet sein Pferd fest, tritt an die Theke unter der Linde, sieht zu den Tanzenden. Und dann staunt er: Da tanzt doch tatsächlich der Hans, dessen Pferd er eingetauscht hat. Tanzt der Hans da mit der Blondmarie? Wie macht er denn das! „Mit mir tanzt sie nicht, und ich habe zwanzig Morgen Land im Rücken.“

Die Glatze mit dem Ohrring lacht. Die Blondmarie wird die riesigen Felder im Westen des Dorfes erben. Die sieht nicht auf das Land, die sieht nur ins Gesicht, und du hast da eine Zahnlücke. Und der Hans ist hell und strahlt, als würde die ganze Zeit die Sonne scheinen.

Hans dreht sich rechts herum und flüstert der Marie ins Ohr: „Ich kann aber nicht reiten.“

„Bei mir wirst du das schon lernen“, lacht die Marie.

Hans dreht sich links herum und sagt ihr in das andere Ohr: „Ich kann aber nicht melken.“

Marie dreht sich, dass die Zöpfe fliegen, und ruft: „Dafür habe ich doch meine Knechte!“ Und sie walzen zusammen, dass das Zusehen eine Freude ist.

„Wer hätte das gedacht“, sagt der Scherenschleifer, und setzt sein Schnapsglas ab, „die Goldmarie. Jetzt macht der Hans sein Glück, ohne dass er ein Schleifer geworden ist. Wie macht er das nur?“

Der Pfarrer tritt unter die Linde und bestellt einen Weißwein. Nach dem ersten Schluck legt er dem Schleifer die Hand auf die Schulter: „Immer gewinnt die Liebe, mein Sohn, amor omnia vincit.“

„Mein Hänschen“, ruft die Mutter, als er ihr am Abend seine Braut vorstellt.

Sie sitzt auf

Ein Feenmärchen

Wie splitterndes Holz war die erste schöne Sommerwoche in die Brüche gegangen. Am Morgen war er zu einem Termin im Personalbüro eingeladen. Carlotta, die vor Kurzem an einer ganzen Mannschaft verdienter Mitarbeiter vorbei zur Personalchefin befördert worden war, blitzte ihn spitzbübisch an. Ob er sich in der letzten Zeit Gedanken über seine berufliche Zukunft gemacht habe, wollte sie wissen, während sie Latte Macchiato orderte. Vielleicht lächelte sie, vielleicht war dies ihre Mundform, jedenfalls hatte er das angenehme Gefühl, im selben Boot zu sitzen. Seit Längerem hoffte er, in die Abteilung versetzt zu werden, die die Gourmet-Zeitschriften betreute. Für den *Sterne-Koch* und die *Essen und Feiern* hatte er schon häufiger mit viel Vergnügen fotografiert und getextet. Immerhin hatte er vor ein paar Jahren im Interconti eine Lehre als Koch abgeschlossen. Er liebte gutes Essen.

Nachdem die Sekretärin den Kaffee gebracht hatte, ließ Carlotta ihre silbernen Ohrringe leise klirren und setzte das Gespräch fort, indem sie sich über die Entwicklung des Internets und den Rückgang der Print-Medien ausließ. Er hörte ihrer warmen Stimme gerne zu, auch wenn ihre Ausführungen erst einmal nicht viel Neues enthielten. Säße er jetzt dem Chef direkt gegenüber, wäre es weniger behaglich, es gäbe keinen Small-Talk, sondern Excel-Tabellen und Statistiken. Beim Chef war der Glamour-Faktor kaum vorhanden, er betonte, dass er rechnen könne.

Die Internet-Werbung, unterstrich Carlotta mit freundlichen Armbewegungen, würde weiterentwickelt und die Etats für die Print-Medien halbiert. „Und hier, lieber John“, – in der Firma war es hierarchieübergreifend üblich, sich zu duzen – „ kommst du ins Spiel.“ Anders als er hatte sie sich durchaus über seine berufliche Zukunft Gedanken gemacht, mit dem Ergebnis – „da wollen wir nichts beschönigen oder verklären“ – ihn zu kündigen. Erst einmal. Mit einem kleinen Scherz hatte sie versucht, ihn über den Moment seiner Sprachlosigkeit zu bringen und hinzugefügt, „als Freelancer würden wir deine Dienste aber gerne weiter in Anspruch nehmen.“ Da sein anarchischer Geist in solchen

Situationen zu Entgleisungen und Geschmacklosigkeiten neigte, hatte er sich zur Ruhe gezwungen und schafsgeduldig zurückgelächelt.

Es gibt Tage im Leben, an denen so viel schiefläuft, dass sie einen surrealen Charakter annehmen. Nach seinem ersten Scheitern am Vormittag folgte sein zweites am Abend, beim Italiener. Zum Dessert trieb ihm seine Freundin einen Eiszapfen durchs Herz. Sie erklärte ihre Beziehung für beendet. Er wäre mit dem Job verheiratet usw.. Er fühlte sich wie im Auge eines Orkans – und verzichtete auf den Grappa. Er benötigte jetzt eine wirklich rauschhafte Auszeit, fand er.

Am nächsten Morgen nahm er sich frei und die BMW aus der Garage. Auf der Autobahn Richtung Berlin fuhr er, nun ja, zügig. Obwohl er die Maschine auf 200 Kilometer beschleunigte, sah er überall Carlottas blonde Locken oder die Züge seiner trennungsfreudigen Freundin in den tieffliegenden Wolken und wogenden Feldern und später noch im Nebel, der sanft aus dem Schweriner See aufstieg. Und dann stand sie irgendwo hinter Schwerin an der langen Straße, die mitten durch den See führt, neben einer großen Birke; hell gekleidet, mit rosafarbener Bluse und hellblauen Hot Pants, ihr Schal und die Sandaletten waren weiß. Fast hätte er sie übersehen, doch dann bremste er, ohne zu zögern, und hatte schon genickt, ehe sie ihre Frage überhaupt formulierte. Ein pudriger Geruch lag in der Luft, er sah ihre seidig schimmernden Beine, als sie auf den Sozius aufstieg. Ja, er könne sie nach Hause fahren zu einem See, dessen Namen er noch nie gehört hatte.

Unter dem hochgeklappten Visier rief er über die Schulter nach hinten: „In Ordnung, Nadja, ich heiße John. Und was machst du beruflich?"

„Fee", rief sie mit klarer und wohlklingender Stimme zurück.

„Natürlich", lachte er und schrie gegen den Fahrtwind: „Ich liebe Feen!" Dann gab er Gas und schaltete hoch. Sie presste sich mit aller Kraft an seinen Rücken und rief etwas Unverständliches. Ihre Hände spürte er auf Bauch und Rippen, zwischen den Schulterblättern ihr Gesicht oder ihre Wangen. Und als er vor der Kurvenstrecke in Richtung Güstrow herunterbremste, drückten ihre Brüste sanft auf seinen Rücken. Seine Vorstellung einer Fee war bisher durch die feingliedrig geflügelten Feen-Skulpturen des Wieland-Denkmals am Entenmarkt bestimmt, wo er einmal gearbeitet hatte. Ihr Gesicht? Hatte er eigentlich noch gar nicht richtig gesehen. Ihren Mund schon, allerdings zu kurz, um ihn beschreiben zu können, aber schon zu lang, um ihm nicht zu verfallen. Von diesen verlockenden Lippen konnte nur Gutes kommen.

Rechts und links der Landstraße leuchteten jetzt riesige Rapsfelder gelb in der durchbrechenden Sonne, am Himmel waren Greifvögel und Störche. Er spürte, wie sich die schwarze Blase irgendwo in seinem Inneren auflöste, die Wut auf Carlotta und seine Trennungsfreundin war wie weggeblasen. Die Fee auf dem Sozius hatte so einiges bei ihm durcheinandergebracht, seine Gedanken, seine Gefühle. Obwohl er sie durch den Motorenlärm nicht verstehen konnte, dirigierte sie ihn klar und deutlich zu ihrem Ort. Über Körperberührungen, Gedankenübertragung?

Er hatte das Gefühl, durch die Lederhose hindurch ihre Hüften zu spüren, die seltsam hager wirkten. Ihm fiel ein, dass er ihr Gesicht noch nicht wirklich gesehen hatte. Jedenfalls bogen sie in einen Feldweg ab, der durch weite Getreide- und weitere Rapsfelder führte. Der Rapsgeruch wurde zunehmend durch den des überall blühenden Holunders überlagert, er spürte die Sonne auf dem Kinn, links blitzte der See, der sich hinter Hügeln verlor. Sie fuhren gemächlich durch eine Häuseransammlung, die auf einem Ortsschild angekündigt worden war. Ihre Stimme war wieder zu verstehen, doch sie klang krächzend, der Kopfsteinweg war so uneben, dass er sogar mit seiner BMW langsamer fahren musste. Hohe und labyrinthische Hecken verstellten den Blick auf die wenigen Häuser, an einer Stelle blickte ein Bullenkopf hindurch, gegenüber auf der anderen Seite des Weges ging der Blick auf Weiden, die sich hügelabwärts zum See erstreckten. Auf ihnen standen schwere schwarze Pferde.

Vor einem roten Backsteinhäuschen winkte hinter einer niedrigeren Ligusterhecke gleich an der Straße eine alte Frau mit einer Sichel in der Hand. Offensichtlich kannte sie seine schöne Beifahrerin, er fuhr noch langsamer und glaubte, seine Fee lachen zu hören, sehr heiser, doch das musste die alte Frau im Garten gewesen sein. Er öffnete das Visier, im Schritttempo rollten sie langsam bergab, der Motor tuckerte, vorbei an einigen kleinen Bungalows direkt am See, die wohl als Ferienhäuser dienten und augenblicklich nicht bewohnt waren. Der Weg führte über eine Rasenfläche durch einige Weidenhecken und Knicks hindurch auf einen schmalen Damm, der sich in eine dichte Schilflandschaft zu weiten schien. Wo hier das Land endete und das Wasser begann, war nicht zu erkennen. Zwei Weiden waren zu einer Pergola zusammengebunden, an ihr hing eine Girlande aus getrocknete Blumen und Kräutern. Vor einer weiteren Weide stand so etwas wie ein Kaninchenstall, eine eigenartige Holzkonstruktion. Hinter ihm lachte es krächzend. Er hielt an und blickte über die Schulter: auf eine überdimensionierte Sonnenbrille, die in einem uralten Gesicht saß. Die Stirn war verrunzelt, die

Wangen eingefallen, die schmalen Lippen unter der knöchernen Nase farblos. Die Gestalt der schönen Beifahrerin war wie geschrumpft. Als wäre sie ein kleines Kind, reichte der Kopf nicht bis zu seinen Schultern. Ihn schwindelte. Mit letzter Kraft stellte er das Motorrad ab und sank daneben zu Boden. Er verlor das Bewusstsein.

Als er aufwachte, hatte er einen aromatischen Duft in der Nase. Eine Teetasse wurde an seine Lippen gedrückt, er nahm vorsichtig einen Schluck und öffnete die Augen. Neben ihm saß die alte Frau, die noch immer ihre Augen hinter einer Sonnenbrille unter Verschluss hielt.

„Ich verstehe deinen Schrecken", flüsterte sie, „leider habe ich nicht genügend Kraft, um meine wahre Gestalt während des ganzen Tages aufrecht zu erhalten. Wie bei einem Handy, dessen Akku leer ist, setzt nach einigen Stunden die Wandlung zur alten Frau ein. Um neue Energien zu sammeln, brauche ich anschließend eine ganze Nacht. Ja, ich verstehe deinen fragenden Blick, doch ich bin eine echte Fee, aber auf mir liegt ein Bann. Ja, das ist eine lange Geschichte." Sie reichte ihm erneut die Tasse, die er austrank.

Sein Kreislauf belebte sich, die Alte hob an: „Es ereignete sich vor langer Zeit auf einem Mondscheinfest hier am See. Nicht nur die freundlichen Feen waren geladen. Und so erschien auch Fanferlüsch. Sie hielt einen Kröterich an der Leine, den sie zur allseitigen Belustigung über ein Stöckchen springen ließ und der auf Kommando ein wenig quakte. Um sich mit einigen Elfen plantschend am Ufer zu vergnügen, ließ ihn Fanferlüsch zurück. Meine Zwillingsschwester Melusine und ich kümmerten uns um den Kröterich und wandten beim Spielen verschiedene leichtere Zauber auf ihn an. Und wie der Zufall es wollte, zeigten diese überraschend Wirkung. Das ist so ähnlich, als stießest du beim Computerspielen plötzlich auf ein Kennwort und könntest dich einloggen. Zuerst nahmen wir die Schwachstellen an seinem Kopf unter Zauber, im Weiteren bezauberten wir ein bisschen seinen Unterkörper, und siehe da, der Kröterich wandelte sich zu einem jungen Mann, der hübsch anzuschauen war, wenn er auch etwas einfältig daherredete. Wir spielten Fangen und bespritzten ihn mit Wasser. Alles war ganz harmlos wie auf einer Pyjama-Party. Melusine ließ sich von ihm gerade ihren Rücken massieren, als Fanferlüsch zurückkehrte – und überreagierte. „Warum lasst ihr nicht die Finger von meinem Frosch!" Uns ließ sie gar nicht erst zu Wort kommen. „Ich will euer doppelzüngiges Gerede nicht hören", schrie sie, „ich werde euch in einen Zustand bringen, der euer Privileg der Unsterblichkeit in sein Gegenteil verkehren wird, und dich, Melusine, werde ich mit einem besonderen Bann belegen." Und dann wurde es finster, schreckliche Wirbelwinde peitschten das Wasser, und als das Unwetter vorüber war, fanden wir uns als missgestaltete Greisinnen wieder. Meine Schwester war noch mehr geschrumpft als ich, auf ihr lastet der Fluch der Verzwergung. Darüber hinaus hatten wir fast alle Zauberkompetenzen verloren, sogar die einfachsten Hauszauber-Formeln funktionierten nicht mehr. Und nachdem Fanferlüsch so ausgerastet war und uns dergestalt sah, beruhigte sie sich ein wenig und sie wollte wissen, was wir mit ihrem Frosch genau gemacht hätten. Wir berichteten aufrichtig von unseren Spielen am Ufer, und da wurde sie ganz still und sagte, sie habe wohl vorschnell gehandelt und jetzt Mitleid mit uns. Es sei aber nicht mehr in ihrer Gewalt, den Bann insgesamt rückgängig zu machen, sie könne ihn nur abmildern. Und dann sprach sie wörtlich: „Sobald ihr einen jungen Mann unter dreißig Jahren gefunden habt, der euch liebt, sollt ihr zurück in eure ursprüngliche Gestalt verwandelt werden. Seitdem haben wir Fanferlüsch nicht mehr aus der Nähe gesehen. Sie hat wohl ein schlechtes Gewissen – zurecht. Mit unseren verbliebenen Kräften und Fähigkeiten vermögen wir den Bann nicht aufzuheben. Und die paar Stunden, die ich täglich meine wahre Gestalt annehmen kann, waren zu wenig, um einen wirklichen Retter zu finden."

Sie schwieg, und er ergriff ihre Hand. Nach einer Pause fragte er: „Weshalb denn wirklicher Retter?" Sie hatte, hörte er dann, schon einmal einen Verehrer, einen Angler, der sie wohl aufrichtig liebte, aber ohne jedes Ergebnis. Daraufhin stellte sich heraus – sie blieb hier etwas allgemein – dass der Angler bei seinem Alter gemogelt hatte, denn er war schon 32. John griff nach ihrer Hand. Er merkte, dass er immer noch seine Bikerhandschuhe trug und zog sie aus. „Und wo ist deine Schwester?" Er folgte ihrem Blick in Richtung des Kaninchenstalls.

„Melusine lebt in der Kiste." Die alte Frau hielt seine Hand und drückte sie leicht. Ansonsten geschah nichts. „Du musst mich lieben", hauchte sie. John fühlte ihre raue und schrumpelige Haut und blickte auf ihre weißen dünnen Haare. So konnte das nichts werden! Hier musste die Fantasie über die schlechte Wirklichkeit siegen. Er konzentrierte sich auf die Erinnerung, und stellte sich den Augenblick vor, als sie zu ihm auf das Motorrad gestiegen war, wie hatte sie da ausgesehen? Zugleich küsste er die alte Frau auf die Stirn und bemerkte etwas wie eine Bewegung in ihrer Hand. Er sah genauer hin: Die Hand schien größer zu werden, fülliger, die Haut straffte sich und hellte auf, dunkle Flecken verschwanden und die herausgetretenen Adern waren nicht mehr zu sehen, die ganze alte Frau vollzog in Windeseile eine Verwandlung, sie wurde jünger und jünger, ihr Oberkörper richtete sich auf, sie wuchs, ihre weißen Haare erblondeten, John blickte auf spektakuläre Beine. Als sie ihn anlächelte, hätte er um ein Haar erneut das Bewusstsein verloren. So schön war sie.

Sie lachte und forderte ihn auf, zu warten, sie wolle ihren Rucksack ablegen. Ihre Augen hinter der spiegelnden Sonnenbrille stellte er sich bernsteinfarben vor. Bald würde er ihr ganzes Gesicht zu sehen bekommen, und zwar unverdeckt.

Sie war zwischen dichten Feuerdorn- und Sanddornsträuchern verschwunden. Ihn wunderte, dass nirgends ein Haus zu sehen war, denn er befand sich in einem wunderschönen, aber zugleich fremdartigen Garten. Auf der Rasenfläche vor sich sah er eine Sonnenuhr, davor lud eine Buchsbaumbank täuschend zum Sitzen ein. Von dem untersten Ast eines Walnussbaumes hingen gebundene Sträuße von Kräutern zum Trocknen an der Luft. Er setzte sich vor ein Beet, das mit Lavendel eingefasst war, der leicht duftete. Als guter Koch erkannte er in dem Beet sogleich Oregano, Salbei und Bohnenkraut. Nach einigen Augenblicken wurde das frische Zitronenaroma in seiner Nase durch einen bekannten, würzigen Geruch unterlegt – dies musste eine besonderer Thymian sein. In der linken Hälfte des Beetes sah er purpurrote und die übliche Pfefferminze, als er sich leicht vorneigte, spürte er den typischen Pfefferminzduft. Sein Interesse war geweckt, er richtete sich wieder auf, schloss die Lider und folgte seiner Nase in die überraschenden Geruchslandschaften. In den Nachbarbeeten erkannte er Koriander, Knoblauch, Fenchel, Basilikum, Estragon und Dill. Jetzt müsste er in der Küche stehen: Er würde einen unabwendbaren Liebesbeweis komponieren. Sie würde ja bald wiederkommen.

Wenn sie hier lebte, musste es eine Unterkunft geben, und keine Wohnung ohne Küche! Ihn irritierte, dass in einem anderen Beet Bärlauch und Maiglöckchen durcheinander standen, wie in der Giftecke eines botanischen Gartens. Doch da legte sich schon ihre zarte Hand auf seine Schulter, sie lächelte – noch immer mit Sonnenbrille: „Und jetzt meine Schwester!" Zuerst war ihm unklar, was sie wollte, er fragte nach, ob Melusine nicht einen eigenen Liebhaber bräuchte. „Fanferlüsch ist nicht nur launenhaft, sie ist auch ungenau und schlampig. Ob wir zwei junge Männer benötigen oder ob einer reicht, ist unklar. Wir sollten es auf jeden Fall versuchen, wenn du dir das liebesmäßig zutraust."

John holte tief Luft und ging in sich, um langsam, aber voller Überzeugung zu sagen: „Ich glaube, ich kann euch beide lieben, ich bin sehr liebesstark."

Nadja streichelte über seine Wange, dass ihm ein Schauer über den Rücken lief: „Wahre Liebe ist grenzenlos und nicht beschränkt auf eine Person." Sie gingen zu dem Holzverschlag und sahen durch einen Spalt Melusine in grauen Kleidern in einem Sessel sitzen, wie in einer Puppenstube. Als sie sich beobachtet fühlte, grüßte sie, erhob sich und kam zu dem Spalt zwischen den Brettern. Sie erschien genau so uralt wie ihre Schwester noch vor wenigen Augenblicken. Offensichtlich war sie über die Ereignisse im Bilde und hatte bereits ihre erlöste Schwester gesehen. Sie sprach direkt John an: „Du kannst mir einen Finger durch den Spalt stecken, damit ich ihn berühre."

Übermütig antwortete dieser: „Das ist ja wie bei Hänsel und Gretel – und dabei spielen wir doch in einem Feen-Märchen."

„Feen haben nichts gegen Volksmärchen", wandte Nadja ein, „sie finden sie nur nicht immer lustig. Und gegen die schlechten sind sie gefeit. Doch wir sollten Melusine aus ihrer Kiste holen, dann wird alles einfacher werden." Sie öffnete eine Klappe und holte ihre winzige Schwester aus dem Verschlag.

John überlegte sich, wie er es am besten anstellen sollte; er musste nur auf die faszinierende Nadja sehen und sich einen ähnlichen Wandlungsprozess für Melusine vorstellen, vielleicht reichte das. Er wurde durch Nadja in seinen Gedanken unterbrochen: „Bei Melusine solltest du dir besondere Mühe geben, denn sie muss nicht nur verjüngt, sondern auch entzwergt werden. Die Sache steht also etwas komplizierter als bei mir."

Er kniff die Augen zusammen und versuchte eine starke Vorstellung von Liebe herzustellen. Vom See her spürte er einen kalten Windhauch, das Schilf und der See verschwammen, als wären sie eingenebelt. Der Garten um ihn herum schien sich zu dehnen. Auf Melusine blickend stellte er fest, dass sie sich mit hoher Geschwindigkeit verjüngte und verschönerte – und immer größer wurde. Gleichzeitig schien sich indes mit seinem Körper auch etwas zu verändern. Er blickte Nadja an, um genau zu sein, er sah an ihr hoch, an ihren Beinen, die jetzt ins Unermessliche verlängert schienen. Mit der Verjüngung hatte es geklappt, nicht aber mit der Entzwergung.

„Leider ist das in Teilen danebengegangen", hörte er Nadja von weit oben, „wir versuchen es noch einmal, indem wir uns an den Händen halten. " Sie ging in die Knie und sie hielten sich zu dritt ihre Hände. Dem sprachlosen John fiel auch nichts Besseres ein, er schloss die Augen und versuchte kraft seines Willens erneut einen Liebesstrahl herzustellen. Er dachte an die tausendschöne große Nadja und an die wunderschöne kleine Melusine. Es wurde ihm schwarz vor Augen, um sie herum schien die Erde zu beben, als er die Augen öffnete, schaukelte der See und die Bäume wurden riesig groß. Nadja und Melusine standen vor ihm, gleich groß, ein entzückendes Paar, zum Verwechseln ähnlich. Ebenso gut hätte sich Nadja einfach verdoppeln können. Er wusste auf Anhieb nicht, wer nun Nadja und wer Melusine war, und musste sich erinnern, wo noch vor wenigen Augenblicken jede gestanden hatte. Dann irritierte ihn im Augenwinkel der Baum zu seiner Linken. Beim genauen Hinschauen war es gar kein Baum, vielmehr ein riesiger Lavendel-Stängel. Der Schreck fuhr ihm in alle Glieder. Sie waren zwar gleich groß, aber alle verzwergt.

Nadja – oder war es Melusine? – hatte es auch bemerkt: „So ein Pech, es hat wieder nicht geklappt." Dann sah sie ihm aufmerksam ins Gesicht: „Wie siehst du denn aus?"

Wenn sich seine Gefühle in seinem Gesicht spiegelten, musste sie das blanke Entsetzen wahrnehmen. Sie näherte langsam ihre roten Lippen seinem Gesicht und gab ihm einen Kuss. Einen Kuss. Der ging ihm so durch und durch, dass Lavendel und Garten und Schilf und See und Himmel verschwanden und alles wurde leicht.

In diese Leichtigkeit hinein hörte er die Stimme von Melusine oder Nadja: „Uns ist wahrscheinlich ein Fehler unterlaufen. Wir müssen uns nicht nur an den Händen halten, sondern sollten uns zugleich mit den Knien berühren." Und schon fühlte er sich bei beiden Händen gefasst und in die Hocke gezogen. Als er die Knie der beiden Feen berührte, ging es durch ihn wie ein elektrischer Schlag. Ja, er konnte, er schaffte es. Er liebte beide zugleich, und der Gedanke war kaum gedacht, als er ein schmatzendes Geräusch und dann ein Krachen vernahm, der Garten verfinsterte sich und er hatte das Gefühl, auf Pudding zu stehen. Als dann die Welt zurückkehrte, merkte er sogleich an dem Lavendel, dass alles war, wie es gehörte. Die Formate stimmten und Nadja und Melusine stimmten in ein glockenhelles Gelächter ein.

Melusine nahm seine Hand und führte ihn durch den Garten hindurch zum Ufer des Sees, vorbei an Schafgarbe und Aloe Vera, an Lupinen und großen Fingerhüten, an Rittersporn und Eisenhut. In fleischigem Blattwerk, das er nicht kannte, torkelten Insekten und platzten volle Knospen. Sie setzten sich am Ufer nieder, sahen auf Wasserschierling und Seerosen, er war benommen von einem berauschenden fremden Duft.

„Lass uns schwimmen", sagte Melusine – oder war es doch Nadja – und begann langsam sich zu entkleiden. Er wollte gerade sein Hemd ausziehen, als er hinter sich eine Bewegung spürte: Vor dem Rosenbusch stand Nadja und winkte ihm lächelnd zu. John wollte aufstehen und zu ihr gehen, konnte sich aber nicht dazu aufraffen, als er im Wasser Melusines oder Nadjas Spiegelbild sah. Sie war nackt, lächelte und sprang – oder besser: Sie warf ihren Körper ins Wasser. Fast ohne Spritzer tauchte sie in Johns Spiegelbild, das für einen Moment zerriss. Er vermochte nicht, ihr zu folgen, und er stand nicht auf. Es war, als würde er sich selbst zuschauen, wie er handlungsunfähig und verzückt zwischen zwei so schönen Frauen am Seeufer saß. Eine sanfte Müdigkeit kam über ihn, er sank zurück und fiel in einen tiefen Schlaf, träumend von einem wunderschönen paradiesischen Garten, in dem die beiden Feen umhergingen. Sie sammelten Kräuter.

Im toten Winkel

Er blieb stehen und zog langsam an dem Reißverschluss seiner Hose. Ein paar Meter vor sich: der See, der Holzsteg. Aber das war nicht wichtig. Obwohl alle sechs Männer an einem Seeufer umgebracht worden waren. Zuerst dachte er, das hätte mit Wasser zu tun. Hatte es vielleicht, indirekt. Es gab zu viele Seen in der Gegend. Er hatte sich auch den Kopf darüber zerbrochen, dass alle Opfer Bauern waren. Doch hier lebte fast jeder von der Landwirtschaft, wenn er nicht gerade Handwerker war. Aus dieser Ecke war kein Motiv zu holen.

Hinter ihm fiel das Land ab zum See, wie bei vielen Seen der Region. Oben standen die Häuser mit den Terrassen und Gärten. Würde man über das Land und den See fliegen, dann sähen die Gärten von oben wie lange Handtücher aus, die nach unten ausfransten. Sie gingen über in Wiesen, die sich bis zu den Büschen und Weiden am Ufer erstreckten. Im Augenblick wurde oben gefeiert, gedämpfte Musik und fröhliche Stimmen waren zu hören. Hätte er sich jetzt umgedreht, hätte er von der Feier allerdings gar nichts gesehen, sondern nur die satte grüne aufsteigende Wiese. Er nestelte noch immer an seinem Reißverschluss. Er wollte ihn aufziehen, doch er hakte. Er wollte. Eigentlich gab er auf den menschlichen Willen und ähnlichen Firlefanz gar nichts. Die meisten Menschen wurden durch Gefühle und Triebe gesteuert, ob sie sich das nun zugestanden oder lieber sich etwas vormachten. Und die ließen sich berechnen. Je einfacher ein Trieb war, umso leichter war er kalkulierbar.

Seine Kollegen hatten die Tatorte an den Ufern genau untersucht, doch nichts Wesentliches gefunden – bis auf ein paar abgeknickte Äste und niedergetretenes Gras. Da es in diesem Sommer oft und stark regnete, ergaben sich keine verwertbaren Spuren. Der Abteilungsleiter, der sich selbst immer wieder als den großen Empiriker ausgab, stand erst einmal mit leeren Händen da. Dass drei der Seeuferopfer mit offenem Hosenstall gefunden worden waren, führte zunächst nicht weiter. Schnell war geklärt, dass Sex hier keinerlei Rolle gespielt hatte.

Während er zumindest ein wenig freies Spiel bei seinem Reißverschluss gewann, er zog ihn nun abwechselnd hoch und runter, überlegte er, ob er sich nicht auch als Empiriker bezeichnen könne. Schließlich spekulierte er nicht über Motivcocktails. Er hielt sich neben dem Tatort an die menschliche Natur. Die hatte sich bei der Begehung von zwei Tatorten bei ihm gemeldet: Er musste pinkeln. Am liebsten gleich am Tatort. Wie magisch zog dieser ihn an. Er musste sich zwingen, einige Schritte weiterzugehen. Dort war es ihm ein bisschen peinlich, dass er von oben zu sehen war. Und dabei fiel es ihm wie Schuppen von den Augen: Jeder pinkelt gerne da, wo ihn kein anderer sieht. Im toten Winkel. Spontan, ohne langes Nachdenken. Das war die Lösung. Der Mörder hatte auf die Scham, auf ein Gefühl der Peinlichkeit gesetzt. Keiner der Tatorte am See war von oben einsehbar. Alle Morde hatten sich ereignet, als oben gefeiert wurde: Schützen- oder Erntefeste, große Jubiläen, bei denen jeweils nicht nur die Dorfbewohner, sondern auch Gäste aus den Nachbardörfern und sogar Touristen aus der Stadt zu Besuch waren. Und bei allen Feiern hier auf dem Lande gab es eine hohe Gewissheit: Es wurde gerne und viel getrunken. Auf diese beiden Faktoren musste der Mörder gesetzt haben, Schamgefühl und natürlichen Drang. Auch wenn viele Menschen eine Feier besuchten, konnte er sicher voraussagen, an welchem Ort er seinen Mann im Laufe des Abends treffen würde, und zwar ganz alleine. Dass oben fast immer ein paar Toilettenhäuschen aufgestellt waren, tat nichts zur Sache. Die meisten Männer erledigten sie lieber unter freiem Himmel.

Endlich bekam er seinen Reißverschluss frei. Das leise knackende Geräusch der Waffe, die in den Büschen hinter ihm entsichert wurde, hörte er nicht. Doch er wusste, es musste da sein. Er drehte sich nicht um. Er machte sich nicht klein. Außerhalb des Schattens der Bäume stehend, musste er gut zu sehen sein. Er hielt inne und sagte laut und deutlich über die Schulter nach hinten: „Guten Abend!“

Eine tiefe Stimme antwortete ihm: „Nun begegnen wir uns endlich, Sie schnüffeln ja auf jedem Fest hinter mir her.“ Die Stimme kam ihm bekannt vor, ohne dass er sie gleich zuordnen konnte.

Er war kein Mann rhetorischer Umwege: „Wollen Sie mich umbringen?“

Er hörte, wie der Mann aus dem Gebüsch hervortrat und sich langsam näherte: „Persönlich finde ich Sie nicht unsympathisch. Sehen Sie, es ist eigentlich Ihr Pech, dass Sie ausgerechnet mir in die Quere kommen. Aber nun pischern Sie mal in aller Ruhe gegen die Sträucher, sehen Sie ruhig noch einmal auf den See – solange vertrete ich mir hier die Beine.“

Sich umzudrehen wagte er nicht. Er spürte seine Rückenmuskeln und bewegte leicht seine Schultern. Er sog den Holunderduft tief ein – und schloss die Augen. Ein Schuss zerriss die Stille, sein Echo rollte über den See. Für einen Augenblick stand er unbeweglich da. Dann drehte er sich sehr vorsichtig um. Zuerst nur mit dem Oberkörper. Dann auch mit den Beinen. Einige Meter entfernt sah er sein Gegenüber, einen großen stattlichen Mann mit verwischtem Gesicht und schwarzem Hut. Langsam begann der Hut sich vorwärts zu neigen. Der große Körper kippte wie in Zeitlupe vornüber und fiel ins Gras, genau aufs Gesicht. Als er sich zu ihm hinunterbeugte, drehte sich der Hut ein wenig zur Seite: „Aber Sie hatten doch keine Waffe!"

Von allen Seiten kamen nun Männer aus Büschen und Hecken, einige mit vermummten Gesichtern und mit Gewehren in den Händen. Der Abteilungsleiter trug einen modischen Trenchcoat. Ihm wendete er sich zu: „Sie haben mit Ihrem Zugriff ja lange gewartet. Unser Gespräch haben Sie doch über Mikro mitgehört, das Geständnis war gleich da. Mir wurde schon ganz mulmig."

Der Abteilungsleiter holte einen Kaugummi aus der Tasche und grinste: „Sie sind zu emotional, lieber Kollege. Wir hatten ihn die ganze Zeit im Infrarot-Visier von drei Scharfschützen. Mit jeder Sekunde stieg für uns die Sicherheit."

„Genau das Gefühl hatte ich aber nicht."

„Sie sehen das falsch, mit jedem Moment wurde für uns sicherer, dass er der gesuchte Mörder ist."

Sardischer Cocktail

Er wusste nicht, was der elegante weiße Rucksack enthielt. Jedenfalls sollte er ihn schon einmal mitnehmen, weil sie ohnehin gleich nachkäme. Sie hatte noch irgendetwas zu erledigen, auf der Post – oder so. Behutsam stellte er ihn auf den Barhocker neben sich und machte eine schnelle Handbewegung über dem Tresen, als wollte er einen leichten Ärger wegwischen. Der Geruch von frischem Kaffee kitzelte ihm angenehm in der Nase. Am Eingang der Bar Centrale war er freundlich, aber bestimmt von einigen breitschultrigen Männern angesprochen worden: Ob sie kurz seine Lederjacke abklopfen dürften, ob dies sein Rucksack wäre. Ja, das sei sein Rucksack, hatte er behauptet, ohne weiter nachzudenken, während gleichzeitig der eine Sicherheitsmann eine flüchtige Leibesvisitation mehr angedeutet als durchgeführt und ihm der andere ein plastikverschweißtes Schriftstück vor die Augen gehalten hatte, auf dem er im Augenblick nur die Worte *Security* und *Securité* hatte entschlüsseln können.

Der Barkeeper bestreute einige Crostini mit gehackter Petersilie und schob sie ihm mit Pfeffer und Salz herüber. Ein ritterliches Gefühl stieg in ihm auf. Es gehörte sich nicht, einen ihm anvertrauten Rucksack durchsuchen zu lassen. Dabei lag es auf der Hand, dass dieser schicke Cityrucksack eher zu einer Frau als zu einem Mann mit Motorradjacke gehörte: Sein wasserdichter Biker-Sack mit dem Alpen-Cross-Sticker etwa, den er im Clubhotel zurückgelassen hatte, sah völlig anders aus, er war dunkler, robuster, hatte viel mehr Stauraum und war nicht vom Aussehen her mit einem Kleidungsstück zu verwechseln. Vom Gewicht her gab es allerdings auch bei diesem Designerteil über seine Funktion keinerlei Zweifel. Er fand ihn erstaunlich schwer, mochte sich darüber jedoch keine weiteren Gedanken machen, denn die mit Olivenöl bestrichenen und mit Mozzarella belegten Baguette-Scheiben schmeckten ausgezeichnet. Dazu bestellte er sich einen Averna Shakerato mit Eiswürfeln. Mit Crushed Ice wollte er ihn jetzt nicht verwässern lassen. Dann hätte er sich wie die meisten deutschen und englischen Touristen auch ein Bier bestellen können.

Er sah zu, wie der Bartender mit sicheren schnellen Griffen Eiswürfel in ein Aperitifglas gab, Vermouth und Cynar auf ihnen verrührte und mit Orange abspritzte. Er hantierte hinter einem Wald verschiedenster Flaschen, bunten Sirup- , hohen Prosecco- und Vermouth-Flaschen, Martini und Cinzano, gedrungenen Wodka- und Gin-Flaschen, kantigem Amaretto, kleinen Avernas und Fernets, langhalsigem Grappa. Mit dem Markennamen Serner konnte er nichts anfangen. Es roch nach Apfelsine, als ihm der Cocktail auf die Glastheke gestellt wurde.

„Heute kommt der Ex wohl wieder", knurrte er wenig begeistert und nickte in Richtung Eingang, wo im Halbdunkel die Security-Leute oder Bodygards standen.

Carlo, der Barmann, hatte ihm die Geschichte in verschiedenen Versionen erzählt, barock und ausschweifend, und im Zusammenhang natürlich: „Du darfst nichts isoliert sehen, Mann, dann wird es falsch." Der Zusammenhang war gerne die Geschichte Sardiniens, und das konnte dauern. Dann nahm er den Zustand mit Erleichterung zur Kenntnis, dass die Bar gut besucht war und Carlo alle Hände voll zu tun hatte. Früher oder später musste eine Unterbrechung kommen, ein Intermezzo. Den guten Besuch hatte er zu anderen Zeitpunkten, beim Warten auf die Cocktails, auch schon verflucht.

Dieser Ex war nun auch außerhalb italienischer Verhältnisse kein Unbekannter. Mit Zeitungen und privaten Fernsehsendern hatte er ein großes Vermögen angehäuft und war mit dieser Starthilfe zum führenden Politiker aufgestiegen. Sein Erfolg war ihm überraschend lange treu geblieben. Bei der letzten Wahl musste er staunend zur Kenntnis nehmen, dass ihm zum zweiten Mal politisch die Mehrheit abhanden gekommen war. Auf der steten Suche nach lukrativen Investitionsmöglichkeiten war ihm die Idee gekommen, zwischen Olbia und der Costa Smeralda eine riesige Feriensiedlung für Tausende von Touristen zu errichten. Diese Idee polarisierte die ansässige Bevölkerung: Einige wenige sahen die Chance auf kurzfristig verfügbare Arbeitsplätze, die meisten befürchteten die architektonische Verschandelung der Küste mit der Folge abnehmender Touristenströme.

Carlo machte aus seinem Herzen keine Mördergrube, er trug es auf der Zunge: „Heute Abend muss ich ihm wahrscheinlich wieder einen Bellini servieren! Leider kannst du am Tresen nicht streiken." Er zeigte auf den weißen Rucksack: „Soll ich diesen edlen Sac à Dos nicht an die Garderobe hängen oder hinter den Tresen nehmen?" Carlo, der Barmann, den er schon im Urlaub vor zwei Jahren kennengelernt hatte, sprach Französisch, Deutsch und Englisch. Genau in dieser Reihenfolge – unter dem Gesichtspunkt der Qualität gesehen. Dankend winkte er ab und dachte an Isabella, die ihm so einiges durcheinandergebracht hatte. Seinen Tagesablauf, seine Gefühle, seine Gedanken. Und dabei wusste er noch immer nicht so ganz genau, wie ihr Gesicht eigentlich aussah, denn sie trug eine spiegelnde Sonnenbrille und hatte die meiste Zeit diesen roten Seidenschal gegen den Fahrtwind vor dem Mund. Verstecken musste sie den weiß Gott nicht. Von ihren verlockenden Lippen konnte nur Gutes kommen. Über kurz oder lang würde er ihr ganzes unverdecktes und schönes Gesicht sehen, wenn sie gleich neben ihm säße.

Schließlich lag es nicht an ihr, dass ihre erste Begegnung eher tastend und fühlend verlief, dass die Gespräche über die Schulter schreiend gegen den Fahrtwind geführt wurden. Gleich hinter Orgosolo, dem alten Banditen-Dorf inmitten von Sardinien, hatte sie unter einem durchlöcherten Verkehrsschild am Straßenrand gestanden und gewunken, bis auf ihren Schal und die Sandaletten ganz in Weiß: ihr Käppi, die Bluse und die Hot Pants über ihren braungold schimmernden Beinen. Eine Erscheinung wie im Traum oder im Film. Er hatte sofort gebremst und schon genickt, ehe sie ihre Frage, ob er nach Norden an die Küste führe, formuliert hatte. Auf Englisch und Italienisch hatte sie gefragt, später waren sie dann beim Französischen hängen geblieben.

Er war sich nicht sicher, ob sie nun Italienerin oder Französin war, vielleicht Korsin. Als Isabella hatte sie sich vorgestellt, sehr selbstbewusst, sehr charmant – und dann mit spöttisch geschürzten Lippen hinzugefügt, als wäre sie eine lokale Schutzheilige: Isabella von Orgosolo. An Heiligenlegenden, religiösen Erweckungserlebnissen oder Wunderheilungen hatte das Bergdorf natürlich wenig vorzuweisen. Immerhin wurde die Vergangenheit, die von Blutrachen und der ständigen Auseinandersetzung zwischen Carabinieri und den in die Macchia wegtauchenden Banditen geprägt war, für den Tourismus kommerziell ähnlich gut genutzt wie der Devotionalienhandel in einem gut organisierten Wallfahrtsort. Ob die vielen durchsiebten Verkehrsschilder auf den Zufahrtsstraßen, die offensichtlich als Zielobjekte für Schießübungen gedient hatten, im Rahmen dieser Vermarktung zu sehen waren, blieb ihm ein ungelöstes Geheimnis.

Und dann saß sie auch schon auf seinem Sozius und er konnte es sich nicht verkneifen, hochzuschalten und seine Yamaha kurz auf Zweihundert zu beschleunigen. Sie presste sich mit aller Kraft an seinen Rücken und rief etwas, was wohl langsamer bedeuten sollte, pas trop vite. Ihre Hände spürte er auf seinem Bauch und seinen Rippen, als er langsamer wurde, ihre festen Brüste und ihren Bauch auf seinem Rücken, ihre

Wangen zwischen seinen Schulterblättern. Er war mit nacktem Oberkörper und ohne Helm unterwegs.

Nur für den Rundgang durch Orgosolo und den Macchiato in der Bar hatte er sich ein Hemd übergezogen. Er fuhr nicht sehr schnell, also ohne großes Risiko, und war auch schon so braun, dass er die Sonne nicht fürchtete. Am Morgen war er in seinem Touristik-Club gestartet. Vor den anderen Touristen, den Animations-Programmen und vor allem vor einem Mädchen aus Leipzig namens Birgit wollte er einmal einen Tag Ruhe haben. Er war ihr am zweiten Abend bei deutlich zu vielen Cocktails etwas näher gekommen. Seinem Prinzip war er dabei untreu geworden, sich bei jeder neuen Bekanntschaft zu überlegen, wie er sie sich wieder vom Halse schaffen könnte. Also war er zu einer Motorradtour gestartet, weg aus dem Club, weg von der Küste und ihren Touristen, ins Landesinnere, ins echte ursprüngliche Sardinien. Er war überrascht über die hohen Berge, darüber, dass alles braun und verdörrt und schwarz war. Manchmal traf er bei seiner stundenlangen Fahrt durch das gebirgige Innere der Insel auf einen Schäfer mit seiner Herde und überlegte, wo die Tiere etwas Grünes zum Fressen finden sollten. Ihm fielen die Erzählungen seines Barkeepers in Olbia über die traditionelle kämpferische Konkurrenz zwischen Hirten und Bauern ein. Beruhigenderweise wurden die Touristen an den Küsten davon nicht in Mitleidenschaft gezogen. Einige Male sah er rechts und links der Straße Feuer in vertrockneten Wiesen und Hecken. Als er eine Feuerwand sah, die quer über die Straße stand, hatte er sich seine Lederjacke und seinen Helm wieder angezogen, um sie mit hohem Tempo zu durchfahren. Dies war auf der Hinfahrt gewesen, dies war die Zeit, bevor jener schöne langbeinige Engel zugestiegen war, den er dann so sanft in seinem Rücken spürte, die Zeit vor Isabella.

Die Eiswürfel in seinem Cocktailglas erinnerten ihn an die Berge bei Nuoro während der Rückfahrt nach Norden, der durch das Barlicht rot leuchtende Shakerato hatte die Farbe der allmählich untergehende Sonne kurz vor Olbia. Er war längere Zeit genau in sie hineingefahren, seine Augen waren geblendet – wie sein Verstand isabellen geblendet war. Als die Straße abrupt in einen Tunnel führte, in dem es keinerlei Licht gab, hatte er zuerst einen großen Schrecken bekommen. Er hatte gefürchtet, gegen die Wand zu fahren und hielt für einen Augenblick mit aller Kraft den Lenker fest, es blieb keine Zeit, das Licht einzuschalten. Der Tunnel war voller Motorenlärm, Echos und ursprüngliche Geräusche waren ununterscheidbar. Zum Bremsen war er viel zu schnell, sehen konnte er so gut wie nichts. Er fühlte, wie sich ihr Körper anspannte, als wolle sie Schutz von hinten geben. Da schaltete ein Auto weit vor ihm sein Licht an und er konnte sich an den roten Rücklichtern orientieren. Sonst wäre er wohl doch gegen die Wand gekommen, da der Tunnel eine leichte Kurve nach links machte.

In der Bar hörte er nun aber keinen Motorenlärm, sondern das Zischen der Espressomaschine, das matschende Sauggeräusch der Saftpresse, das Crunching der Eisportionierer. Sogar der schöne weiße Rucksack schien Geräusche zu machen, als hätte jemand einen Wecker hineingesteckt.

Wo war Isabella? Wie lange wartete er schon? Wo sie nur blieb? Zwei Touristen am unteren Ende der Bar bestellten lachend in fließendem Italienisch und mit unüberhörbarem Akzent einen T.N.T., einen Zombie und die Rechnung – sie diskutierten heftig über apokalyptische Entwicklungen in der Welt. Der Mecklenburger argumentierte für die ökonomische Katastrophe, der Berliner sah die Welt ökologisch kollabieren. Carlo merkte wenig geschäftsfördernd an, die Welt könnte auch an Alkohol zugrunde gehen, als er ihnen die Cocktails servierte.

Er bestellte bei Carlo einen Italian Pousse Café und beobachtete, wie dieser mit sicheren Griffen die Farben der italienischen Flagge ins Glas zauberte. „Lass deine Antipathien gegen deinen Ex nicht auf meinen Cocktail überspringen, Carlo!“ Nachdem Carlo die Grenadine in ein hohes Shotglas gefüllt hatte, gab er den Orangenlikör behutsam über einen Löffelrücken auf den Grenadinesirup, verrührte Wodka und Crème de Menthe in einem Becher und ließ die grün leuchtende Mischung langsam auf den Orangenlikör fließen: Viva Italia! Grünweißrot lagen die Schichten sauber unterschieden übereinander, Carlo war ein Künstler! Mit einem „Ciaaaaao!“ verabschiedeten sich die beiden deutschen Endzeitvisionäre.

Er hatte gerade die Hälfte der grünen Schicht der italienischen Nationalfarbe in kleinen Schlucken zu sich genommen und spürte versonnen dem Minze-Geschmack nach, als draußen plötzlich ein durchdringendes Quietschen zu hören war, das mit einem ohrenbetäubenden Knall abschloss. Er lief Carlo sofort hinterher. Vor ihnen waren die Sicherheitskräfte aus der Bar schon am Unfallort: Die apokalyptischen deutschen Touristen hatten ihren Porsche etwas zu schnell beschleunigt und waren mit einem großen Fiat der Carabinieri zusammengestoßen, der offenbar das Vorauskommando einer Wagenkolonne bildete. In gebührendem Abstand weiter hinten wurden bei zwei Fahrzeugen weitere Blaulichter aufgesteckt und eingeschaltet, Männer stiegen aus und kamen auf die beiden zusammengeprallten Autos zu. Zwei Carabinieri in

Uniform stiegen langsam aus dem einen Unfallwagen, aus dem Porsche waren kräftige Tritte gegen die Wagentür zu hören, die wohl klemmte. Er dachte kurz an Isabella und griff nach der Porschetür, um sie zu öffnen. Zugleich mit seinem Ziehen erfolgte die Detonation, markerschütternd und durchdringend. Er hielt in der Bewegung inne und drehte sich um zur Bar Centrale, die sich in ihre Bestandteile auflöste. Teile des Daches flogen in den Abendhimmel, die Fassade stürzte nach vorne, verharrte einen Moment in der Luft, als bliebe sie stehen – und brach dann in viele Einzelteile auseinander, die auf den gepflasterten Boden des Platzes prasselten. Ob die übrigen Hauswände noch standen, war nicht zu sehen, denn aus dem, was einmal das Innere der Bar gewesen war, wuchs eine Rauchwolke, die sich sehr schnell nach oben und allen Seiten ausbreitete. Ziegel, Steine und andere Gebäudeteile fielen klatschend und klirrend auf den Boden – alle duckten sich um und hinter die Autos.

„Isabella war heute schon zum zweiten Mal mein Schutzengel", dachte er, als Carlo keuchte: „Die Bombe war im Rucksack!"

Blonder Hypochonder

Die Sonne schien ihm aufs Gehirn
Da floh er seinen Sonnenschirm
Über den Strand zum blauen Wasser
die Taucherbrille, die vergaß er
nach kühler Frische steht sein Sinn
die Füße sind schon mittendrin
das Wasser seine Farbe ändert
von nahem schwindet alles Blau
er langsam in die Wellen schlendert
durchs Wasser sieht er sehr genau
die weißen Muscheln, Grund aus Sand
spürt er mit Füßen, riecht das Meer
er wirft sich vorwärts, nicht sehr schwer
gleitet sein Körper, und die Hand
über den Boden langsam tastet
und tiefer wird's, es flieht und hastet
Bewegungen sind jetzt im Sand
abfallend unter ihm zu sehn
und alles, alles scheint zu drehn
als wie wenn fremde Lebewesen
Tierpflanzen, die im Flachen hausen
mit Rüsseln, Zangen, Hörnern, Besen
nicht weit von seinem Körper brausen
ein Schnellen, Wirbeln und Gestrudel
mit langen glitschigen Tentakeln
als ob zwei ausgemachte Rudel
um seine Beine konventikeln.
Jetzt schwimmt ins Offene er schneller
der Sandboden will endlich enden
auf den Wellen spiegeln heller
die Sonnenstrahlen, und sie funkeln
den hoffnungsfrohen Blick sie blenden
und unter sich sieht er im Dunkeln

dann wieder hell den Felsengrund
erneut unsicher wird er, und
fühlt seine Stimmung wieder schwanken
er denkt aufmunternde Gedanken
durch Denken wird ihm plötzlich klar:
Die Tiefe ist nicht einschätzbar.
Vor sich im vagen Wasserbecken
der Bucht nimmt einen dunklen Flecken
er wahr und will ihn ganz erfassen
blickt auf den schnell rasenden matten
getauchten Körper, muss ihn lassen
er merkt es nicht, es ist sein Schatten.
Der Schreck fährt ihm in alle Glieder
sein Selbstbewusstsein wackelt wieder
die Arme kraulen auf und nieder
die Sonne schräg von hinten
veranlasst ihn zu sprinten.
Der Weg zurück, der zieht sich hin
trotz guter Technik, Flucht und Reimzwang
das Monster bleibt dicht hinter ihm
die Kraulstrecke wird ziemlich lang
zuletzt ist er gerettet, in heißen Sand gebettet
ein blonder Hypochonder.

Sieben Todsünden – in der Provence

Sie bewunderten den römischen Aquädukt, der sich mit einer Höhe von etwa fünfzig Metern von einer Böschung des Flusses zur anderen schwang: eine Meisterleistung römischer Ingenieure! Als sie versuchten, die verschiedenen Bogen auf ihre unterschiedliche Breite hin zu vergleichen, durch die die Eleganz dieses Bauwerkes hervorgerufen wird, wurden sie durch einen lauten Knall gestört. Von der obersten Ebene der Abdeckplatten fiel ein dunkler Gegenstand in die Tiefe. Anselm hatte gerade gefragt, weshalb dort oben Bäume gefällt würden, als der Baumstamm sich mehrmals in der Luft überschlug und für einen Augenblick wirkte, als flatterte er.

Der Baumstamm war kein Baumstamm, dafür war er zu beweglich, sondern ein Mensch, der in der Hüfte einknickte. Aus der Entfernung wirkte der Sturz wie in Zeitlupe – irgendetwas Schwarzes löste sich aus seinen Armen und fiel neben ihm nach unten. Für einen Wassersportler, der aus großer Höhe in den Fluss springen möchte, fuchtelte er zu sehr mit den Armen und war zu nah am linken Ufer des Gard abgesprungen. Er schlug nicht ins Wasser, sondern dumpf auf die nahen Felsen, die der Aquädukt überspannt. Der zweite Gegenstand zerbrach noch in der Luft in mehrere Teile, die sich weiter in diffuse schwebende Fetzen und Partikel auflösten und langsam nach unten flatterten und rieselten. Über dem Fluss auf der obersten Plattform, von der der Unbekannte heruntergefallen war, waren mehrere laufende Personen zu sehen. Nicht weit entfernt wurde der herabgestürzte Körper durch einige Büsche verdeckt.

„Wir sind wahrscheinlich in eine Auseinandersetzung zwischen Kriminellen geraten." Clara schlug ihre langen blonden Haare hinter die Schultern. Trotz der Hitze hatte sie keinerlei Schweiß auf der Stirn und sah aus wie einem Modemagazin entsprungen, ihre Stimme klang sachlich. Trotz der verwirrenden Situation warf ihr Anselm einen bewundernden Blick zu, bevor er Jacob und Friedrich folgte, die schon zu den Büschen liefen.

Nach einigen Minuten waren sie zurück. Sie hatten die Leiche gefunden, die zwar keinen schönen Anblick biete, doch immerhin noch soweit vollständig sei, dass das Einschussloch in der Stirn ohne jeden Zweifel zu identifizieren sei.

„Der junge Mann ist also nicht freiwillig in die Tiefe gesprungen“, folgerte Clara, als auch schon die übrigen hinzukamen. Sie hatten das Uferstück abgesucht und den auseinandergebrochenen Koffer gefunden.

„Geld!“ Mit leuchtenden Augen, die Hände voller Scheine vibrierte Jacobs Stimme in den höchsten Tonlagen. „Überschlagen – wahrscheinlich über eine Million Euro. Vielleicht finden wir noch mehr.“

Clara räusperte sich und zeigte auf die ameisengroßen Figuren, die noch über den Pont du Gard, die Brücke hoch über dem Fluss, liefen. „Die Herrschaften da oben dürften ein enormes Interesse an dem Inhalt eben dieses Koffers haben, liebe Ehemalige. Sie müssen zwar noch bis zum südlichen Ufer laufen und dann über die Treppe nach unten und so weiter, aber sie werden sich beeilen. Deshalb sollten wir uns mit einer Entscheidung nicht zu viel Zeit lassen! Noch werden sie uns aus dieser Entfernung nicht erkannt haben, dafür sind zu viele Touristen unterwegs.“ Sie hob ihren Arm und zeigte im Halbkreis auf die sommerlich bunten Leute, die in den Felsen kletterten, sich am Wasser sonnten oder badeten.

Anselm scharrte mit den Füßen: „Irgendwas müssen wir tun! Wir können doch nicht einfach hier herumstehen!“

Julia schob sich ihren dünnen Pullover über die Schulter. Julia Träger, ihre fünfzig Jahre waren ihr weiß Gott nicht anzumerken. Mit dem Ellbogen stützte sie sich so gegen die Felswand, dass ihre sehr weibliche Figur zur Geltung kam: „Müssen wir nicht einfach nur die Polizei holen – und die Sache ist erledigt?“

Clara lächelte und fiel in jene ironische Tonlage, mit der sie seinerzeit in der Oberstufe so manchen Kurslehrer provoziert hatte: „Sicher, das wäre eine Option. Es ist bedauerlich, dass es diesem jungen Mann nur als Leichnam vergönnt ist, unsere Bekanntschaft zu machen. Sterben ist überhaupt unangenehm.“ Zu tieferen Gefühlen fühlte sich Clara, ganz die routinierte Rechtsanwältin, nicht veranlasst. Gleichwohl machte sie eine bedeutungsschwere Pause, in die hinein ihre ehemaligen Mitschülerinnen und Mitschüler vielerlei denken mochten. „Wenn wir uns der Mühe tieferen Nachdenkens unterziehen“, sie zeigte Julia ihre weißen Zähne, „können wir auf diese Situation durchaus anders reagieren, als vorschnell die Verantwortung an die Polizei abzugeben. Mir macht vor allem Sorge, dass das schöne Geld, über das wir aktuell verfügen, am Ende irgendwelchen fragwürdigen Verwendungen zugeführt wird, die ein seelenloser bürokratischer Apparat definiert. Wir sind doch alle ein wenig romantisch angehaucht. Denkt an das Märchen von den Sterntalern: Als das arme Mädchen leicht bekleidet – wie wir jetzt – unter dem nächtlichen Himmel stand, da fielen auf einmal die Sterne herunter und waren lauter harte blanke Taler." In die sprachlose Pause wagte Friedrich den Einwand, dass das Sterntaler-Mädchen völlig abgebrannt gewesen sei und über keine EC-Karten verfügt habe.

Clara konterte: „Und am Ende war es reich für sein Lebtag. Das ist entscheidend, Friedrich. Du solltest mehr Märchen lesen! Ich glaube, dass wir als kunsthistorisch versierte Menschen glücklichere finanzielle Engagements eingehen könnten und nicht einfach alles bei der Polizei abgeben sollten."

Jacob kickte oberstudienrätlich einen Stein in den Fluss: „Willst du eine Stiftung gründen?"

„Nein, auf jeden Fall nicht hier, die Diskussion um die Zielrichtung würde zu viel Zeit beanspruchen. Das können wir in aller Ruhe in Lichtenstein tun, später. Ich habe vollstes Vertrauen in eure individuelle Entscheidungs- und Vorstellungskraft, zudem bin ich ganz demokratisch. Wir führen unsere kunsthistorische Fahrradtour als Vorspiel für unser Abituriententreffen zu Ende, bis wir in Avignon auf das Gros unserer ehemaligen Mitschüler stoßen, wir übernachten in allen gebuchten Hotels und führen unsere Besichtigungen durch, um keinen Verdacht zu erwecken. Die ganze Aktion fällt dann zwar nicht mehr unter die Rubrik *vergnügungssteuerpflichtig*, aber am Ende können wir das Geld gleichmäßig auf uns sieben Beteiligte aufteilen. Jeder möge dann selbst über die Art seiner Investition entscheiden." Sie strich sich mit der Hand durchs Haar und genoss die bewundernden Blicke.

„Ich finde deine Idee großartig", schaltete sich Amanda ein, „als ästhetisch gebildete Menschen, die wir uns zu dieser vorgeschalteten Provence-Reise zusammengefunden haben, wissen wir, dass das Schöne und das Gute leider oft auf verschiedenen Wegen wandeln." Sie machte eine kurze Pause, als wollte sie eine Gedenkminute einlegen. „Und für diesen jungen Mann, der zerschmettert vor uns – oder irgendwo dahinten zwischen den Büschen – liegt, kommt jede Hilfe zu spät. Haben wir das zu verantworten? Na also."

Friedrich schnippte die Zigarette in die Büsche, lobte Claras betriebswirtschaftlichen Ansatz der Problembetrachtung und zog einen Vergleich zur Tour de France. Auf diese Weise lohne sich das Radfahren: „Jeder der Beteiligten erhält mehr als ein durchschnittlicher Profifahrer, und das ohne jedes Doping!"

Julia machte eine abwehrende Handbewegung: „Ich bin kein Moralapostel, mir schien es nur am einfachsten, die Polizei zu holen."

John, den Julia zuletzt während der Abiturfeier hatte abblitzen lassen, und der inzwischen einer Praxisgemeinschaft vorstand, in der überwiegend Privatpatienten behandelt wurden, blinzelte schmallippig in die Sonne: „Mir ist klar, dass du nicht aus den Tiefen der Moral argumentierst, sondern nur die Anzahl deiner Denkakte minimieren willst."

Julia wurde unsachlich, sie erwähnte seinen Junggesellenstatus und prognostizierte, dass er nicht befürchten müsse, wegen seines Aussehens geheiratet zu werden.

Zehn Minuten später waren sie eine von mehreren Fahrradgruppen, wohl die zügigste, die den Pont du Gard in Richtung Süden verließen. Nur der trainierte Anselm schimpfte ein bisschen, denn für ihn begann Radfahren erst ab einem Schnitt von 30km/h aufwärts, wie er verschiedentlich betonte. Sie fuhren Rad an Rad auf ihren Mountain-Bikes, die Frauen vorne, zu erkennen an einem blonden, einem roten und einem schwarzen Pferdeschwanz, der hinten aus den Käppis hing, die sie gegen die hohe frühsommerliche Sonne aufgesetzt hatten. Alle trugen eng anliegende bunte Fahrradtrikots, die Männer moderne Sporthelme. Ihr schmales Gepäck beschränkte sich auf einige Toilettensachen, ein bisschen Abendkleidung und einige Bücher. Was sie sonst noch brauchten, war in den Hotels ohnehin vorhanden oder sollte nach Bedarf unterwegs gekauft werden. Amanda hatte angemerkt, dass sie schließlich keine Pfadfinder seien. Einige der überholenden Autofahrer hupten freundlich und winkten insbesondere in Richtung Kopf der Gruppe. Zwei schwarze Volvos fuhren langsam an ihnen vorbei, die männlichen Insassen steckten ihre sonnenbebrillten Gesichter heraus, um die Gruppe und das Fahrradgepäck zu mustern und dann mit überhöhter Geschwindigkeit weiterzufahren.

Am Abend desselben Tages, nach der Besichtigung der Wallfahrtskirche, in der von vielen Sinti und Roma das Fest der Maria Jakobäa vorbereitet wurde, lagerte die Gruppe am Swimming-Pool ihres Hotels in Saintes-Maries-de-la-Mer. Über den Wasserflächen der Etangs und den Sumpfwiesen der Camargue ging allmählich die Sonne unter, über dem Meer zog aus Richtung Marseille die dunkelblaue Nacht auf. Letzte Sonnenstrahlen schossen Silberläufe über die Wasserflächen gleich hinter dem Hotelgarten, ein Reiher stand versäult hinter der Hecke. Als dunkle und helle Punkte bewegten sich Stiere und Pferde hinter dem Sumpfsee, Kraniche schrien heiser, Flamingos balzten im flachen

Wasser. Amanda stieg langsam aus dem Pool, schüttelte das Wasser aus ihren langen schwarzen Haaren und fuhr sich mit der Zunge über die Lippen. Sie schickte ein strahlendes Lächeln in die Männerrunde, bevor sie sich neben den beiden anderen Frauen niederließ.

„Ein einziges Versprechen", murmelte John.

„Verfall ihr bloß nicht!", warnte Friedrich.

Jacob mischte sich ein, dass sie alle Probleme hätten, und mokierte sich wie in alten Zeiten ein bisschen über Friedrichs Nachnamen, der ein unruhigeres Triebleben erwarten lasse. Nach dessen Hinweis, dass sein Name *Geilzer* weniger erotische Neigungen als eine sinnvolle betriebswirtschaftliche Verhaltensweise ausdrückte, fanden sie mit dem von John ins Spiel gebrachten Werbeslogan „Geiz ist geil" wieder zusammen. John behielt den intimen Ton bei und verstärkte sein Frauenlob. Ihn faszinierte Julia in ihrer hemmungslos lasziven Art.

Und damit wurde der nun abwesende Anselm zum Thema. Er war mit Julia aneinandergeraten, weil sie für seine Begriffe zu oft abstieg und schob: Das versaut den Schnitt! Er hatte ihr angeboten, neben ihr fahrend sie zu schieben, und als sie das dankend ablehnte, verärgert drauflos geschimpft. John verteidigte ihn: „Anselm ist eben ein Sportler – und im Grunde ein alter Sponti wie ich. Man muss seine Gefühle auch ausleben und nicht immer wegdrücken. Dieses Verkopfte geht mir bei unseren Frauen auf die Nerven, so attraktiv sie auch aussehen! Nur bei Julia würde ich eine Ausnahme machen, sie ist hier die einzige emotionale Frau."

Friedrich Geilzer wies darauf hin, dass Anselm Zorn nicht sang- und klanglos aufgebrochen sei, vielmehr hatte er – Gott sei Dank! – Clara zuvor das Geldpaket mit den Worten „Das habe ich nicht nötig!" vor die Füße gefeuert. Der Anlass seines Aufbruchs?

Friedrich, der vorne gefahren war und alles genau mitbekommen hatte, erzählte es noch einmal der interessierten kleinen Männerrunde: „Frau Dr. Clara Superbia Hoch ist ihm mit dem Charme eines Hais in die Parade bzw. ins Schimpfen gefahren und hat ihm gesagt, und das hat ihn offensichtlich stark getroffen, wer so verkniffen Fahrrad führe wie er, bekäme über kurz oder lang Hodenkrebs."

Beim Abendessen zeigte Julia einen Flyer zu der Ausstellung herum, mit der sie ihre Provence-Rundreise in der Kleingruppe abzuschließen gedachten. Sie hatte ihn im Hotel aufgetan: *Die sieben Todsünden. Ausstellung im Papstpalast zu Avignon von Juni bis Oktober: Visitez!* Er enthielt als Farbdruck einen Auszug aus Hieronymus Boschs Weltgerichtstriptychon: Gruppen von Menschen und Monstern, die hageren und dickleibigen Menschen mit jungen und alten Gesichtern, immer nackt, in den unterschiedlichsten gequälten und verrenkten Stellungen, auch aufgespießt durch das Herz oder die Scham auf spitzen Ästen laubloser Bäume, gefangen in Fässern und Kiepen. Die Ungeheuer meist menschengroß, manchmal kleiner, eigentümliche Mischungen zwischen Insekten, Reptilien und Fischen, bestückt mit Schneide-, Bohr- und Stechinstrumenten, die sie gegen die Menschen richteten, um sie zu schneiden, zu sägen, zu zerstückeln und zu mürben. Die appetitzügelnde Liebe zum Detail störte insbesondere John, aber auch Jacob Neider war dieses mittelalterliche Weltbild zu drastisch, er sprach von aufsteigenden Ekelgefühlen.

„Aber lieber Jacob", lächelte ihn die neben ihm sitzende Amanda an, „du lässt dich viel zu schnell irritieren, du solltest mehr Kraft und Ruhe aus dir selbst schöpfen." Sie legte ihm fürsorglich die Hand auf die Schulter. Er roch ihr Parfum und ihm wurde ganz seltsam. Sie sahen von der Terrasse zwei hell glänzende Körper durch die Nacht vom Meer her auf sie zufliegen. Es waren keine Flugzeuge, wie sie bei der Annäherung merkten, sondern zwei Flamingos, deren Gefieder vom Mondlicht beschienen wurde. Mit versetzten Flügelschlägen flogen sie über das Hotel landeinwärts. „Sie fliegen in Richtung Arles. Morgen früh werden wir die gleiche Route nehmen."

Am nächsten Morgen erschienen Amanda und Jacob gemeinsam zum Frühstück. Jacob wirkte wie verwandelt, er bediente Amanda mit großem Eifer und versuchte, ihr ein Lächeln zu entlocken. Sie revanchierte sich, indem sie Friedrich anstrahlte.

Als John um 8.30 Uhr noch immer nicht zum Frühstück erschienen war, wurde Clara ein wenig ungeduldig. Friedrich sah nach ihm: John Völler lag im Bett und schnarchte. Im Zimmer hing eine Fahne – er hatte wohl noch lange an der Hotelbar gesessen und getrunken. Amanda nahm ihn in Schutz, er war immerhin ein stattlicher Mann: „Dieses Verhalten ist natürlich etwas primitiv, aber sollten wir ihn deshalb hängen lassen?"

Clara war da ganz anderer Meinung: Im Mittelalter wäre er vielleicht mit seiner unpräzisen Maßlosigkeit noch durchgekommen, aber jetzt stand er nicht nur sich selbst, sondern auch der Gruppe im Weg. „Wenn ich zur Bank gehe, brauche ich meine Geheimzahl, ich habe Pins und Kennziffern, wenn ich etwas transferiere – meine blauen Augen sind da keine hinreichende Bedingung. Und wer sich nicht an einfachste Verabredungen zu halten vermag, sollte die Konsequenzen tragen." Niemand mochte ein erneutes Plädoyer für John Völler halten, und so wurde er aus dem gemeinsamen Provence-Projekt ausgeschlossen. Friedrich holte sein Euro-Paket aus dem Gepäck und überließ ihn seinem Tiefschlaf.

Einige Stunden später nahmen sie das Mittelalter in Form des Städtchens und der Burg von Les Baux in den Blick. Deren Ruinen, auf den bizarren und steilen, weiß leuchtenden Felsen der Alpilles gelegen, der kleinen Alpen, – die die weite Ebene der Großen Crau nach Norden abschließen, waren schon seit zwei Stunden zu sehen. In schattenloser Sommerhitze ging die Fahrt zunächst durch stark duftende Lavendelfelder, die dann im Val d'Enfer, im Höllental, durch die halbhohen Büsche des Maquis abgelöst werden. Der Ort machte seinem Namen alle Ehre, das Thermometer in Friedrich Geilzers Uhr kletterte auf 39^0, sogar bei Clara waren Spuren von Schweiß auf ihrem Trikot erkennbar. Jacob Neiders gelbgrüne Fahrradkleidung war triefend nass und hatte die Farbe ins Dunkelgrüne gewechselt.

Das Gelbgrüne war nun in dem Gesicht von Julia zu sehen, obwohl sie längst abgestiegen war und ihr Rad schob. Sie gab den anderen, die auf sie gewartet hatten, ein mattes Zeichen mit der Hand und kündigte mit spitzem Näschen: „Ich scheide aus euren mittelalterlichen Zusammenhängen aus. Ich bin nicht derart trainiert und wahrscheinlich sehr viel hedonistischer veranlagt als ihr alle. Ich fahre zurück – bergab – und um die Alpilles herum in den Ort St. Rémy, um mich dort auf die Spuren van Goghs zu setzen. Weder an euch als Personen noch an dem verrückten Zufallsgeld ist mir im Augenblick sonderlich gelegen. Au revoir, mes amis!" Sie gab ihr Geldpaket an Jacob, wendete ihr Rad und schwang sich auf den Sattel. Das Rad rollte sogleich in hohem, erfrischendem Tempo die steile Straße zurück in die Ebene. Zwischen den Olivenbäumen im Tal verloren sie Julia Träger aus den Augen.

Auf der Festung zerstreute sich die Gruppe, um nach Süden die Camargue und das Mittelmeer oder im Norden die Türme von Avignon zu sehen. Amanda stellte sich an den äußersten südlichen Rand der senkrecht abfallenden Felsen, um nach Arles zu sehen. Jacob, der nicht schwindelfrei war, unterdrückte seine Ängste und folgte ihr. Als er nach ihrer Hand griff, zog sie diese unwirsch zurück und eröffnete ihm, dass sie in der vergangenen Nacht nicht nur mit ihm, sondern auch noch mit John Völler geschlafen habe. Außer Luststeigerung ergebe sich aus diesen nächtlichen Exkursionen überhaupt nichts, und vor allem keine Besitzansprüche! Der bleiche Jacob Neider vergaß sich, machte eine Bewegung, als wolle er schlagen, verlor das Gleichgewicht und fiel mit einem ungläubigen Gesichtsausdruck in die Tiefe.

Das ging Amanda schon nahe, zumindest vorübergehend. Es sollte niemand sagen, sie hätte keine Gefühle! Sie brach also für sich die Besichtigung ab, holte das Gepäck von Jacobs Fahrrad und informierte Friedrich und Clara, dass auch Jacob Neider aus ihrem Provence-Projekt ausgestiegen sei. Als sie später alle mit hoher Geschwindigkeit ins Tal fuhren, wurden sie von zwei Volvos überholt.

Am nächsten Tag standen sie, bevor sie in die Ausstellung des Papstpalastes gingen, noch einen Augenblick im Garten des Palastes. Unter sich sahen sie die Rhone fließen und die viel besungene Brücke von Avignon, in der Ferne den höchsten Berg der Provence, den Mont Ventoux mit seiner hellen Haube. Über ihm zog die Abenddämmerung herauf.

Clara sprach mit warmer Stimme: „Wer hätte das gedacht, dass ausgerechnet wir drei unser kleines Projekt erfolgreich zu Ende geführt haben. Ich hätte, um ehrlich zu sein, nicht auf euch getippt! Und jetzt stehen wir abschließend wieder auf einem senkrecht abfallenden Felsen. Manche Menschen haben Schwindelängste, weil sie sich davor fürchten, auszurutschen und nach unten zu fallen. Andere haben Angst vor sich selbst, vor irgendetwas Unbekanntem, Schrecklichem in ihnen, das sie dazu veranlasst oder veranlassen könnte, plötzlich in die Tiefe zu springen. Und manche lieben das Abgründige und das Risiko, weil sie gewinnen wollen. Zu ihnen gehören wir – und wir haben gewonnen. Hinten zieht der Abend auf, und wenn es Nacht geworden ist, lasst uns unseren schönen kleinen Erfolg in einem der sehr guten Restaurants von Avignon feiern!"

Noch während sie redete, waren unbemerkt zwei junge Männer an sie herangetreten, die trotz der hohen Temperaturen Trenchcoats trugen. Und Sonnenbrillen, obwohl es begann, dunkel zu werden.

„Bon giorno!"

„Bonjour, messieurs dames!"

Der Italiener sagte auf Deutsch: „Schön, dass Sie unser Geld in Sicherheit gebracht haben."

„Très charmante, madame, mais maintenant c'est fini!"

Sie zogen schallgedämpfte Pistolen aus den Taschen und drückten noch in der Bewegung ab. Die zusammenbrechenden Opfer schoben sie leicht über die Felskante und ließen sie über die Felskante nach unten stürzen. Auf ihrem Rückweg durch den Park des Palastes gingen sie bei den Fahrrädern vorbei, um die Gepäcktaschen abzunehmen. Mit diesen schlenderten sie über den Platz vor dem Papstpalast, der voller Menschen war, meist Touristen, die in die Ausstellung wollten. In großen Lettern und vielen Sprachen war dort plakatiert: *Die 7 Todsünden. Besuchen Sie die Ausstellung!*

Sie gingen um die Ecke zum Place de l'Horloge, wo ihr Volvo im absoluten Halteverbot stand. Ein bayerischer Tourist, der den Vorgang aus der Ferne zufällig beobachtet hatte, erlitt einen Schwächeanfall.

Einige Stunden später, unter den hellen Sternen des Südens hob Jean-Claude sein Champagner-Glas und stieß mit Julia an, um die Giorgio sanft seinen Arm gelegt hatte. Auf der Terrasse des edlen Hotels Des Bons Résultats hoch über der Rhone roch es nach Lavendel, die Grillen zirpten und Anselm zeigte mit großer Gebärde in den leuchtenden Sternenhimmel; er suchte das Sternzeichen des Widders, in dem er geboren war. Ein wenig versonnen betrachtete John sein Glas Chateauneuf du Pape, dessen Stiel im Licht der Kerzen oder des Mondes glänzte. Er gedachte für einen Moment seiner ehemaligen Mitschüler, bevor er mit klarer und freundlicher Stimme „Santé" wünschte. Und Jean-Claude und Giorgio nahmen selbst hier ihre Sonnenbrillen nicht ab.

Vorsicht bei Hagelschlag

Den Rhythmus der Wolken bestimmte ich selbst
wie die Geschwindigkeit der Hügel am Fluss
bis eben mit leichtem Fuß. Zusammen schob
und türmte Gewölk sich senkte der Himmel

verfinsterte sich verfärbte und drehte
auf den Wind zu knatterndem Sturm eine Bö
griff nach mir hob schüttelnd und schleuderte mich
scharf an den Graben Gas weg Quietschen und Stopp

ausrollen am Straßenrand stehe ich doch
weiter die Fahrt geht Blindhimmel wird lauter
gegen die Scheiben fährt waagrecht der Regen
tiefer und tiefer der Himmel ich sitze

in dem kreisenden Rad das zu drehen ich
meinte Wasser fluten gegen die Scheiben,
heulend Gas gibt da irgendwer lässt Stürme
los es blitzt und leuchtet donnert kracht zu laut

für ein Aquarium Radio gurgelt
Handy spuckt auf dem Kühler Schlagzeugsolo
trommelnde schrillende Welt unter Wasser
hilft gegen Hagelkörner Verriegeln wenn

sie knallend dicker werden abfedern sie
schlagen ein auch wie Steine und wird Dellen
geben wie noch versichert es brüllt aus den
Wolken sie schießen die Scheibe ein

blitzschnell ein Spinnennetz weiß und sehr dicht fängt
meinen Blick wird sie halten oder aber
birst reißt das gläserne Spinnengewebe
bin doch ich im Fluss und kommt gleich das Wasser

Hammelsprung

In meinem Tagebuch blätternd, lese ich meine kantige Schrift: Ich würde nicht gerne mein Ex sein. Ich müsste auf manches verzichten, zum Beispiel auf die Gegenwart von charmanten Menschen wie mir. Im Übrigen würde ich mir durchaus ernsthafte Gedanken darüber machen, dass mein unsinniges, triebgesteuertes Liebesleben auf die Dauer nicht ohne Folgen bleiben könnte. Wie gesagt, ich möchte nicht gerne mein Verflossener sein, überhaupt nicht. Aber mein Ex ist nicht so. Er brächte seine Schäfchen immer ins Trockene, meint er. Immer hat er einen flotten Spruch auf den Lippen und eine Flasche Champagner in der Hinterhand. Fröhlich, flatterhaft, schmerzlos. Keinen Honigtopf mag er im Leben auslassen. Soweit mein Tagebuch, mein Klagebuch. Und alles ist noch gar nicht lange her!

Dass auch Honigtöpfe sich in Fettnäpfchen oder Schnappfallen verwandeln können, davon hatte er keine Ahnung. Gedanken hatte sich mein Ex natürlich nicht gemacht, aber drei Wochen nach seinem Auszug stand er wieder vor meiner Tür, natürlich mit Blumenstrauß und Prosecco-Flasche, als ich mich gerade vor dem Spiegel zurechtmachte. „Nun mach mal nicht so ein langes Gesicht, zumindest könnten wir Freunde bleiben."

Ein schlechtes Gewissen? Kannte er nicht, schäumte er weg. Wenn bei anderen Männern eine Trennung ernüchternde Wirkungen zeitigen kann, schien bei ihm der Spaß jetzt richtig anzufangen. Abgesehen von den üblichen physiologischen Vorgängen schien er über kein Innenleben zu verfügen. Ich hatte gerade im Spiegel die ersten Fältchen entdeckt, Krähenfüße, meine Stimmung war nicht die beste. Doch ich zog mir nicht die Hasskappe über, sondern trug die Schminke dicker auf und versuchte, mein Denken zu beschleunigen und darauf zu achten, dass meiner Seele nicht die Puste wegblieb. Nach einem anfänglichen Krächzen blieb meine Stimme sanft und mein Lächeln dauerhaft, auf den betörenden Duft meines Parfums war ohnehin Verlass. Auf die Jagd gehen wollte mein Ex. Den Drilling, sein Jagdgewehr, hatte er noch im Keller. Auf solche altertümlichen Formen der Fleischbeschaffung, die er selbst für exklusiv hielt, konnte er natürlich nicht verzichten. Wir wohnen – oder nun muss ich ja präzisieren – ich wohne auf dem Land. Ringsum gibt es nicht die übliche Monokultur von Mais und Raps und Weizen, sondern viele schöne Mischwälder, die sich bis zu den steilen Felsen des Durchbruchstales hinziehen. Und ganz in der Nähe hat er seine Jagd, mein dummer Ex, mein schwarzes Schaf.

Also tranken wir einen Tee, und ich ließ ihn seine Jagdsachen holen. Dass auf der Gefühlsebene andere Temperaturen herrschten als früher, dass sich hier eine regelrechte Klimaverschiebung ergeben hatte, schien er nicht zu bemerken. Ob warme Hochs oder Kaltfronten, er ist da freud- und schmerzlos. Und ich lächelte ihm ins Gesicht und begleitete ihn auf den Hochsitz – und gratulierte dem stolzen Jäger zum geschossenen Bock. Ich war übrigens nicht eifersüchtig, obwohl ich gehört hatte, dass er jetzt mit einer Studentin zusammenwohnte. Niemand soll sagen, ich könnte nicht gönnen. Doch was hat er von der jüngsten Frau, wenn er vor Mitternacht nicht aus dem Büro kommt? Nein, sie tat mir leid, die Ärmste, sie hatte mein Mitgefühl – und ich wollte ihr einen Gefallen tun, auch wenn sie das zunächst gar nicht merken würde. Zum Abschied küsste er mich auf die Lippen – er würde sich bei künftigen Jagdausflügen über meine Begleitung freuen – und zeigte sich ein wenig irritiert über die Schafsherde – wie er es nannte – in meinem Garten. In meinem großen Garten grasten nur ein Schafsbock und zwei weibliche Tiere, die ich dem Bock beigegeben hatte. Bigamie stört mich hier nicht. Doch mein Verflossener, der große Jäger, konnte die Schafe nicht von den Böcken scheiden. Er meinte, ich hätte drei Hammel im Garten, und ich wollte mir so das Rasenmähen ersparen. Seither rede auch ich ironisch von den Hammeln – und lächele. Mein Bock ist nicht kastriert, mein Bock mit seinem zottigen Schädel und dem klobigen Schneckengehörn. Mein schöner schwarzer Bock, der Geräusche wie ein Staubsauger macht, wenn er aggressiv wird. Der ganz leicht zittert, bevor er losstürmt. Mein Bock, der als Einführung in meinen Garten mit zwei Stößen die metallene Schubkarre zerlegt hat. Der sei ihm zu ungestüm, hatte der Schäfer gesagt. Dauernd lege er sich mit den alten Böcken an oder versuche, wegzulaufen in die Gemüsefelder. Zum Schlachten sei er schon zu groß, gerne und preiswert könne ich ihn haben.

Seitdem gehören wir zusammen, aber ein bisschen vorsichtig war ich doch. Wenn er mir beim späteren gemeinsamen Training manchmal mit rötlich schimmernden Augen zublinzelte, war ich nicht so ganz sicher, wie er es meinte. Wahrscheinlich signalisierte er mir nur seine Zuneigung, schließlich bin ich eine gut aussehende Frau.

Auf die Idee mit den Schafen war ich auf jener Neurologen-Party gekommen, ein runder Geburtstag. Sie steht mir immer noch vor Augen. In der Kantine hatten sich vor allem die jüngeren Mitarbeiter unserer Klinik eingefunden, in der ich als Anästhesistin arbeite: Assistenzärztinnen und Ärzte, von den Arrivierten einige Neurologen und Psychiater, auch die Innere war vertreten, viele Krankenschwestern, der Leiter der Chirurgie fällt mir wieder ein, der seit seiner Habilitierung einen Friseurkittel mit Goldknöpfen trägt, dieser Gockel. Eigentlich hatte ich nach Hause gewollt, aber dann war ich doch geblieben, mit dem unbestimmten Gefühl, etwas Wichtiges würde mir sonst entgehen. Ich stand direkt neben dem Tresen und hörte mir die Fachsimpelei einiger Kollegen über unheimliche kognitive Störungen nach Unfällen an, Prosopagnosie, Gesichter werden nicht mehr erkannt, der Vater wird zum Mann an der Tür, wer sieht mich da im Spiegel an?

Und in diesem fast selbstvergessenen, wohlgefälligen Geplauder tauchten dann die Schafe als Objekte biologischer und hirnphysiologischer Forschung auf, neueste Einblicke in Face-to-Face-Kontakte, neurologisch betrachtet gibt es eine signifikante Ähnlichkeit zwischen Menschen und Schafen, hier kommt natürlich die rechte Hirnhälfte ins Spiel, vor allem ein Areal auf dem Schläfenlappen hinter dem Ohr. Jedenfalls sind Schafe alles andere als dumm, sie lernen schnell zwischen vertrauten Gesichtern zu unterscheiden, Porträts mit abstrakten geometrischen Formen führen hingegen zum Anstieg der Herzfrequenz, zu Angst-Blöken und zu Aggressionen bei den Widdern.

Eine Woche später hatte ich meine Testschafe. Ich trainierte nur den Bock, seinen Harem bedachte ich mit Mitgefühl und ständig frischen Weideplätzen, ansonsten ließ ich die Damen in Ruhe. Ich besuchte den Schäfer erneut und machte ein Foto des größten Widders aus der Stammherde meiner drei Lieben, schickte es durch das Bildprogramm meines Rechners, vergrößerte es und hängte dieses Plakat zuerst an meinen Apfelbaum.

Mein braver Bock zerfetzte das Porträt seines ehemaligen ranghöheren Konkurrenten, wieder und wieder. Und ich druckte nach. Für jeden zerstörerischen Angriff belohnte ich ihn mit seinem Lieblingsfutter, das ich in einer eigenen Versuchsreihe ermittelt hatte: Mohnbrötchen und Kopfsalat. Die Verkäuferin in der örtlichen Aldi-Filiale staunte nicht schlecht über meine veränderten Konsumgewohnheiten. Mit den aktualisierten Bild-Programmen bearbeitete ich die Schafbockfotos, ließ zunächst die Nase, dann die Augen weg.

Als der alte Apfelbaum durch einen besonders kräftigen Kopfstoß gefällt worden war, wechselten wir zu unserem Birnbaum, der einen kräftigeren Stamm hatte.

In der nächsten Generation von Bildern standen nur noch die Umrisse des Kopfes, die ich auf einem großen roten Rucksack und diesen dann am Birnbaum befestigte. Als aus dem Bild des ehemaligen Kopfes ein Dreieck geworden war, erhöhte sich erwartungsgemäß die Wucht der Rammstöße, und mein Widder und ich mussten für die zerfetzte Birne einen Ersatzbaum suchen. An der alten dicken Eiche trainierten wir weiter – die Bilder wurden immer kleiner, bis sie ganz verschwanden. Der rote Rucksack aber blieb, ein Standard-Modell von Eastpack, hin und wieder musste er durch einen neuen ersetzt werden. So haben wir beide, mein Schwarzer und ich, uns im Verlauf eines halben Jahres einen schönen Lernzuwachs erarbeitet. Manchmal kam mein Bock und wurde sogar zutraulich, er ließ sich von mir ganz sanft mit den Fingerkuppen hinter dem rechten Ohr kraulen.

Auf die Saat folgt die Ernte. Und zu mir kam wieder einmal mein Ex. Zum Pilzesuchen. Ob ich ihn nicht begleiten könne? Ob ich vielleicht noch irgendwo einen Rucksack hätte, er hatte vergessen, den eigenen mitzubringen. Wahrscheinlich hatte er Ärger mit seiner Mitbewohnerin, vielleicht hoffte er sogar auf ein Schäferstündchen mit mir. Wäre ihm zuzutrauen. Von Scheidung war bisher auch noch nicht die Rede, typisch. In robuster geschlechtsneutraler Outdoor-Kleidung stapfte ich dann gut gelaunt durch den Wald hinter ihm her und sah auf seinen leicht schwankenden roten Rucksack, in dem wir schon etliche Steinpilze, Rotkappen und Pfifferlinge verstaut hatten. Es duftete nach vegetabilem Moder. Eigentlich schade drum. Ich mag keine zermatschten Pilze. Zur Erklärung der weiblichen Empfänglichkeit für das Shopping hatte mein Exgatte früher schon immer doziert, sie habe sich evolutionär aus der Pilz- und Beerensammelei entwickelt.

Zum Abschluss unserer Pilzsuche wollte mein Ex, der große Jäger, noch auf den Aussichtspunkt. Ich war nicht überrascht. Von dort aus hat man einen schönen Blick über das Durchbruchstal und auf den Fluss, der sich tief unten an den Felsen entlangschlängelt. Ein paar Stunden früher hatte ich den Bock dorthin gebracht und angeleint. An dem lang ausfahrbaren, gefederten Segelseil. Eine prima Erfindung! Ich ließ meinem Ex den Vortritt. Von hinten schien die Abendsonne, rot leuchtete sein Rucksack. Links neben mir hörte ich Staubsaugergeräusche in den Büschen. Ein Schmetterling flatterte über dem Abgrund.

Eigentlich hat alles wunderbar geklappt. Auf meinen Widder, dieses schöne Tier, ist Verlass. Und auf meinen Gatten auch. Sehr elegant wirkte das nicht – oder vielleicht schon – für einen kurzen Augenblick, in dem es aussah, als stünde er still in der Luft über dem Abgrund. Ich liebe den freien Fall, seit meinem Fallschirmspringen in früheren Jahren. Dann knickte er in der Hüfte ein und überschlug sich, allerdings sehr ungeschickt. Ich weiß, wie Fallschirmspringer und Turmspringer das machen, aber mein Ex ist eben Jäger – oder genauer: war Jäger. Der Angriff meines Bockes erfolgte übrigens so schnell, dass ich ihn kaum wahrgenommen hatte. Das ist auch in Ordnung. Die wesentlichen Dinge in unserem Leben sind oft nicht zu sehen. Und sie sollen auch nicht immer zu sehen sein.

Also alles gut.

Alles gut?

Jetzt klingeln zwei Polizisten an der Haustür. Weshalb zwei? Ich verspüre einen Anflug von Unruhe. Planen sie eine Hausdurchsuchung? Die Lebensversicherung, die an mich fallen wird, zeige ich ihnen freiwillig.

Sie teilen mir die traurige Botschaft mit – und sehen mich um mein Gleichgewicht ringen. Ich zeige den versteinert dastehenden Männern die Regungen eines heiß fühlenden Wesens. Der Ältere hat ein offenes Gesicht, interessiert und voller Mitgefühl sieht er mich an. Mir gefallen seine schwarzen Locken, obwohl er die linke Schulter etwas hängen lässt. Mit Tränen in den Augen lade ich ihn und den jungen Polizisten mit dem blonden Ziegenbart zu einer Tasse Tee ein. Auf den Namensschildern an den Uniformen lese ich *Herr Schäfer* und *Herr Holzbock*. Der jüngere Beamte könnte mein Sohn sein. Ich will jetzt getröstet und gerettet werden.

Als wir im Wohnzimmer Platz genommen haben, merke ich, dass der dunkle Große mich beeindrucken möchte, denn er zieht den Bauch ein. Er und der junge Blonde rühren unbeholfen in ihren Tassen. Ich freue mich über so viel Offenheit und Geradlinigkeit. Wie hintertrieben war doch mein Verflossener. Inzwischen habe ich die Tränen getrocknet und bessere Mascara und Eyeliner nach. Mein Haar lasse ich ins Gesicht fallen; ich riskiere, dass mir das etwas Unbekümmertes, vielleicht sogar Zügelloses verleiht. Der Ältere sieht mich mit großen Augen an und weiß nicht, ob er lächeln soll. Übrigens trägt er keinen Ring. Er hat eine fast schon zu taktvolle Art, auf meine Lage als trauernde Witwe einzugehen. Doch dann schickt er seinen Assistenten nach draußen: „Herbert, du kannst doch eben die hinterlassenen Kleinigkeiten aus dem Auto holen."

Herbert erhebt sich und geht nach draußen, der Dunkle bleibt und lächelt schüchtern. Sein dichtes Haar schimmert in dem von draußen hereinfallenden Licht. Während ich an meiner Tasse nippe, bemerke ich aus dem Augenwinkel, dass er mich verstohlen betrachtet. Immerhin. Vielleicht ist es an der Zeit, jemand Neuen in mein Leben zu lassen. Ich sehe aus dem Fenster. Im Abendsonnenschein grast friedlich mein schwarzer Widder. Weggeben werde ich ihn auf keinen Fall, nicht nur aus Dankbarkeit. Immerhin sind wir ein eingespieltes Team – bei Bedarf.

Plötzlich fährt mir der Schreck in alle Glieder. „Was holt er denn für Hinterlassenschaften aus dem Wagen?", frage ich mit bemüht fester Stimme.

„Ach", antwortet er abwesend, „das ist nur ein alter Rucksack mit ein paar Papieren."

„Hoffentlich trägt er den Rucksack nicht auf dem Rücken", schießt es durch meinen Kopf. Ich höre draußen eine Fahrzeugtür schlagen. Mein schwarzer Bock ist aus dem Fensterrahmen verschwunden, außerhalb meines Gesichtsfeldes. Die Gartentür kreischt, ich muss sie mal ölen. Und da ist noch etwas – entweder schlägt das Wetter um und es kommt Sturm auf – oder sind es doch Staubsaugergeräusche?

Die Vögelein im Frühling

oder: Verschwörung im Morgengrauen

Die Vögel versuchten vor wenigen Tagen
mit noch spärlichem Singsang und knappen Geräuschen
mit späten Gesängen, gedämpften Klagen
uns Töne Entwöhnte alle zu täuschen.

Sie sind irgendwie recht hintertrieben
was hat sich geändert, was steckt dahinter?
Von der Ruhe und Stille ist wenig geblieben
es wird gerade Frühling, gestern war Winter.

Will ich müde und spät mich zum Schlafen legen
und habe ich gerade die Augen zu
aus dem Hinterhof schallt es Ruckediguh
und plötzlich ist über all lebhaftes Regen.

Cherry-tea, cherry-tea, von weit oben herab
schimpfendes Tschak-Tschak aus der Deckung des Baumes
ein klar Gedrosseltes Wake-me-up, Wake-me-up
unschönes Geschwätz aus der Tiefe des Raumes.

Ein klares Flöten verschwindet im Trüben
etwas sinnlos zieh ich die Vorhänge vor
vielleicht hilfreich wäre ein bisschen Üben
sie werden es lassen, ich leg mich aufs Ohr.

Es wird heller, das Warm-up geht zu Ende
amouröses Gejauchze, Prunk und Frohlocken
jetzt schallt und tönt es durch Fenster und Wände
sie feiern nicht Frühling, sie wollen mich schocken.

Aus flatternder Höhe, vom Dachfirst sie lärmen
jeder Baum und Strauch und Busch sendet Störung
sie begehen es einzeln, verbunden zu Schwärmen
sie arbeiten an einer großen Verschwörung.

Alle die Vöglein haben jetzt angefangen
sie brausen und schallen, ich sitz in der Falle
sie sabotieren mein Schlafverlangen
alle Vögel sind schon da, scheiße, wirklich alle.

Jogging zum Friedhof

Ein langer, schweifender Blick gleitet über den Hafen, über das spitze beilartige Hochhaus auf der Kehrwiederspitze, die noch unfertige ausgefranste Philharmonie, über Schlepper, Schuten und Barkassen, geht über kabbeliges Wasser auf die andere Elbseite bis hinüber zu den Kränen und Werften, vollzieht einen Schwenk zum diesseitigen Tropenkrankenhaus und bleibt in den Masten des Windjammers hängen, der als Touristenattraktion fest vertäut an den Landungsbrücken liegt, überfliegt die Kuppeln der Landungsbrücken und des alten Elbtunnels, wird langsamer über den Pontons und mustert sorgfältig die ameisenhaften Menschen, erfasst wie magnetisch angezogen das rot leuchtende Lauf-Shirt einer jungen Frau, ihr Gesicht, die roten Lippen, einen Mund, der sagt: „Das ist es."

„Das ist es", meint er und stellt mit geübten Fingern die Linse des Präzisionsteleskops schärfer auf Blondschopf, Stirnband und Kopfhörer, dann startet er die Aktion, ohne zu ahnen, dass ihm trotz aller Professionalität gerade ein folgenschwerer Fehler unterläuft.

Das ist es, sie muss die Bewegung aus dem Körper kommen lassen, nicht aus dem Kopf! Vor ein paar Tagen hat sie erst wieder angefangen zu joggen, während des langen kalten Winters hat sie sich dazu nicht überwinden können. Sie läuft langsam durch die vielen Menschen, die das warme Frühlingswetter in den Hafen gelockt hat. Bald wird ihr das Laufen wieder ganz leichtfallen, werden sich ihre Muskeln wieder straffen, ihre Formen harmonischer werden und als Zugabe die Glücksendorphine ihre Stimmung verbessern.

Die Aufmerksamkeit, die ihr besonders von männlichen Touristen entgegenschlägt, stört sie nicht; im Gegenteil, sie ist eine attraktive Frau und will gesehen werden. Heute läuft sie in einem hautengen Gore Sunlight Lady Singlet. Auf die ironisch bewundernde Anmerkung, ein solches Singlet würde sie gerne einmal ausprobieren, war ihre Nachbarin sofort eingegangen. Hatte im Folgenden darauf bestanden, dass sie es einmal versuchsweise trüge. Hätte sie das Angebot abgelehnt, der Tag wäre besser für sie verlaufen. Eine schöne und geheimnisvolle Frau, ihre neue Nachbarin! Demnächst werden sie sich besser kennenlernen, sie wollen zusammen joggen. Und shoppen. Während sie ihren Gedanken nachhängt, merkt sie nichts davon, dass sie verfolgt wird. In der Hafenstraße muss sie wegen der vielen Menschen langsam laufen. *Die fetten Jahre sind vorbei* steht auf den Transparenten an den ehemals besetzten Häusern. Genau das erhofft sie sich für ihren Körper und blickt auf das riesige Passagier-Schiff, die mit ihren Schornsteinen und Decks alles überragende Queen Mary 2. Auf der Wand des Trockendocks steht in riesigen Lettern *Bienvenue à Hambourg, Welcome in Hamburg, Bienvenudo a Hamburgo.*

Auf dem Fischmarkt ist heute wenig Betrieb, sie kann wieder ihr Tempo laufen, muss nicht darauf achten, Spaziergängern auszuweichen, kann endlich ihren I-Pod aktivieren. Vor der Fischauktionshalle steht ein schwarzer Mercedes-Lieferwagen. Zufällig sieht sie, wie durch das Autofenster hindurch eine Kamera auf sie gerichtet ist. Dies sind wahrscheinlich die Vorbereitungen für Filmaufnahmen.

Sie will die Fortsetzung eines älteren englischen Krimis hören. Sie schätzt solche klassischen Detektiv-Romane, die durch ihre klaren logischen Muster vor Politik und Spionage geschützt sind. Die auf der glatten Oberfläche einer heilen Welt spielen, die durch das Verbrechen ein bisschen durcheinandergerät. Aber nur vorübergehend, denn sie haben meist ein wunderbares, ein vernünftig herleitbares Ende. Die von ihrem Freund geschenkten CD's mit Geheimdienst-Thrillern hat sie bisher nicht angerührt. Desillusionierte britische Agenten, die sich mit den zufälligen Überresten des KGB oder irgendwelchen Terroristen herumschlagen müssen, sind langweilig. Meint sie. Es liegt außerhalb ihres Vorstellungsvermögens, dass sie gerade beginnt, in einem mitzuspielen. Sie läuft an den neuen City Beach Clubs und Gourmet-Restaurants vorbei in die Elbstraße. Als sie an eine Sushi-Factory vorbei joggt, löst sich aus dem Eingang ein athletischer Mann und läuft zunächst hinter ihr, um sie dann zu überholen. Sie bemerkt, dass der Mann mit der Bodybuilder-Figur völlig falsch läuft: Er hat den Oberkörper nach vorne geklappt, Bauch und Beine sind krampfhaft eingezogen. Ob er dies wegen ihr macht? Allzu oft scheint er jedenfalls nicht zu laufen, nun gut, er verschwindet hinter der nächsten Ecke. Sie bemüht sich, den Bauch locker zu lassen und das Becken nicht nach vorne zu kippen. Es klappt ganz gut! Im menschlichen Zellgedächtnis steckt das Erbe der gesamten Evolution, hat ihr neulich ein joggender Kollege begeistert erzählt. Wir haben Tiger und Antilopen in der Bewegung! Sie läuft zugleich leicht und nicht zu schnell. Keinen Blick hat sie für das Motorrad, das ihr im Abstand von einigen hundert Metern langsam nachfährt.

Am Museumshafen Övelgönne wird der Eisbrecher Stettin unter Dampf genommen, sie verlässt den Uferweg und läuft direkt zur Elbe auf den Strand. Die Flut läuft erst langsam auf und der Boden ist in Wassernähe sehr fest. Auf dem Sandstrand ist heute wenig Betrieb, sogar vor dem beliebten Lokal Strandperle ist nichts los. Von dem zurückbleibenden Motorrad und dem an seiner Stelle mühsam durch den Sand fahrenden Mountain-Biker bekommt sie nichts mit.

In Teufelsbrück leuchten die japanischen Kirschen in leuchtendem Rosa zwischen Chaussee und Ufer. Sie sieht in dem schönen Kirschbaum vor sich plötzlich eine Bewegung; als wäre eine Sense durch den Baum gefahren, die rosafarbenen Blüten fliegen wie Schmetterlinge durch die Luft. Sie schließt für einen Moment verwirrt die Augen und versucht sich zu sammeln. Die Hummeln summen und die Vögel zwitschern, vom fernen anderen Ufer der hier recht breiten Elbe hört sie schwachen Lärm, vielleicht von Airbus. Sind da nicht noch andere Geräusche gewesen?

Über der Elbe beginnt die Sonne sich rötlich zu verfärben. Sie streicht sich übers Haar und läuft langsam weiter. Würde sie genauer in dem japanischen Kirschbaum nachsehen, könnte sie die Einschusslöcher in den Ästen und im Stamm bemerken. Vielleicht sähe sie sogar, dass dem hier aufgestellten Holzteufelchen ein Ohr und ein Horn fehlen. Doch immerhin bleibt das Gefühl, dass etwas nicht stimmt. Aber was sind Gefühle? Sie denkt strukturiert und logisch, und hört jetzt Klappern und schweres Atmen hinter sich. Obwohl dies sonst nicht ihre Art ist, blickt sie sich sofort um und sieht einen übergewichtigen Hünen auf sich zu laufen. Sie spürt, wie ihr ein Schauder über den Rücken läuft und weicht instinktiv zur Seite. Der Zweimetermann läuft an ihr vorbei, ohne sie eines Blickes zu würdigen. Er hat Ledersohlen unter den Schuhen, auf dem Rücken trägt er einen großen Instrumentenkoffer und hinterlässt eine süße exotische Duftwolke von Rasierwasser oder Parfum. Und er läuft auch wieder so, als wolle er einen Kurzstreckensprint gewinnen. Sind heute nur Verrückte, die sich die Gelenke zerstören wollen, unterwegs?

Auf der Elbe fährt mit gellendem Horn ein braunes verrostetes Containerschiff vorbei, das aussieht, als wäre es hundert Jahre alt. Auch wenn in einer Großstadt manchmal viele schräge Vögel zusammenkommen, heute stimmt doch irgendetwas nicht! Vielleicht ist sie überarbeitet, überfordert, mit den Nerven am Ende, Therapie bedürftig? Nein, sie empfindet sich als eine rationale Karrierefrau. Sie könnte sogar mehr schultern, noch heute früh hat ihr Chef ihr eine weitere

Beförderung und eine Umsiedlung nach Berlin angedeutet. So reagiert keiner auf Verrückte. Und wenn sie sich ihrer selbst sicher ist, was dann? Woher all die Zombies, wird sie verfolgt, gibt es ein Komplott gegen sie? Halt, sie muss sich zusammennehmen; ihr steckt der Winter nicht nur in den Muskeln, sondern auch in der Seele. Ursprüngliche hat sie weiter bis Blankenese laufen wollen und von dort im großen Bogen zurück zu ihrer Wohnung in Nienstedten. Sie beschließt abzukürzen, über den Nienstedtener Friedhof direkt zu ihrer Wohnung zu joggen, verlässt den Elbuferweg, läuft entlang der Elbchaussee, vorbei am Seegerichtshof und der schönen alten Kirche.

Sie läuft durch das Friedhofstor über den ältesten Teil vorbei an Stelen aus hellem Sandstein, sie passiert Grüfte und Mausoleen, sieht ängstlich in die schweren alten Rhododendren und Buchsbäume. Normalerweise würde sie hier nicht joggen, aber heute ist alles anders. Andererseits hellen sich ihre Gedanken nicht auf, obwohl sie bald zu Hause ist, sie schaudert. Mit Ironie versucht sie, sich aufzurichten. Gleich öffnen sich die Gräber und Geheul wird ertönen. Der Tod und das Mädchen! Es scheint zu gelingen, und als sie gerade beginnt zu lachen, treten ihr zwei Männer in den Weg, die hinter einem großen Grabmal gestanden haben. Bevor sie etwas Genaueres erkennen kann, haben die beiden aus der Bewegung heraus geschossen. Vor ihren Augen verschwimmt der Friedhof, die Bäume wachsen nach oben, sie hört sehr laut eine Amsel – und fällt dann nach unten, tiefer, tiefer.

Mond-Beschimpfung

Wisch dir die Wolken aus den Augen
hör auf an diesem Berg zu saugen
gestern noch rund und strahlend blond
standest du am Horizont
nun ganz verkatert nebenbei
wie du da hängst ist nicht gekonnt
du leuchtest grün du faules Ei
so schlecht rasiert und schlecht besonnt
da nützt kein Tarnen kein Verschleiern
dein Anblick soll sich wieder lohnen
komm schon hoch hör auf zu eiern
schön wär's das wollen wir betonen
putz die Nase sei entspannt
pfleg deine Wangen schon den Rand
ich hoff für dich das kriegst du hin
pass schon auf jetzt fließt dein Kinn
sonst male – Punkt Punkt Komma Strich –
ich mir mein eignes Mondgesicht.

Bella Figura – ein Toter im Direktorzimmer

Ein Schulkrimi

Es gibt einige Tage im Leben, die man nie vergisst. Lorenzo Tomaso erwischte es in einer Bar in Palermo. Mit dem Aperitif brachte ihm der Barkeeper den Telefonhörer nach draußen: „Für dich, Lorenzo."

Dieser zeigte sich überrascht, blickte zuerst auf sein Smartphone, das allerdings stumm blieb und nichts Neues zeigte. Die schneidende Altmännerstimme sagte nur zwei Sätze, sie machte die lapidare Mitteilung, er solle keine Lebensversicherung mehr abschließen: „Du bist tot."

Lorenzo lachte, er lachte sein kältestes Lachen, von dem er wusste, dass es manchen Leuten den Schrecken in die Glieder fahren ließ. Auf der anderen Seite wurde aufgelegt. Lorenzo schluckte. Plötzlich war es bitterkalt, bei blauem Himmel. Das war nicht der normale Lauf der Dinge. Er hatte sich seinen katastrophalen Ruf ehrlich verdient. Normalerweise hatte er einen ziemlich guten Riecher und einen sicheren Machtinstinkt. Aber hier war etwas aus dem Lot geraten, er musste etwas übersehen haben. Niemand hätte es vor einer Woche gewagt, ihn in seiner Stamm-Bar anzurufen. Was war schiefgelaufen? Seine Jobs der letzten Zeit waren harmlos, er hatte sie bei laufendem Motor erledigt. Dass sich hinter seinem Rücken ein Tsunami aufgebaut hatte, bekam er spätestens am Abend mit, als Nicolo ihn abholte und zu Don Crocce Malo brachte, der ihn schweigend begrüßte. Dann zeigte er seine gelben Raucherzähne und redete sehr leise: „Wir lieben die Erkennungsmelodie deiner Beretta, Lorenzo Tomaso, aber sie muss punktgenau sein, präzise. Du hast Scheiße gebaut, und die ist wie Zahnpasta, die du nicht mehr in die Tube zurückdrücken kannst. Vielleicht liest du zu viele Bücher. Du bist eine Hypothek für uns alle geworden. Die Trapani toben, ich habe sichere Informationen, dass gestern drei Trapani-Vettern aus der amerikanischen Linie aus New York in Messina eingetroffen sind. Halt jetzt den Mund! Du musst jetzt eine Auszeit nehmen, sonst hängt dein Kopf nächste Woche an der Trophäenwand der Trapani. Die New Yorker erledigen effizient ihre Aufträge. Ist deine Mutter nicht Deutsche? Geh nach Norden oder sonst wohin, wo das

Leben einem anderen Rhythmus folgt, mach da bella figura – und lass dich hier in der nächsten Zeit nicht mehr blicken. Ich ziehe jetzt die Reißleine."

Damit war die Audienz beendet, Don Crocce diskutierte nicht. Lorenzo Tomaso fügte sich fatalistisch und begann, sich Gedanken über die Art seines Verschwindens zu machen. Ihm fiel der deutsche Lehrer ein, mit dem er gestern in der Bar gesprochen hatte. Der wollte sein Wochenendhaus in Capo d'Orlando verkaufen oder vermieten, weil er seine Stelle an der deutschen Schule in Rom wahrscheinlich nur noch zwei Wochen hatte. Er hatte sich – mit guten Aussichten, wie ihm telefonisch signalisiert worden war – um eine frei werdende Schulleiterstelle in Hamburg beworben. Im Falle eines Erfolgs musste er sofort umziehen. Aus den freimütigen Erzählungen hatte Lorenzo entnommen, dass der Deutsche Single war und er keine Angehörigen mehr hatte. Es stimmte übrigens nicht, dass er zu viele Bücher las. Seitdem er sein Philosophie-Studium in Frankfurt am Main kurz vor dem Examen abgebrochen hatte, las er ohnehin fast nur noch Krimis. Da kannte er sich gut aus und konnte das ein oder andere gelegentlich für seinen beruflichen Alltag ausschlachten. Ihm schoss der Name Patricia Highsmith durch den Kopf; talentiert war er auch.

Er zog die Reißleine wie bei einem Fallschirm und ließ sich nach oben in ein neues Leben ziehen. Oben bedeutete in seinem Fall Norden, wie auf der Landkarte. Auf dem Hamburg-Airport traf er zwei Tage später bei strömendem Regen ein.

Der Empfang in der Schulbehörde war herzlich, wenngleich sich der Landesschulrat über seine Stimme etwas wunderte, aber Rom war ja ein bisschen entfernt. Er sah in lauter freundliche und aufmunternde Gesichter im Findungsausschuss. Über sein Studium wollten die Damen und Herren kaum etwas wissen: „Kennen wir alles anhand der Aktenlage, Philosophie, Soziologie und Romanistik. Viel interessanter ist", der Landesschulrat hatte das Wort, „dass Sie offensichtlich Migrationshintergrund haben, wie ich eben vor der Tür erfahren habe, das ist doch hervorragend. Noch besser wäre, wenn ich mir diesen kleinen Scherz erlauben darf, Sie kämen aus der Türkei, aber man kann nicht alles haben. In den Bewerbungsunterlagen bleiben Ihre Eltern seltsam unterbestimmt, und dabei ist Ihr Vater doch Italiener."

Und so plätscherte das Gespräch dahin, er spürte sofort, dass die Entscheidung bereits im Vorwege gefallen war, an welcher Stelle auch immer. Ihm wurden eher die Schwachstellen der Schule deutlich gemacht: Aus Behördensicht war für das Traditionsgymnasium keine konsequente Pressepolitik betrieben worden, in der Lokalpresse kam es nicht vor.

„Das ändere ich ganz schnell“, versprach Lorenzo Tomaso.

„Die verschiedenen Reformen der letzten Jahre sind nur so zögerlich umgesetzt worden, dass wir davon gar nichts gemerkt haben.“ Eine Oberschulrätin meldete sich freundlich zu Wort: „Ein sicheres Indiz hierfür war, dass es so gut wie keine Reibungsverluste gab, als die Reformen später wieder rückgängig gemacht wurden, die haben das an der Traditionsschule kaum gemerkt.“

Der Vertreter des Personalrates merkte an, dass dies zulasten der Schulen gegangen sei, die die Reformen rechtschaffen umgesetzt und entsprechend viel Widerspruch und Protest geerntet hätten. „Und diese Schulen haben dann negative Schlagzeilen und ihre Anmeldezahlen gehen nach unten“, meinte der Vertreter des Elternrates, „das ist das besondere Phänomen, dass eine Schule, die bildungspolitisch überhaupt nicht in Erscheinung tritt, sich eines hervorragenden Rufes erfreut, ohne dafür etwas zu leisten.“

Er verstand, dass die Behörde eine starke ordnende Hand wünschte. „Ich werde den Augias-Stall ausmisten“, versprach er und sah den Wirtschaftsvertreter grinsen.

„Das ist vielleicht etwas zu sportlich formuliert“, ließ sich der Landesschulrat vernehmen, worauf Lorenzo Tomaso konterte, für ein altsprachliches Gymnasium sei dies schon ein treffendes Bild. Das weitere Gespräch diente eher seiner Vorbereitung auf Fragen, die er bei der Vorstellung in der Lehrer-Konferenz der Traditionsschule zu gewärtigen hätte.

Am Abend erhielt er im Hotel den Anruf, dass ihm die Schulleiterstelle sicher sei, wenn er die letzte Hürde, die Lehrerkonferenz, genommen hätte. Die nächste Woche verbrachte er die Vormittage an den Sandsäcken im Gymnastik-Raum des Hotels an der Alster, die Nachmittage las er Leitfäden für Führungskräfte, stöberte durch Literatur zu Personal- und Konflikt-Management, vertiefte sich in Tagungsberichte zur Schulqualität, amüsierte sich über kontroverse Ausführungen zum Kompetenzbegriff.

Am Montag nach der sechsten Schulstunde kam es dann zu der groß angekündigten Lehrerkonferenz. Das Lehrerzimmer war zum Bersten gefüllt mit Menschen, ein so großes Kollegium konnte er aus der eigenen sizilianischen Schulkarriere nicht erinnern. Er hatte den Eindruck, dass die Kolleginnen und Kollegen, wie er sie freundlich nannte, viel aufgeregter und nervöser waren als er selbst. Nachdem er von dem Schulrat kurz vorgestellt und auch selbst eine kleine Rede gehalten hatte, begann die Fragerunde, die ihm als schwierigster Teil der ganzen Konferenz angekündigt worden war.

„Können Sie mir einen Grund sagen, weshalb ich Sie wählen sollte?", fragte ein älterer Kollege, der sich als promovierter Mathematiker vorstellte.

„Weil ich dir sonst eine Kugel über deine randlose Brille verpasse, du Klugscheißer", dachte er, und sagte: „Klarheit, Transparenz, das sind meine wichtigsten, gleichsam programmatischen Punkte, daneben gilt es feste Strukturen zu etablieren, vor allem für die Schüler." Er erhielt zögerlichen, aber ersten Beifall.

Eine junge, durchaus hübsche Kollegin meldete sich: „Sie wissen, dass Sie sich hier an einem altphilologischen Gymnasium befinden. In der letzten Zeit hat man in der erweiterten Schulleitung Latein und Griechisch wie alle anderen Fächer auch behandelt, sie sind nicht besonders gefördert worden. Wollen Sie diese Tradition fortsetzen? Was verbindet Sie mit den humanistischen Fächern?" Er machte eine Pause, sodass die Spannung stieg – und etliche Lehrer wohl dachten, er sei von dieser Frage überrumpelt. Dann zeigte er seine schönen Zähne und lächelte, als ginge die Sonne auf. Er wusste genau, dass er in der Regel mit diesem Charme erfolgreich operierte. Und dann sagte er, ganz schlicht, ganz einfach, – und damit hatte er die Konferenz für sich gewonnen: „Ich bin Grieche, meine Damen und Herren." Und nach einer Kunstpause fuhr er fort: „In Siracusa geboren. In der Familie wurde immer so etwas wie die griechische Familientradition gepflegt." Das Erste stimmte, das Zweite hielt er zumindest für einen netten Einfall, den er ironisch immer noch hätte relativieren können. Das war aber gar nicht nötig, wie ihm der aufbrausende Beifall zeigte. Das Eis war gebrochen, er hatte gewonnen.

Zwei Tage später bezog er das Direktorenbüro, warf alle alten Bilder hinaus, ließ es neu möblieren und elegante neueste Hardware aufstellen, er legte auch Wert auf Macs von Apple neben dem üblichen Behörden-PC. Seine Rolle gefiel ihm von Tag zu Tag besser, er begann sie zu zelebrieren und erhielt ein sehr gutes Feedback von Schülern, Eltern und auch dem Kollegium.

Drei Wochen später loggte er sich in die Mail-Box der Telecom Italia ein und freute sich, eine Mail von Don Crocce Malo zu finden. Unter Betreff hatte er *Familientratsch* geschrieben: *Der Besuch aus Amerika ist leider schon wieder weg. Leichtfüßig sind sie in das Land ihrer Vorfahren gereist und mit Betonfüßen wieder verschwunden, niemand verlässt gerne unser schönes Land. Das Wetter ist angenehm, die Wolken haben sich ver-*

zogen und die Sonne scheint. Die Luft ist klar und du kannst heimkehren.

Nach dem abschließenden *Arrivederci* kam noch ein PS, ein Nachtrag, der ihn aufmerken ließ: *Attentione, vielleicht ist noch ein Cousin der Trapani aus Castelvetrano, Matteo, auf deiner Spur nach Norden unterwegs. Sollte das der Fall sein, empfange ihn freundlich.*"

An der Tür klopfte es, die Sekretärin steckte ihren Kopf ins Zimmer: „Ein Herr ohne Gesprächstermin sitzt vor der Tür. Er sagt, er kommt vom Italienischen Kulturinstitut in der Hansastraße, hier ist seine Karte. Soll ich ihn vorlassen?" Er las Istituto Italiano di Cultura di Amburgo und pfiff durch die Zähne: „Lassen Sie ihn ruhig herein, Frau Ehmsig." Er loggte sich aus und blickte wartend durch das Fenster nach draußen. Dort machte sich im Eingangsbereich der Schule eine große Krähe an einem Abfalleimer zu schaffen. Geschickt holte sie mit ihrem Schnabel allerlei Müll aus dem Behälter und verteilte ihn auf den Treppenstufen zum Haupteingang.

Ein junger Mann, Anfang Zwanzig, mit gewellten dunklen Haaren und schmalen Schultern betrat den Raum. „Benvenuto Matteo, come stai?" Er hieß ihn überschwänglich willkommen, rückte ihm einen Stuhl auf der gegenüber liegenden Seite des Schreibtisches zurecht und bat ihn, Platz zu nehmen.

„Grazie", der junge Mann setzte sich etwas unsicher, legte sich seine Tasche auf die Knie und hielt plötzlich eine Pistole in der Hand. Lorenzo brach in schallendes Gelächter aus: „Wunderbar, Matteo, der kleine Cousin aus Castelvetrano kommt in mein Büro spaziert und packt eine Softair aus, die wie eine Beretta aussieht, sogar mit Schalldämpfer. Welch eine lustige Überraschung, wolltest mir vielleicht sogar einen kleinen Schrecken einjagen?" Matteo lachte nicht und sagte nichts mehr, er saß bewegungslos in seinem Stuhl, nur die Augenlider zuckten. „Was ist mit deinen Augen, Kleiner, bist du nervös? Immerhin hast du mich gefunden, herzlichen Glückwunsch. Das hätte ich nicht gedacht bei deinen Sprachkenntnisse, was sprichst du noch außer Italienisch, hast du dich in der U-Bahn nicht verlaufen? Weißt du, wo du hier bist, das ist ein altphilologisches Gymnasium, caro mio. Hier werden die Sprachen unserer Vorfahren gelehrt, Griechisch und Latein. Solltest du auch lernen, das schärft das Denken und das Reden. Warum sagst du eigentlich nichts, stumm wie ein Fisch bist du, du solltest Cicero lesen, Kunst der Rede, könnte eine lebensverlängernde Maßnahme sein. Aber du warst bestimmt faul in der Schule, hast den Mädchen hinterher gepfiffen und dich bei der Familie eingeschleimt, kuck jetzt nicht so bildungsfern, wie viel kriegst du für deinen Job, Kleiner? Ich könnte dir sicher das Dreifache zahlen, aber ein Mann soll einen Job zu Ende bringen. Ich könnte dein Vater sein, Kleiner. Ich weiß, wie das ist mit solchen Jobs, hatte sie reichlich. Töte mich, und sage danke, dass du auf einen Profi gestoßen bist. Schieß mir zwischen die Augen, es soll schnell gehen. Sei kein Weichei, sieh mir in die Augen, Kleiner. Ich kann dir sogar das Zehnfache zahlen. Nicht aus Feigheit, ich bettle nicht – auch nicht um mein Leben. Wegen der Ehre! Alter Mafioso, weißt du, was Ehre ist? Ich will nicht von einem opportunistischen kleinen Arschloch über den Haufen geschossen werden. Wer mich umlegt, der soll entschlossen und konsequent seinen Job erledigen, nicht zögern, nicht wanken, nicht weich werden. Flackern deine Augen? Es soll ein Abgang unter Männern sein, kein Unfall, nichts Zufälliges, ich sehe schon, dafür hast du Verständnis. Und jetzt sieh hier den Knopf, interessant, nicht wahr, das ist die Sprechanlage für die ganze Schule, jetzt drücke ich ihn, und alle können uns zuhören, zwölfhundert Schüler und 90 Lehrer."

Lorenzo wechselte aus dem Italienischen ins Deutsche: „Liebe Schülerinnen und Schüler, liebe Lehrerinnen und Lehrer, lasst euch nicht irritieren, dies ist ein Test, um die Audio-Anlage zu überprüfen. Anschließend evaluieren wir die Tonqualität und Lautstärke mit einer Abfrage. Solltet ihr eine zweite Männerstimme hören, das ist dann der Ton-Ingenieur mir gegenüber, er kommt aus Italien und ist ein sehr guter Techniker. Leider kann er nicht so gut Deutsch, deshalb reden wir Italienisch. Vielleicht versteht ihr etwas, versucht es einfach, aus dem Lateinischen abzuleiten."

„Mi dispiace", Lorenzo setzte seine Rede auf Italienisch fort, „du hast etwas Weiteres übersehen. In drei Minuten klingelt es zur Pause, dann sind in Sekundenschnelle alle Flure und Gänge voller Schüler. Ungesehen kommst du hier niemals raus. Sei l'uomo die miei sogni, du bist mein Traummann, wie organisiere ich bei meinem Job möglichst viele Zeugen?"

Lorenzo strich sanft mit der Fingerkuppe über den Knopf auf seinem Schreibtisch. „Das ist schön, alle hören mir zu, so ein kleiner Knopf – mit so großer Wirkung. Ist er grün, ist er blau – jedenfalls ist er rund und durch diesen Knopf wirst du mächtig, scusi." Er wechselte wieder ins Deutsche: „Frau Ehmsig, könnten Sie Nicolo bitte holen lassen und ihm sagen, er soll seinen Instrumentenkoffer mitbringen." Lorenzo lehnte sich zurück, seinem Gegenüber in die Augen blickend.

„Nicolo hat mich freundlicherweise aus Palermo hierher begleitet, und ich habe ihn als pädagogische Hilfskraft eingestellt, für die Betreuung des Förderunterrichtes am Nachmittag, da gibt es leider viel zu wenig Fachpersonal. Von Nicolo hast du bestimmt schon gehört, er arbeitet sauber, in Ragusa hat er vor einem Jahr durch Entsorgung des alten für die Möglichkeit eines neuen Bürgermeisters gesorgt, capisce."

Die Melodie des Pausenzeichens ertönte laut und dauernd sowohl im Direktorenzimmer als auch in den Fluren und Gängen des gesamten Schulgebäudes. In das Pausenläuten hinein öffnete die Sekretärin, deren Klopfen übertönt worden war, mit einem fragenden Gesicht die Tür. Sie verstand die undeutliche Handbewegung, die Lorenzo in ihre Richtung machte, als „Nicht stören" und zog die Tür gleich wieder zu. Matteo hatte sich trotz der Bewegung und dem Geräusch hinter sich nicht umgedreht.

„Benvenuto, Nicolo, wir begrüßen dich. Da wären wir also zu dritt, drei freundliche Landsleute von der sonnigen Insel begegnen sich hier unter wolkenverhangenem nördlichen Himmel. Wenn das kein Grund zur Freude ist. Und jetzt kriegst du ja einen Gesichtsausdruck, der mir keine Freude macht, Matteo. Halt, keine Panik! Sieh mir in die Augen, Kleiner! Ganz cool. Wenn du jetzt auf mich schießt, hast du die Arschkarte gezogen. Sterben wirst du sowieso. Aber nicht so schnell, mein Lieber. Ich nehme an – bitte noch nicht, Nicolo – er schießt dir zuerst zwischen die Beine. Weißt du, was das für Schmerzen sind? Weißt du echt nicht? Solltest du dann ohnmächtig werden oder wegsacken, wird er dir von hinten eine in den Bauch verpassen, das macht wieder munter. Warum wirst du jetzt so blass? Fang bloß nicht an zu spucken. Bambino, du hast leider Pech gehabt, du bist eine Schlafmütze, sieh mich an! Du hattest deine Chance und du hast sie vertan. Manchmal geht das so. Für solche Jobs bist du leider noch nicht geeignet. Scheiße ja, tut mir leid für dich, aber jetzt geht es nur noch darum, wie dein Abgang aussieht. Ob schnell oder langsam. Tot bist du sowieso. Im Augenblick zielt Nicolo auf deinen Rücken, aber ich stecke nicht in ihm drin. Meist hat er an seinen Patronen ein bisschen rumgefeilt, Dumm-Dumm und so, aber das kennst du ja, reißt schöne große Löcher. Ganz ruhig, vielleicht kann ich dir helfen. Soll ich? Weshalb sollte ich dir eigentlich einen Gefallen tun? Wo du noch nicht mal so einen einfachen Job hinkriegst. Du musst mich gar nicht so bettelnd ansehen, du Versager. So schnell weich wie du werde ich nicht – aber es geht ja flott. Soll ich, soll ich nicht? Komm, gib mir deine Beretta, ich mache es dann kurz und schmerzlos. Nicolo wird schon so lange stillhalten. Los mach schon, bevor ich es mir anders überlege. Mensch, ist der Griff feucht Wie kann man nur so schwitzen. Keine Sorge, gleich ist's vorbei, dann hast du es geschafft. Wird bestimmt nicht wehtun. Sag danke, gleich ist Schluss, Schluss mit Schmerzen, Schluss mit Angst, Schluss mit Weicheierei, nach dem Tod kommt nichts mehr, gar nichts. Der Tod geht uns nichts an. Das kannst du schon bei Epikur nachlesen, Brief an den Menoikeus, auch ein Landsmann von uns. Du warst leider eine Fehlbesetzung für diesen Job, spielt aber schon keine Rolle mehr. Willst du Nicolo noch mal zuwinken? Ja, haha. Sorpresa, Überraschung, buonna notte, gute Reise, buon viaggio. Wink mir zu und lächle in den Lauf. Nicolo gibt's nicht, du Trottel. Und der Knopf hier: eine Attrappe. Habe ich mit Tesafilm aufgeklebt. Denk an Cicero, Kunst der Rede. Und jetzt lächele: Snapshot. Klingt, als würde eine Flasche entkorkt. Nicht schlecht, der Schalldämpfer, hörst du mich überhaupt noch? Ich schließ dir die Augen, alla prossima, bis dann, jetzt kommt noch eine Viertelstunde Handwerk. Im Unterschied zu dir verstehe ich etwas davon, ich hinterlasse keine Spuren. Ciao, bello."

Die größte Boulevard-Zeitung hatte am nächsten Morgen ihren Aufmacher gefunden. Ein großes Foto von Lorenzo Tomaso prangte auf der Titelseite. Mit großen dunklen Augen blickte er in die Kamera und hielt sich die Hand vor den Mund. *Tränen stehen dem Direktor in den Augen*"war die Titelüberschrift. Der folgende Artikel auf der ersten Seite hielt sich knapp, aber in großen Lettern: *„Mühsam ringt Lorenzo Tomaso um Fassung. Vor zehn Minuten hat sich ein wildfremder Mann vor seinen Augen erschossen. Mit erstickter Stimme sagt Tomaso: „Es war schrecklich, wie er nach vorne fiel.*"" Zur weiteren Berichterstattung wurde auf die Folgeseiten verwiesen. Auch bei Morgenpost und Abendblatt wurde der Vorfall auf die erste Seite genommen. *Unbekannter erschießt sich in Direktor-Zimmer, Mysteriöser Suizid im Traditionsgymnasium.* In der überregionalen Presse wurde das Ereignis auf den hinteren Seiten abgehandelt: Handelte es sich um Zufall – oder war es eine gezielte Aktion? Der Polizei-Sprecher erklärte, dass man sich bemühe, verwandtschaftliche Verhältnisse zu Schülern des Gymnasiums herauszufinden, dass die Identität des Verstorbenen aber bislang unklar sei. Der bildungspolitische Sprecher einer Partei äußerte sich in den Lokalnachrichten, die Frage müsse erlaubt sein, weshalb der Unbekannte sich gerade in dieser Schule umgebracht habe und ob es sich dabei nicht doch um einen Protest gegen das Bildungssystem hierzulande handeln könne. Die Lehrergewerkschaften machten darauf aufmerksam, dass die Zerwürfnisse dieser Gesellschaft immer häufiger in die Schulen getragen würden, ohne dass diese durch zusätzliche Ressourcen entlastet würden.

Lorenzo Tomaso wollte dies im NDR nicht kommentieren, sagte aber mit dem Gestus großer persönlicher Betroffenheit, dass er sich unter der Formulierung „pädagogische Herausforderungen" in der Stellenausschreibung der Schulleiterstelle etwas anderes vorgestellt habe.

Am nächsten Morgen gab der Pressesprecher der Schulbehörde eine wichtige Neuigkeit bekannt: Der Schulleiter des Traditionsgymnasiums hatte in einem Gesuch an die Behördenleitung darum gebeten habe, ihn zu entlassen und die Stelle neu auszuschreiben. Noch sei nichts entschieden, so der Sprecher der Behörde, aber der Schulsenator werde das Gesuch wohlwollend prüfen, denn er habe vollstes Verständnis für die Gemütslage des Herrn Tomaso.

Lorenzo Tomaso hatte sich zur seelischen und körperlichen Entspannung in eine Sauna zurückgezogen. Ihm fiel ein, dass der sonst realistisch durchtriebene Don Crocce Malo, der Capo dei Capi, der veralteten und lächerlichen Meinung war, in der Sauna nicht abgehört werden zu können. In einer SMS grüßte Lorenzo ihn also aus der Sauna: *In ein paar Tagen bin ich zurück in Palermo. Hier regnet es ständig aus dem Himmel. In ganz Hamburg gibt es keine Pizza, die man essen kann, und alle Männer sind Weicheier. Vor Lachen habe ich mir gestern fast in die Hand gebissen. Grazie, Don Crocce.*

Orkan im Herbst

Schluss mit der Flaute, endlich geschieht etwas,
jetzt ist der trübwarme Sommer vorbei.
Es braut und verdichtet sich über den Meeren
gerade vorhergesagt Windstärke Zwölf.

Raschelnd wachsende welkwinde Kreisel,
geblasen vom leichten nordwestlichen Wind
aufsaugend wirbelnde rotgelbe Blätter
erste Vorboten beginnenden Sturms.

Über die Leiter ins lichte Geäst
Blaulicht der Pflaumen – in Hochglanz und Matt
aufsteigend zum Himmel, auch Blätter fliegen
hinweg nach oben, Leere für Neues

und Durchblick schaffend; da ist der Sturm, die
Bäume tanzen, Dachziegel fliegen, der
riesige Monster-Sauger – ist tosend
über dem Land, zieht hoch, dreht um, stellt auf

den Kopf, bläst deinen frei, halt fest dich im
tanzenden Wipfel, besoffen allein
von Wind und Bewegung, Diestelsterne
in der Luft, gelöste Knoten, September.

Vergeltung

Historischer Krimi

Einige Schuten und Ewer kamen mit der auflaufenden Flut vom Alten Land her die Elbe hochgesegelt, wahrscheinlich, um im Hafen Obst und Gemüse für die Märkte am Dom auszuladen. Sonst war auf dem Wasser nicht viel Verkehr. Am Rumpf der Kogge staute sich die Strömung und drückte das Schiff, einen eher schlanken Zweimaster aus einer Lübecker Werft, sachte gegen die Kaimauer, die Taue verloren Spannung und die Ankerkette scheuerte in den Klüsen. Aus dem Hintergrund war der nachmittägliche Trompeter von St. Michaelis zu hören. Der Kapitän ließ seinen Blick von dem frisch gemalten Schiffsnamen *Annette von Droste* zur noch kräftigen Sonne schweifen, die aber schon irgendwo hinter den Schwarzen Bergen auf der anderen Stromseite in Richtung Stade stand. Eigentlich sollte die Beladung schon längst abgeschlossen sein, denn er wollte mit dem Tidenwechsel in jedem Fall auslaufen. Doch noch hasteten die Schauerleute mit Kisten und Säcken auf das Schiff, wichtige Ware, die gegen Gewürze, vor allem Pfeffer, auf der Rückfahrt, aber auch gegen spanischen und französischen Rotwein eingetauscht werden sollte.

Die Passagiere standen noch an Land, hielten sich verabschiedend mit Angehörigen und Freunden an den Händen oder scherzten, um sich die Zeit bis zu ihrer Einschiffung zu vertreiben. In der eleganten Sänfte musste der reiche portugiesische Kaufmann Geronimo sitzen, der – schwer erkrankt – zurück in seine Heimat wollte. In Lissabon würde er von Bord gehen.

Einige Stunden später lief die Kogge aus, vorbei an vielen winkenden und rufenden Menschen auf der Hafenpromenade, segelte mit noch wenig Tuch an der Kehrwieder-Spitze mit den dort auf Pfählen gespießten oder genagelten Köpfen vorbei, die die Henker gefangenen Piraten in der letzten Zeit vom Rumpf getrennt hatten und die zur Abschreckung öffentlich ausgestellt wurden – neuerdings Wahrzeichen der Freien und Hanse-Stadt. Klaus Störtebecker und Konsorten sollten auch dabei sein, aber an den Schädeln war nicht mehr viel zu erkennen. Der

Wind, die Möwen und die Raben hatten ganze Arbeit geleistet. Seitdem die Verluste unter den Kauffahrtei-Schiffen in den letzten Jahren stark zugenommen hatten, hatte der Senat zusätzliche friesische und holländische Kapitäne angeheuert, die keine andere Aufgabe hatten, als die Routen der Hanse-Schiffe mit ihren mit Mannschaften und Waffen gut ausgerüsteten Seglern vor Piraten zu schützen.

In Schulau wurden die Frischwasserbottiche und Fässer mit Süßwasser aufgefüllt, das hier sauberer war als im verschmutzten Hafenbereich. Weitere Segel wurden gesetzt und mit einem sanften Südost-Wind und der zunehmenden Fließgeschwindigkeit des Stromes ging es in Richtung untergehender Sonne, in Richtung Nordsee. Am Morgen wollten sie Cuxhaven passieren. Der Kaptein stand neben seinem Steuermann und dem Lotsen auf der Kommando-Brücke. Alles verlief wie gewöhnlich. Als der kranke Kaufmann von seinen beiden Dienern auf einer eigens für ihn vorbereiteten großen und verstellbaren Holzbahre an Deck zu den übrigen Reisenden getragen wurde, gesellte sich der Kapitän zu ihm und machte einen Scherz über die holsteinischen Kühe, die gut sichtbar gerade in dem Auenland vor den Wedeler Deichen grasten.

Ja, antwortete, Geronimo, er müsse sich wohl wieder an die kleinen schwarzen Kühe und Stiere in Portugal gewöhnen, zumindest für die nächsten ein bis zwei Jahre. „Denn dann", sagte er in bestem Deutsch und schnippte dazu mit den Fingern, „dann haben sich in dem wärmeren Klima hoffentlich meine Lunge und mein Körper wieder erholt und ich kann zurückkehren, um auf meine alten Tage das hanseatische Wohlleben zu genießen."

Zu der Gruppe der Reisenden gehörten noch die beiden adligen Damen, die bis Antwerpen mitfahren wollten, um dort Verwandte zu besuchen, der junge kräftige und große Passagier mit den dunklen Locken, der aus Nürnberg kam und bis in den äußersten Süden mitreisen wollte, der Kaufmann Mister Slow, der in Calais umsteigen wollte, sowie Monsieur Jacques Bonvin, der auf seine Weingüter bei Bordeaux zurück wollte.

Zwei Tage später fand sich die Reisegruppe gut gelaunt an Deck wieder ein – ohne die beiden adligen Damen und Mister Slow. Der Kanal lag hinter ihnen, sie hatten die bretonische Küste mit guten Winden erfolgreich umschifft. Vor ihnen lag das blaue Meer, eine leichte Brise sorgte für gutes Vorwärtskommen. Sie unterhielten sich darüber, dass Schiffe fast ausschließlich auf Frauennamen getauft wurden, oft auf den der Gattinnen der Reeder wie im vorliegenden *Annette von Droste*-Fall.

Der Kapitän beteiligte sich nicht an dem Gespräch, sondern sah mit gerunzelten Augenbrauen nach Südwesten und kaute auf seiner Stummelpfeife.

„Was gibt's zu sehen?", fragte der junge Mann aus Franken. „Des corsaires? Hoffentlich keine Korsaren!", setzte Monsieur Jacques hinzu.

„De Deiwel", knurrte der Kapitän, und einer der Diener des Geronimo übersetzte: „Das braut der Teufel."

Zwei Stunden später hatte sich der Himmel zugezogen, das französische Ufer war nicht mehr in Sicht, es dunkelte, obwohl es lange noch nicht Nacht war. Die Seen wurden heftiger, obwohl der Sturm noch gar nicht da war, die Wellen kräuselten sich, der Wind sprang um und kam mit einem Mal aus Nord-Ost. Die Kogge ächzte und stöhnte, als sie plötzlich einen gewaltigen Wellenberg hinaufliefen, der so steil war, dass der portugiesische Kaufmann Angst bekam, sie würden rückwärts wieder herunterrutschen. Aber oben auf dem Wellenkamm angekommen, schien das Boot für einen Augenblick stillzustehen. Der Sturm heulte auf und der fröhliche Leichtmatrose, der sich immer so geschickt in der Takelage bewegt hatte, versuchte verzweifelt, sich an einem Tau im Ausguck festzuhalten, aber er wurde wie ein Blatt im Herbst einfach weggeblasen. Er schien in hohem Bogen vor das Schiff zu fallen, aber dieses hatte inzwischen wieder Fahrt aufgenommen und schoss wie ein Schlitten den Wasserhang hinunter. Zuerst schlug der Matrose mit seinem Körper auf den Steven, glitt dann daran vorbei in die wirbelnden Wellen.

Der Sturm erhöhte noch einmal seine Geschwindigkeit, eine zweite riesige Welle erfasste von achtern die torkelnde Kogge und drückte sie unter Wasser. Als sie auftauchte, wurde sie von einer dritten getroffen, die sie querlegte und dann unter einem fürchterlichen Knall auseinanderbrechen ließ. Sofort sank das Schiff – und schien Mann und Maus mit sich in die Tiefe zu ziehen. Dem Kaufmann Geronimo wurde es schwarz vor Augen, als er mit seiner Bahre in das Wasser schoss. Er hielt die Luft an, bis er wieder auftauchte, er wurde hin und her geschleudert, sich mit allen Kräften an seiner Bahre festhaltend, bis er seine Arme nur noch als einen einzigen Krampf empfand. Seine Wahrnehmung setzte aus, er begriff nicht mehr, was geschah, er fiel aus der Zeit.

Erst als er etwas Helles spürte, etwas Warmes, blinzelte er – und sah die Sonne über sich und um sich eine glatte See – soweit das Auge reichte. Ein paar Delfine sprangen in der Ferne, Trümmer waren nicht zu sehen, von der Annette-von-Droste war wohl nichts übrig geblieben. Bald schon empfand er die sengende Kraft der Sonne, er hatte großen Durst und kämpfte dagegen an, das Meerwasser zu trinken.

Plötzlich hörte er Rufe, sah zunächst nichts, dann trieb jedoch jemand, der sich an einem hölzernen Gegenstand festhielt, winkend in seine Richtung. Er musste über mehr Kräfte als der kranke Kaufmann verfügen, denn ein regelmäßiger Schwimmschlag seiner Beine war zu erkennen. Als er sich näherte, sah Geronimo, dass es der junge Passagier aus Nürnberg war, der sich an dem Brett eines zerbrochenen Fasses hielt. Ein Wunder, dachte er, dass dieser sich damit so lange hatte halten können, seine Bahre lag im Vergleich wie ein Brett auf dem Wasser.

„Gleich bin ich da", rief strampelnd und prustend der Passagier.

„Wir können es schaffen", flüsterte Geronimo, als der Passagier seine Bahre berührte beziehungsweise versuchte, sich hochzustemmen. „Zu zweit sind wir wahrscheinlich zu schwer", dachte oder sagte er noch, als er seinen Kopf unter Wasser gedrückt fühlte. Die Bahre schlug um, er hielt sie fest, aber der Passagier drehte ihm die Finger nach oben – löst seinen Griff. Nach einigen Minuten kurzen Kampfes lag der Passagier alleine auf der treibenden Bahre. Stunden später sah er einen großen Segler auf sich zukommen, er schrie, er winkte aus Leibeskräften, wurde bemerkt und von dem fremden Schiff mit einem geschickten Manöver an Bord genommen. „Gerettet", war sein letzter Gedanke, bevor er in einen tiefen Schlaf in der Hängematte versank.

Drei Monate später lag der havarierte oder genauer, der geenterte Dreimastsegler der Piraten weit draußen vor dem Hafen von Arcachon am Strand. Die bretonischen Seeleute, die ihn im Auftrag des Stadtrates von Bordeaux aufgebracht und beim Entern in Teilen zerstört hatten, ließen das Korsarenschiff vor der riesigen Sanddüne wie einen Wellenbrecher zurück, weil durch die vielen Lecks immer mehr Wasser eingedrungen war und sie es müde waren, ununterbrochen zu lenzen. Viele der bretonischen Matrosen, die ansonsten als Islandfahrer ihre Heuer verdienten, als Herings-, Wal- und Robbenfänger, hassten dieses Schiff, denn beim gnadenlosen Kampf mit den Piraten hatten sie ein Drittel ihrer Kameraden verloren.

Bei Ebbe war es nun möglich, durch den Schlick zu Fuß das Schiff am Strand zu erreichen. Nach anfänglicher Scheu machten inzwischen vor allem die Jugendlichen der gesamten Gegend von dieser Möglichkeit Gebrauch und kletterten an Bord, die Jungen bewiesen ihren Mut mit Kletterkünsten in den Wanten, die Mädchen genossen den unheimlichen Kitzel, auf einem richtigen Piratenboot zu sein. Allabendlich, so wurde erzählt, kreisten hier jetzt die Rotweinflaschen und die jungen Leute feierten bis tief in die Nacht.

Doch heute zogen ganze Prozessionen von Menschen jeden Alters über die Wege durch die Dünen zum Strand, so als würde hier ein großer Markt stattfinden. Es war aber kein Markt, es gab die große öffentliche Hinrichtung der berüchtigten Biscaya-Piraten, die den Kampf mit den bretonischen Seeleuten überlebt hatten und allesamt zum Tod am Strang verurteilt worden waren. Das Blutgerüst mit dem Galgen war aus angeschwemmten Hölzern in Eile zusammengezimmert, die aus Bordeaux gekommenen Scharfrichter und ihre Schergen standen schon mit verhüllten Gesichtern, Unheil verkündend, bereit für die Hinrichtung.

Als der Pferde-Karren mit den Verurteilten langsam über den sandigen Strandweg rollte, teilte sich die Menschenmenge und es entstand eine seltsame Stille. Noch in Ketten auf dem Henkerswagen stehend, wirkten sie unheimlich und gefährlich: Der rote Baske mit seinem zernarbten Gesicht blickte drohend in die Menge, sodass die Menschen am Wege unwillkürlich einige Schritte zurückwichen, der einarmige Friese stand trotz der Folter ungebeugt und trotzig hinter dem Kutscher, der hünenhafte schwarze Afrikaner ließ seine Muskeln spielen, die drahtigen Burschen mit den blonden Bärten mussten die schwedischen Freibeuter sein, die Gestalten im Inneren der Gruppe waren nicht genau zu erkennen.

Nur einer stand hinten im Wagen, auf Abstand von den anderen und von einem Schergen besonders bewacht oder beschützt. In regelmäßigen Abständen rief er: „Ich bin unschuldig! Lasst mich frei. Ich bin unschuldig!"

Das brachte Leben in die am Rande stehende Menschenmenge, eine alte Frau rief mit schriller Stimme: „Er hat gesagt, er ist ein Schiffbrüchiger, der arme Kerl!"

Überall in der Menge wurde gelacht und gehöhnt: „Das ist der schwarze Franke, der plötzlich kein Seeräuber mehr sein will."

Knirschend und knarrend bewegte sich der Henkerskarren vorwärts zur Richtstätte. Einer nach dem anderen wurde dort heruntergestoßen; die Piraten mussten sich bemühen, nicht auf die Gesichter zu fallen und den Schwung so abzufedern, dass sie stehen blieben, denn ihre Hände waren auf den Rücken gefesselt.

Nur der schlanke junge Mann, der rufend seine Unschuld beteuert hatte, schlug der Länge nach und mit dem Gesicht auf den Boden, als er vom Karren gestoßen wurde. Mit aufgeschlagenen und blutenden Lippen stand er wieder auf, um gleich nach den anderen auf die Treppe zum Blutgerüst gestoßen zu werden. Mit Schlägen trieben die Henkersknechte die Piraten nach oben. In zwei Reihen mussten sie sich nebeneinander aufstellen.

Und noch einmal kam Leben in den dunkelgelockten jungen Mann, den sie den schwarzen Franken nannten. Er durchbrach die vorgeschriebene Ordnung und sagte laut und vernehmlich zu seinem Nebenmann, dem roten Basken: „Sag Ihnen, dass Ihr mich aufgelesen habt, dass ich nicht zu Euch gehöre!"

Und der Baske ließ ein höhnisches Lachen hören und spuckte ihm ins Gesicht. Aus irgendeinem Grunde ließen der Priester und der oberste Scharfrichter ihn noch einen Augenblick gewähren. Er flehte den Friesen um Gnade an: „Was habt Ihr davon, wenn ich jetzt sterbe?" Doch der Korsar nahm ruckartig seinen Kopf nach unten und stieß ihn dem schwarzen Franken auf die Nase, dass das Blut herausschoss. Benommen torkelte er nach dieser Kopfnuss vorwärts und fühlte sich von Gott und der Welt verlassen: „Was ist das für eine Gerechtigkeit, wenn ich als Pirat hingerichtet werde, obwohl ich kein Pirat bin! Ihr seid grausam und ungerecht!" Er hatte kaum die Worte herausgeschrien, als ihn auch schon einer der Henkersknechte fortzieht.

Als er voller Empörung über die ungerechte Welt zum schnell aus Strandhölzern errichteten Galgen aufsah, las er auf dem Galgenholz klar und deutlich einen Namen: *Annette von Droste.*

Hannelore aus Hannover

Sozialkritische Krimi-Groteske

Auf seiner Terrasse in Friedrichshagen zündet sich der Chefarzt eine Zigarre an und schlägt seinen Krimi auf. Er merkt nicht, dass er selbst in einem mitspielt.

Hannelore aus Hannover schleicht – besser: hüpft – heimlich durch den Garten. Sie ist nämlich Privatpatientin. Als solche ist sie nicht von dem Oberarzt operiert worden, der täglich zehn OP's hat. Sie wurde vom Chef persönlich operiert, es war die letzte OP vor seiner Pensionierung.

Irgendetwas wurde verwechselt, jedenfalls ist ein Bein weg. Zwei Beine weg wäre schlimmer, dann könnte sie nicht mehr hüpfen. Aber Hannelore ist nachtragend und hüpft jetzt heimlich durch den Friedrichshagener Rhododendron.

Nun ja: ein Stich, ein Schrei, vorbei, vorbei. Der Grabstein für den Chefarzt soll fast eine Tonne wiegen.

Botschaften von Störtebeker

Himmel
mehr als Wasser und Land
Wolken fließen
Wasser kräuselt
Sandwelt, Schilfwelt.
Hinter uns anrollende rauschende
Wellen der Ostsee
vor uns Bodden
grün braust der Wind ins Rohr
bläst blaue Pfeile
über das Schilf.
Mit verknüpften Körpern
fliegen die Libellen
über zerfließender Sandburg
aus ihr leuchtet die Muschel
Zauber-Handy
vergangene Brandung am Ohr
ein Schlürfen und Murmeln
nicht flüchtige Spuren des Windes
vom Wasser geglättet, gelöscht
ein gespeichertes Rauschen
mehr als short message
Heringsgeflüster
das Knattern schwedischer Segler
Gestöhn und Geächze der Koggen im Sturm
in der Mailbox Winde und Möwengeschrei
Stimmen von früher
ein Lärmen und Lachen
lautes Gefluche der Kaperfahrer
mit sehr lauter Stimme ruft Störtebeker
Botschaften der Ostsee
die nur Kinder verstehen.

Störtebekers Schädel

Dies ist eine Piratengeschichte.
Zarteren Gemütern wird von der Lektüre abgeraten.

Bar Centrale, Portugiesen-Viertel im Hamburger Hafen am 9.1.2010.

Am Anfang waren sie vier. Sie standen vor dem Lokal und stampften hin und wieder mit den Füßen auf. Ihr Atem floss zu einer Rauchfahne zusammen, die in der Luft stehen blieb. Es war bitter kalt auf St. Pauli, lange nicht erlebt. Auf den Straßen lag eine festgefahrene Schneedecke, die allerdings überall schwarz und braun gefärbt war. Vor Weihnachten hatte es in diesem Jahr angefangen zu schneien – und eine völlig überforderte und unter Sparmaßnahmen leidende Stadtreinigung kam mit dem Räumen nicht hinterher, nicht nur im Hafen und St. Pauli, sondern in der ganzen Stadt.

Und als sie zwischen Weihnachten und Neujahr gerade mal die Hauptstraßen und Autobahnzubringer im Griff hatte, kam aus Nordwest mit etwas milderen Temperaturen die nächste Schneewolkenfront und schüttete die ganze Stadt zu, dass alles leiser und langsamer wurde. Die Autos trugen Pelz und die Leute auf den Straßen wurden immer weniger. Wer es sich leisten konnte, blieb je nach Gewohnheit und Beruf zu Hause oder im Büro – oder in der Kneipe natürlich.

Jan und Ali und Glas und Pit ließen einen Flachmann kreisen. Pit klatschte sogar in die Hände – und zog sofort fragende Blicke auf sich, denn das gehörte sich eigentlich nicht, auch wenn es kalt war. Schließlich hatten sie auch keine Handschuhe an, sie waren harte Jungs. Wenn Hein und Igor doch endlich kämen! Als Ali mit den Zähnen klapperte und Jan anfing zu schlottern, beschlossen sie, das Lokal zu betreten. Zum Aufwärmen bestellten sie gleich eine Runde Campari Orange. Als Jan gerade seinen skeptischen Kollegen erklärte, das sei der Klassiker, mit dem man schon am frühen Nachmittag beginnen sollte, polterten Hein und Igor herein, mit einem eisigen Luftzug und einer wirren Entschuldigung. Igor ließ den Russen raushängen, klar, er brauchte keinen Mantel, sondern lief im schwarzen Anzug über die Straße, den obersten

Hemdknopf unter der Krawatte geöffnet.

„Ab minus 20 Grad ich trage Mantel", erzählte er jedem, der es hören wollte und rollte dabei das R in einer Weise, die ängstlichere Gemüter dazu brachte, Abstand zu halten. Vielleicht spielte dabei zusätzlich eine Rolle, dass er neben seinem scharfen R etwas über zwei Meter maß und den Gang von Vitali Klitschko kopierte, von dem er gelegentlich behauptete, mit ihm befreundet zu sein. Igor fürchtete nichts, höchstens Wespen, weil er eine seltsame Allergie hatte. Aber da musste er sich bei den Temperaturen wirklich keine Gedanken machen.

Jetzt waren sie sechs auf dieser Seite des Tresens. Auf der anderen stand Luigi, der Barkeeper, ein Italiener im Portugiesen-Viertel. Er bestreute einige Crostini mit gehackter Petersilie und schob sie mit Pfeffer und Salz herüber.

„So viel Getue für einen alten Knochen", legte Ali los, „ich hoffe, das ist kein Schuss in den Ofen."

Jan hob sein Shotglas: „Mann, freu dich doch, auf diese Weise bist du mal wieder ins Museum gekommen."

„Was heißt hier *mal wieder*? Glaubst du, Ali war vorher schon mal im Museum?"

„Jedenfalls nicht im Museum für Hamburgische Geschichte", klärte Ali, „aber im Museumshafen, in Hagenbecks Tierpark."

„Schon gut, Ali, das ist nicht irgendein Knochen, sondern der Kopf, das Wichtigste, was jeder Mensch hat."

Glas kommentierte trocken: „Aber nun ist er ja man ziemlich tot, und das schon länger. Da kann die Bedeutung von so einem Kopf schon einmal reichlich nachlassen."

„Habt ihr denn nicht mitgekriegt, was das für ein Schädel ist? Da standen doch überall Schilder und Hinweise."

„Ali und Pit tun sich ein bisschen schwer mit Lesen, das weißt du doch. Ich habe aber auch nicht genau hingesehen, ich musste mich auf Wichtigeres konzentrieren. Als ich den Saft für die Überwachungskameras abgeklemmt hatte, habe ich nur noch auf den Wärter geachtet."

„Meinst du den langen Schlacks mit der Mütze und der zuckenden Augenbraue?"

Alle lachten, Igor klopfte sich auf die Schenkel. „Das war ein berühmter Seefahrer, alter Schwede." Wenn Igor das sagte, klang es eher wie „Allah Schwede"– mit Religion hatte er jedoch nichts im Sinn.

„Wie Amerigo Vespucci", schaltete sich Luigi ein, während er mit schnellen Griffen Eiswürfel in ein Aperitifglas gab, Vermouth und Cynar auf ihnen verrührte und mit Orange abspritzte. Er stellte es vor

Hein, der sich nachdenklich eine mit Olivenöl bestrichene Baguette-Scheibe in den Mund schob.

„Nein, das war kein Italiener, der kommt aus der Abteilung Piraten."

„Deshalb also die Plastik-Köpfe drumherum mit Augenbinden und Totenkopftüchern, so als wärst du beim St. Pauli-Spiel am Millerntor."

„Jetzt aufpassen", knurrte Igor und legte einen Biker-Sack mit einem Alpen-Cross-Sticker auf den Tresen, öffnete langsam die Klettverschlüsse und den Reißverschluss, fingerte vorsichtig in dem Rucksack, holte einen ballartigen, in ein Tuch gehüllten Gegenstand heraus und legte ihn auf die Theke. Fast zärtlich zog er das Tuch zurück: Vor ihnen lag ein gelbbrauner Totenschädel mit einem Loch in der Schädeldecke. Sechs Männer starrten einen Augenblick regungslos auf den Totenkopf. Nur Luigi knurrte etwas wie „Raggazzi" und „Kinderkram" und hantierte hinter einem Wald verschiedenster Flaschen, bunten Sirup-, hohen Prosecco- und Vermouth-Flaschen, Martini und Cinzano.

Hein senkte die Stimme: „Leute, Mensch, wir haben nicht irgendwen, wir haben *den* Störtebeker geklaut, das ist der Superstar der Piraten-Liga. Der hat vier Liter Bier getrunken, ohne einmal abzusetzen."

Einen Augenblick schwiegen alle. Nur das Zischen der Espressomaschine und das matschende Geräusch der Saugpresse waren zu hören.

„Echt, der Störtbeker? Was macht der denn im Museum?"

„Wo soll er denn sonst sein, was meinst du denn?"

„Ja, auf dem Friedhof, mit einem riesigen Grab mit Schiff und Flagge und Schwert, alles aus Marmor und vergoldet, oder so. Das war doch nicht irgendwer."

„Alter, Piraten sind Gangster und keine Fußballspieler, die haben Schiffe gekapert und Leute über die Klinge springen lassen. So schlimm wie die waren wir nie." Hein griff assistierend ein, er konnte fehlerfrei und ohne zu stottern formulieren, was ihm bei einigen seiner Kumpels den Spitznamen *der Doktor* eingebracht hatte. „Die sind nicht auf dem Friedhof begraben worden, denen haben sie irgendwo hinten in der Speicherstadt die Köpfe abgeschlagen. Zack! Und die wurden dann im Hafen so aufgespießt oder festgenagelt, dass die Matrosen der aus- und einlaufenden Schiffe was zu sehen hatten. Sozusagen als Wahrzeichen Hamburgs. Ungefähr da, wo heute die Elbphilharmonie gebaut wird. Aber die ist ja aus Glas und Beton, da kannst du keinen festnageln. Sozusagen mittelalterliche Werbung: Werde lieber kein Freibeuter, sonst geht die Rübe runter, schone deinen Kopf." Alle schwiegen andächtig, Glas spürte den Alkohol durch den Körper allmählich in seinen Kopf steigen – und Pit orderte eine Runde Wodka.

Dann erhob Glas feierlich die Stimme: „Und was haben wir jetzt davon? Stellen wir ihn bei Luigi zwischen die Amaretto-Flaschen ins Regal, damit wir was zu gucken haben? Vielleicht guckt er irgendwann zurück."

Jan räusperte sich: „Leute, erst mal kriegt jeder seine Spesen ersetzt, dreihundert Euro pro Nase. Das ist ganz gut dafür, dass das Ding nur eine halbe Stunde gedauert hat. So eine Vitrine zu knacken ist wahrlich kein Meisterstück, das habe ich in meiner ersten Woche in Fuhlsbüttel im Knast gelernt. Insofern geht das für euch in Ordnung, könnt ihr mal schön essen gehn, nicht immer nur Pizza. Das war's dann. Wir geben den Dassel weiter, wie vereinbart."

Hein räusperte sich: „Das war's nicht. Das ist Störtebeker! Wer will, sollte weitermachen. Ich seh' das als Investition in die Zukunft: Ganz großes Kino! Schatzsuche! Weshalb wird der Kopf wohl wichtig sein? Stellt euch das vor, wir heben einen Schatz mit mittelalterlichem Gold und Silber – bei den Goldpreisen seit der Finanzkrise."

Jan fühlte sich unwohl. Hatte die Auftraggeberin nicht angedeutet, dass der Job eigentlich vorbei sei, dass sie im Anschluss alleine weitermachen wollte? Hatte Hein das alte Dokument zufällig irgendwo gesehen? Doch er verdrängte diese dunklen Gedanken gleich wieder. Mit Igor wollte er das Projekt zu Ende bringen, nicht mit diesen Anfängern. Aber Igor stand auf, leerte sein Glas, tippte mit dem Finger irgendwohin in die Luft und verließ die Bar Centrale.

„Und wo wollen wir den suchen, was hat das mit dem Schädel zu tun?" Pit bekam ein rotes Gesicht. Hein versiegelte seine Augen mit einer Sonnenbrille: „Zehn mal Tausend mal der Schädel nach West, von einem festen Punkt aus. Störti hat keiner Maßeinheit getraut; die waren damals alle durcheinander, also hat er seinen Schädel genommen, das war eine unveränderbare feste Größe – gut, ... ja, dass der eines Tages im Hamburger Hafen auf den Pfahl genagelt würde, hatte er wahrscheinlich nicht in der Planung."

„Warum hat Klausi nicht gleich in Metern angegeben? Wär doch viel einfacher."

„Weil es damals noch keine Zentimeter und Meter gab, die hatten Ellen und Zoll und Morgen und all sowas. Aber die Leute waren unterschiedlich groß und hatten verschieden lange Arme, deshalb war die Elle überall anders, die Bauern haben an einem Morgen unterschiedlich große Flächen gepflügt, darum ist ein Morgen im Süden auch etwas anderes als im Norden, versteht du das? Aber so ein Kopf, der bleibt sich gleich, der wächst nicht mehr." Er bat Luigi um einen Zollstock und Igor um die Ohrhörer von seinem I-Pod. Das Kabel legte er zum Maßnehmen wie ein Stirnband um den Totenschädel, hielt die beiden Enden dann auf den Zollstock: 58 Zentimeter, „Luigi, gib mir mal einen Bleistift." Solche wichtigen Rechnungen machte er lieber schriftlich: „5800 Meter, Leute, das sind knapp sechs Kilometer streng nach West." Und dann griff er nach seinem Whiskey-Glas und tat langsam einen langen Zug, Störtebeker zu Ehren.

Jan dachte an die Auftraggeberin, die Frau mit den feuerroten Lippen und den spektakulären Beinen. Und Augen wie Enterhaken. Ihm wurde ein bisschen schwindlig. Wie war Hein an das Papier gekommen? „Da mach ich nicht mit!" Jan griff seine Jacke und ging.

Das Gespräch in der Bar lief weiter: „Und von welchem Punkt aus nach West?" Pit nervte.

„Daran knacken wir noch, ich habe ein altes Dokument, das hat Störtebecker wahrscheinlich von irgendeinem Popen anfertigen lassen, auf Dänisch und Latein und zum Teil Plattdütsch, wir arbeiten daran. Nein, ich hab's nicht dabei, du könntest sowieso nichts damit anfangen, oder? Nein, da hast du keine Chance, wieweit bist du in der Schule gekommen, du hast doch bestimmt nicht aufgepasst. Du kannst vielleicht Platt, und das reicht nicht. Jedenfalls ist von *insulae Sild et Rugia* die Rede, wir werden das schon rausfinden. Und wenn wir den festen Punkt haben, dann finden wir auch den Schatz."

10.01.2010 Freie und Hansestadt Hamburg, Polizeipräsidium

Der Konferenzraum im obersten Stockwerk des Polizeipräsidiums war bis auf den letzten Platz gefüllt. Durch die riesigen Fenster hätte die verschneite Stadt zunächst wie ein Wintersportort ausgesehen, hätten sich nicht regelmäßig langsam fliegende Boeings und Airbusse der verschiedensten Fluggesellschaften durch das Blickfeld geschoben, die gleich in Fuhlsbüttel landen würden. Die Köpfe der Piloten und Passagiere waren eben erkennbar. Die Sonne wanderte in Richtung Alster und Eppendorfer Moor. Als der Polizeichef sich erhob, ließ das Gemurmel nach. Er trat an das Mikrofon, räusperte sich knapp, als wolle er die Akustik überprüfen. „Sehr verehrte Damen und Herren, ich begrüße Sie. Die Leitung des Museums für Hamburgische Geschichte, die Herren Dr. Schimmel und Schwarz von der Kulturbehörde, die Spezialisten vom Zoll aus dem Hafen, die Experten von der Kripo, die Psychologen, die Vertreter der politischen Polizei, die Vertreter der Davidswache und alle anderen Kollegen. Kurz zum Sachverhalt." Er drehte sich um zu der Leinwand, die gerade ausgefahren wurde. Eine junge Polizistin saß am Laptop und stellte den Beamer ein, die Bilder vom Tatort wurden projiziert.

Der Polizeipräsident fuhr in seiner Rede fort: „Gestern ist während der normalen Öffnungszeiten des Museums eines der wichtigsten Objekte, ein dem Piraten Klaus Störtebeker zugeschriebener Schädel, gestohlen worden." Auf der Leinwand erschien der mutmaßliche Störtebeker-Schädel neben einer plastischen Gesichtsrekonstruktion. Das Bild wurde vergrößert und scharf gestellt, sodass der Kopf gut zu sehen war: rotblonde lange Haare, Bart, blaue Augen, in dem halb geöffneten Mund fehlte erkennbar ein Schneidezahn.

„So sollen wir ihn uns also vorstellen, Gottes Freund und aller Welt Feind. Und gekämmt ist er natürlich auch nicht." Der Polizeidirektor schmunzelte kurz, dann wurde seine Stimme knapp: „Der Diebstahl wurde gegen 16.30 Uhr entdeckt. Das Schloss der Glasvitrine, in der er sich befand, wurde geschickt manipuliert, es sind bisher keinerlei Spuren von Gewalteinwirkung sichtbar. Die Kollegen von der Kripo haben diverse Fingerabdrücke auf dem Glas der Vitrine und auf der Holzwand, in die sie eingelassen ist, gesichert. Sie können natürlich auch zum Putzpersonal oder den Wärtern gehören, das wird im Augenblick untersucht. Sollten die Fingerabdrücke zu einem unserer alten Kunden gehören, dann wissen wir das spätestens in zwei Stunden – sie werden digital gerade mit unserer Datei abgeglichen."

Lena Knack atmete durch und meldete sich zu Wort. Der Polizeipräsident machte eine einladende Geste und sie trat nach vorne neben ihn an das Mikrofon: „Guten Tag, meine Damen und Herren, mein Name ist Lena Knack." Sie machte eine rhetorische Pause, denn ihr war wichtig, von Anfang an in den Polizeikreisen ernst genommen zu werden. Es hatte sie irritiert, dass der Präsident sie anfangs nicht namentlich vorgestellt hatte. Ihre Sicht der Dinge galt es jetzt herauszustreichen, damit sie später in der Presse angemessen berücksichtigt würde. Dieser dumme Diebstahl sollte sich nicht zu einem Knick in ihrer Karriere auswachsen. „Der Spezialist der Firma Max & Consorten, die auch alle Schlösser und Sicherungssysteme im Hamburger Rathaus einbaut und wartet, hat vor Jahr und Tag versichert – mündlich und schriftlich haben wir es auch –, dass dieses Schloss absolut sicher wäre. Nur deshalb haben wir den Schädel im ersten Stock platziert, wo aufgrund architektonischer Spezifika keine elektronische Sicherung durchführbar ist. Nur aus diesem Grund haben wir das Exponat nicht im Parterre-Bereich oder im zweiten Stock präsentiert."

Der Polizeipräsident schob sich ans Mikrofon: „Liebe Frau Dr. Knack, wir haben es hier mit einem ausgesprochen mobilen Freibeuter zu tun, den so leicht nichts hält. Als die hamburgische Justiz ihn endlich hatte, ist er auch ohne Kopf an seinen Männern vorbeispaziert, um sie vor dem Richtschwert zu retten. Es wäre bestimmt kein Fehler, auch seine Gebeine zwei- und dreifach zu sichern."

Sie musste sich einen Augenblick zur Ruhe zwingen, bevor sie entgegnete: „Das hat so niemand gemacht. Wir sind das Szenario mit dem Leiter der Rechtsmedizin des Universitätskrankenhauses Eppendorf durchgegangen und der Befund ist klipp und klar: Medizinisch ist das nicht möglich. Ohne Kopf schafft das keiner. Diese Geschichte gehört in den Bereich der Legendenbildung. Ebenso verhält es sich übrigens mit dem angeblichen Porträt des Störtebeker. Da ist inzwischen einwandfrei erwiesen, dass es sich um den Hofnarren und Berater von Kaiser Maximilian handelt, der hundert Jahre später lebte."

„Wir reden vom Kopf, gnädige Frau", unterbrach sie der Präsident mit sanfter Stimme, in der sie gönnerhafte Untertöne zu hören vermeinte.

„Sehr geehrter Herr Präsident, liebe Polizistinnen und Polizisten", sie musste jetzt den sachlichen Hintergrund klären, und zwar mit möglichst eingängigen und einleuchtenden Worten, so als arbeitete sie für den museumspädagogischen Dienst, „liebe Kollegen, Störtebeker hat es so wahrscheinlich nie gegeben. Mein Kollege Teichfrau hat den Schädel gründlichst untersucht, er ist vor zwei Jahren sogar zu den weltweit führenden Forensik-Experten nach Montreal gereist – mit dem Ergebnis, dass das Knochenmaterial für eine DNA-Analyse zu alt ist. Belastbare Daten werden Sie da nicht mehr erhalten, nur das Alter des Schädels mit etwa 600 Jahren ist gesichert. Der Kopf könnte aber noch eher der von Gödecke Michels sein, denn von dem ist historisch immerhin nachgewiesen, dass er auf dem Hamburger Grasbrook hingerichtet worden ist. Ob bei der damals hingerichteten Piratentruppe ein Störtebeker war, ist wissenschaftlich nicht verifizierbar. Wir haben ja noch etliche andere Schädel von hingerichteten Delinquenten, die wir an gleicher Stelle mit Fug und Recht ausstellen könnten." Sie blickte ins Publikum und registrierte die ihr aufmerksam entgegengerichteten Gesichter.

Der Polizeipräsident merkte die Absicht und war verstimmt: „Liebe Frau Knack, wir sind hier noch im Bereich einer allgemeinen psychologischen Einschätzung dieses Diebstahls. Als ich vor zwei Monaten zu einer Fachtagung aller bundesdeutschen Polizeipräsidenten nach Nordrhein-Westfalen eingeladen war, haben wir uns im Kölner Dom die Sicherung der Gebeine der Heiligen drei Könige angesehen. Da kommen Sie mit einer Panzerfaust nicht ran!" Er senkte die Stimme wieder und spürte den bewundernden Blick seiner Assistentin: „Und kein Mensch weiß, von wem die Knochen tatsächlich sind. Aber – und das ist hervorzuheben, aber diese ollen Knochen sind rituelle Gegenstände, sie sind über Jahrhunderte angebetet worden, und darin liegt ihre Bedeutung für die Bevölkerung."

„Darf ich einwenden, Herr Präsident, dass wir es hier nicht mit Reliquien zu tun haben, sondern mit dem Knochenmaterial irgendeines mittelalterlichen Kriminellen, das zufällig fünfhundert Jahre später 1878 bei Hafenerweiterungsarbeiten gefunden worden ist."

Aus ihrer Sicht saß das, doch er legte nach: „Frau Dr. Knack, ich bin Jurist und habe meine Erfahrung im Polizeidienst gesammelt, insofern kennen Sie sich wohl besser in der Geschichte und Mythenbildung aus, weil das zu Ihrem Kerngeschäft gehört. Dennoch will mir scheinen, dass dieses forensisch nicht exakt entschlüsselbare Knochenteil zu Hamburg gehört – wie der Heilige Rock nach Trier oder die Heiligen drei Könige nach Köln. Weil es hier nicht diese katholische Tradition gibt, kommt der Schädel eines trinkfesten Freibeuters mit ein bisschen Aura von Freiheit und Abenteuer gerade recht. Und seine Strafe hat er ja erhalten, es liegt also in jeder allgemeineren Hinsicht ein Happy End vor. Deshalb lässt sich der Schädel durchaus als eine Hamburger Reliquie sehen."

Lena Knack blieb ein bisschen die Luft weg, mit so einer Debatte hätte sie allenfalls auf einer Pressekonferenz und nicht bei einer internen Behördenbesprechung unter Ausschluss der Öffentlichkeit gerechnet. Ihr fiel noch ein, dass sie die Leiterin eines Museums und keiner Kirche sei, worauf der Polizeipräsident trocken konterte, dass dies für Hamburg keine Rolle spielte. Dann erhielt seine Stimme einen versöhnlichen Klang, er wolle sich nun der weiteren Organisation der Ermittlungen zuwenden. Er rief die Kollegen vom Verfassungsschutz nach vorne, die eine Power-Point-Präsentation vorbereitet hatten.

Ein großer Blonder mit schwarzer Brille kam sogleich zur Sache: „Hier zeigen wir Ihnen, meine Damen und Herren, einige Bilder aus dem Jahr 1985. Wir sind gebeten worden, diese Zusammenhänge herzustellen und auf Wahrscheinlichkeiten zu überprüfen. Es geht um Simon von Utrecht, der den meisten von Ihnen bekannt ist, weil nach ihm hier die große Straße benannt ist. Wer von Ihnen weiß, welche Rolle er gespielt hat?" Nur wenige Arme wurden gehoben. „In aller Kürze: Er ist auf Jobsuche von Holland kommend in Hamburg hängen geblieben und war einer der erfolgreichsten mittelalterlichen Kapitäne in der Hamburger Flotte. Immer wieder befehligte er Kriegsschiffe, unter anderem gegen die Vitalienbrüder. Vor Helgoland besiegte er Störtebeker und Gödecke Michels und brachte sie als Gefangene zur Verurteilung nach Hamburg. Später wurde er in den Rat gewählt, dann Ehrenbürgermeister der Stadt Hamburg usw.. Und hier haben wir seine Skulptur am Sockel der Kersten-Miles-Brücke." Eine herrische Kriegerfigur mit Schwert und Schild aus Stein wurde auf die Leinwand projiziert. „Und hier sehen wir den gleichen Herren nach seiner sogenannten Enthauptung 1985, vermutlich mit einer Flex mit großem Scheibendurchmesser durchgeführt, handwerklich nicht sonderlich geschickt, aber immerhin." Auf weiteren Bildern war zu sehen, dass nicht nur der Kopf, sondern fast der gesamte Oberkörper abgetrennt neben der Statue auf dem Boden lag. Ringsherum war Graffiti zu sehen, in den Folgebildern waren politische Parolen deutlich zu lesen: *Wir kriegen alle Pfeffersäcke. Nicht alle Köpfe rollen erst nach 500 Jahren.*

Bei den Zuschauern kam Heiterkeit auf. Der Verfassungsschützer fuhr fort: „Dieser Anschlag ist nie aufgeklärt worden, er geht aber ganz sicher zulasten jugendlicher Anarchisten, die eine ausgeprägte Fantasie mit einer Vorliebe für Piratenliteratur verbanden. Damals wurde in diesen Kreisen überall triumphierend über die Rache für Störtebeker gesprochen. Darum liegt es natürlich nahe, in diesen Milieus eventuell auch die Totenkopf-Diebe zu vermuten. Aber, rechnen Sie mal: Wenn die damaligen Täter etwa 18 bis 20 Jahre alt waren, und davon gehen wir aus, dann sind sie jetzt Mitte 40. Erfahrungsgemäß werden die Leute mit den Jahren konservativ, wer mit 18 den Rebellen gegeben hat, steht mit 40 meist fest im Beruf, ist Familienvater usw.. Wir haben übrigens sichere Belege, dass die sogenannte Enthauptung vor 25 Jahren von Männern und nicht von Frauen durchgeführt wurde. Ein weiterer Grund schließt unseres Erachtens diese Szene bei dem Diebstahl aus: Von unseren Informanten hören wir, dass nirgendwo über den Diebstahl geredet wird, der ist schlicht nicht bekannt. Ich komme am Ende also zu dem Schluss, dass es sich kaum um politisch motivierte Jugendliche handeln dürfte."

Unter beifälligem Gemurmel nahm der Verfassungsschützer wieder hinten Platz, der Präsident übernahm die Moderation und befragte nun die Experten innerhalb des Publikums, ob es Motive bei jugendlichen Grufties geben könne, bei Rockergruppen, die Piratenköpfe im Emblem führen, oder bei den Fußballfans des FC St. Pauli, die jedes

Spiel ihres Vereins mit Piratenfahnen feiern. Es gab keinerlei Anhaltspunkte für die ein oder andere Gruppe. Der Präsident steckte dann das weitere Vorgehen so ab: „Meine Damen und Herren, es scheint nicht unwahrscheinlich, dass irgendein Einzeltäter, ein Psychopath zum Beispiel, die Tat begangen hat. Wenn es sich um diesen Tätertyp handeln sollte, spricht einiges dafür, dass er ein schlechtes Gewissen bekommt und unter innerem Druck den Schädel wieder zurückbringt oder ihn irgendwo abgibt. Diese Möglichkeit sollten wir nicht vorschnell durch eine öffentliche Fahndung abschneiden, die ihn verängstigen könnte."

Es wurde Stillschweigen vereinbart; erst wenn die Ermittlungen in den nächsten zehn Tagen nichts ergäben, sollte über eine Pressekonferenz im Polizeipräsidium die Öffentlichkeit informiert werden.

Auf der Insel, August 2010

Sie standen auf dem Fuß des Leuchtturms, der seit 1907 die Schiffe durch das Vortrapptief zwischen der Insel und Amrum führte. Früher war hier mal die Dorfschule gewesen, hatten sie eben gehört. Die Luft schmeckte nach Salz, leichter Wind aus Nordwest. Lockeres Gewölk über der offenen See. Um den Leuchtturm Möwengeschrei. Links das Meer und weißer Strand und rechts das Meer und Watt, in der Ferne gingen Wasser und Land ineinander über. Im Hintergrund das Rauschen anrollender und abrollender Wellen. Nach Norden hinter dem Ort schimmerte die Heide samtviolett, im Wattenmeer kräuselten Wellen, die in der Sonne spiegelten.

„Da vorne sind das Hörnumer Loch und der FKK-Strand, die Erhebung da hinten muss der Büder Sand sein, dahinter kommen keine Häuser mehr, wir gehen dann in Richtung Rantum und Westerland – und müssen irgendwo in den Rantumer Dünen noch vor dem Erholungsheim in Puan Klent das Hünengrab finden." Hein war ganz bei der Sache und blickte immer wieder vergleichend auf sein Navi-Gerät. Er hatte die Karte richtig eingescannt. Hoffentlich hatte die Blonde nichts von der heimlichen Kopie gemerkt. Sie mussten einfach zuerst vor Ort sein.

Ali, der in die entgegengesetzte Richtung sah, wurde plötzlich ganz aufgeregt: „Mensch, guckt mal da hinten", er zeigte hinter die Südspitze der Insel, „das müssen Wale sein."

„Oder Seehunde", knurrte Glas, „aber wir sind hier nicht im Urlaub, Alter, wir wollen den Schatz finden, ausbuddeln, und dann nichts wie weg. Ist das klar?"

Sie kletterten nach unten und machten sich auf den Weg, zunächst durch den kleinen Hafen, um hinter Hörnum auf die andere Seite zu wechseln. Sie gingen, ohne zu reden, zügig hintereinander, alle trugen Outdoorkleidung und Rucksäcke. Ali blickte interessiert auf die Kutter und Jachten und drehte sich um nach knirschendem Eisen. Die anderen zeigten wenig Interesse an den schaukelnden Masten und Schornsteinen, an dem Denkmal für Pidder Lüng mit der Aufschrift *Lewwer duad üs Slaav*; die Vergangenheit des Dorfes als See- und Strandräuberschlupfwinkel wurde überall gut vermarktet, nicht nur an den Kiosken mit den Piratenwimpeln und Kopftüchern und Schatztruhen.

Hein hatte am Abend zuvor entnervt die Bar in Westerland verlassen, als die Touristen mit Seeräuberliedern unterhalten wurden: *13 Mann auf des Totenmannskiste* hatte er sich noch angehört, aber als die Touristen anfingen mitzusingen, war für ihn Schluss. Er verließ das Lokal und besuchte auf gut Glück das nächste Kino. Dort lief *Nordsee ist Mordsee.* Ali war noch geblieben und fand es witzig: *Alle die mit uns auf Kaperfahrt fahren, müssen Männer mit Bärten sein, Jan und Hein und Glas und Pit, die haben Bärte, die fahren mit.* Die Melodie hatte er noch als Ohrwurm im Kopf, und er ertappte sich dabei, dass er anfangen wollte, sie zu pfeifen. Gerade noch konnte er sich zurückhalten, denn das hätte Ärger gegeben. Auch wenn Jan gar nicht dabei war. Warum eigentlich nicht? Vielleicht weil sie der komischen Frau im Hintergrund die Schatzkarte geklaut hatten? Aber das konnte Jan eigentlich nicht wissen. Sein Blick blieb auf einem großen Plakat hängen, Wattwanderungen unter sachkundiger Führung wurden angeboten: *Auf den Spuren des Wattwurms.*

Sie kreuzten die Eisenbahnlinie und die Straße, die den Norden und den Süden der Insel verbindet. An der Surfschule erreichten sie den Weststrand, bei auffrischendem Wind ging es über Klatigdeel hinaus bis zu der Olymp genannten Dünenerhebung, sie folgten einem mit Pricken markierten Dünenweg zunächst auf Holzbohlen einige hundert Meter seitab, verließen ihn dann und stapften über eine Pflanzendecke, die an vielen Stellen den Sand freigab. Vor einer Bodenerhebung blieb Hein stehen, griff in den Rucksack nach dem Klappspaten und stieß ihn durch den Sand auf steinernen Widerstand.

Mit einer schnellen Bewegung hatte Glas die Vuvuzela in Händen, über die er seit der Fußball-Weltmeisterschaft begeistert verfügte. Mit einer energischen Handbewegung schnitt Hein die ersten Töne ab: „Leute, das ist unser Hünengrab, super. Etwa zwei Meter lang“, er überprüfte alles mit dem Spaten, „genau, etwa einen Meter breit, und wenn wir graben, dürfte es ungefähr einen Meter hoch sein. Der Sand und die

Dünen sind hier zwar hin und her gewandert, aber dieses Dolmengrab hat seinen Platz kaum geändert. Seit viertausend Jahren gibt es diese Steingräber, damals sah die Insel noch ganz anders aus. Und bei diesen Zeiträumen, Alter, kann man sagen, dass Störtebeker noch gar nicht lange tot ist. Und jetzt geht's in diese Richtung, in die untergehender Sonne, knapp sechs Kilometer. Da wird es im Watt irgendeine markante Stelle geben, wahrscheinlich eine Anhäufung von Steinen, und da liegt unser Schatz."

Versonnen blickten alle in die tief stehende Sonne, vor die sich langsam eine Wolkenwand zu schieben begann. Sie sahen nicht das Fernglas, das hinter ihnen auf dem höchsten Punkt der Düne in den letzten Sonnenstrahlen aufblitzte.

„Wir haben Glück", es ist gerade Ebbe, meinte Pit, „wir sollten gleich los."

Ali fühlte sich unsicher: „Wie lange ist denn schon Niedrigwasser, drei Stunden, vier Stunden, hat von euch einer darauf geachtet?"

Den sonst bedächtigen Hein hielt es nicht mehr: „Wir wollen einen Schatz heben, Mann, wir sind nicht in der Sommerfrische, das geht auch ohne Tidenkalender, zwei Stunden haben wir bestimmt noch Zeit. Und wenn die Flut kommt, müssen wir uns halt beeilen; ich laufe 11,5 auf hundert Metern. Also, los geht's, spielt man nicht die Weicheier." Und ohne sich umzusehen, ging er zurück zum Strand und ins Watt, sein Navigationsgerät in Händen und die Gier im Kopf. Die übrigen folgten ihm, der stärker blasende Wind glättete ihre Spuren im Watt.

„Sind die bescheuert", murmelte Jan hoch oben in den Dünen, zündete sich eine Zigarette an und lehnte sich entspannt gegen sein Gewehr, das er auf einem Dreifuß befestigt hatte, G 3 mit Zielfernrohr, war nicht so einfach gewesen, das auf die Schnelle zu organisieren. Vielleicht war es jetzt sogar überflüssig. Diese Idioten, weshalb hatten sie sich nicht mit ihren Spesen zufriedengegeben. Er schrak zusammen, als er hinter sich den Sand knirschen hörte. In seiner ganzen Größe stand Igor hinter ihm. „Was machst denn du hier? Diesen Job schaffe ich auch alleine. Und unsere Freunde und Mitwisser werden sich wahrscheinlich ganz von alleine ausschalten, wir müssen uns die Hände nicht schmutzig machen."

Igor grinste, griff in die Tasche, als wollte er sich auch eine Zigarette anzünden – und schoss aus der Bewegung heraus. Mit erstaunten großen Augen blickte Jan auf Igor und dann in die untergehende Sonne. Dann legte er sein Gesicht einfach in den Sand, so als hätte er genug gesehen. Igor zündete sich doch noch eine Zigarette an und blickte der kleiner werdenden Wandergruppe im Watt hinterher. Er schlug den Kragen hoch, denn die Windstärke legte zu. Aber ihm würde gleich warm werden, denn er musste sich um das G3 kümmern – und um Jan.

In Puan Klent ein paar hundert Meter hinter ihm lag das Jugendferienheim. Auf dem Weg hierher hatte er gesehen, wie an die zehn Busse mit Schülern dort angekommen waren; wahrscheinlich würden sie erst einmal die Zimmer beziehen und essen, aber über kurz oder lang auch in den Dünen und am Strand auftauchen. Dann musste hier alles verschwunden sein.

Zügig strebten sie vorwärts, immer Hein hinterher, der seinem Navi folgend durch den Schlick stapfte, hin und wieder Wasserlöchern und Prielen ausweichend. Ali lief als letzter und musste sich bemühen, den Anschluss nicht zu verlieren. Als einziger trug er keine Stiefel, er achtete auf Muscheln und zerfranste Quallen, vor denen er sich fürchtete, auch auf Fischkadaver. Ohne jede Vorwarnung ging ein Platzregen nieder, der Glas und Hein ein wenig, aber Pit und Ali völlig durchnässte. Es wurde empfindlich kalt, aber Hein drängte vorwärts, zumal bei nachlassendem Wind in der Ferne Nebel über dem Watt aufstieg.

„Alter Schwede!“ Hein hatte etwas gesehen und lief die letzten Meter, griff nach seinem Rucksack, setzte den Bolzenschneider zweimal an der Kiste an, sie sprang sogleich auf. Sie stießen mit den Köpfen zusammen, als sie zugreifen wollten, und knieten und hockten vor der Kiste: glitzernde Ohrringe, glänzende Ketten, Fingerringe mit roten und blauen Steinen. Pit stöhnte, Glas rollte die Augen und ließ den Griff nach der Vuvuzela dann doch unvollendet, als er Heins stechenden Blick bemerkte.

„Die sehen ja aus wie aus dem Kaugummi-Automaten“, meinte Ali zögernd.

Hein schnaufte: „Natürlich, die machen für die Kaugummi-Automaten den alten Schmuck nach, der soll ja was hermachen.“

Glas zupfte sich am Ohr: „Aber sieh mal, die Kiste aus Holz, aus hellem Holz, die müsste doch längst rott sein nach über 600 Jahren hier im Watt. Da stimmt was nicht. Und sieh mal hier, da sind sogar Tragegriffe aus Tau, so'n Schiet, das ist 'ne Schatzkiste für Touristen.“

Ali beugte sich nieder und zeigte wortlos auf einen Totenkopf mit gekreuzten Knochen, aus Plastik, mit einer Augenbinde aus Tuch. „So ein Schwachsinn, irgendwer sucht uns zu verschaukeln.“

Hein zog scharf die Luft ein, als Glas mit jähem Entsetzen von der Schatzkiste weg in die Ferne zeigte: „Die Flut!“

Wenn die Flut kommt, werden die Priele und Gats zu reißenden Strömen, je flacher das Watt, umso schneller steigt die See, die besten Läufer laufen ihr nicht davon. Es wäre besser gewesen, die vier Schatzsucher hätten zuvor auf einer begleiteten Watt-Wanderung etwas Erfahrung gesammelt. Das Wasser schoss über die schlammige Leere, darüber Möwenzüge. Als sich die ersten Wellen rauschend an den Strand warfen, wandte sich Igor ab. Sonst war er sprachlich eher zurückhaltend, jetzt suchte er nach einer griffigen Formulierung, er murmelte: „Vier Tote mehr im Wattenmeer."

Großraumbüro Hamburg, September 2010

Einen Augenblick blieb er an dem Fenster stehen und blickte auf den Hafen, ließ seinen Blick von der Speicherstadt und der Kehrwiederspitze über die Masten des neuen Jachthafens, die Cap San Diego und entlang der Hochbahn bis zu den Masten der Rickmer Rickmers schweifen. Auf dem Wasser war viel Verkehr, Barkassen, Lotsenboote und Schuten waren unterwegs, Fähren kreuzten auf die andere Elbseite, ein Schlepper zog ein rostiges Containerschiff mit chinesischen Schriftzeichen und der Aufschrift *Yellow Death* in den Hafen.

„Seltsamer Name", dachte Igor und drehte sich zu der Frau um, die ihren Schreibtisch in einem abgetrennten gläsernen Abteil innerhalb des großräumigen Büros ordnete und ihn hereinwinkte. Er betrat den eleganten Glaskasten – wobei diese Bezeichnung für den schicken Designerraum nicht recht passend erschien. Sie reichte ihm ein Glas Sekt und lächelte ihn mit whiskeyfarbenen Augen an. Der Duft des Sektes mischte sich mit einem anderen Geruch, den er auf Anhieb nicht zu deuten wusste, der ihm gleichwohl bekannt vorkam.

Sie stießen an und traten an den gläsernen Schreibtisch, auf dem verschiedene Zeitungen und Zeitschriften ausgebreitet lagen – Morgenpost, Abendblatt, Welt und Taz, Stern und Spiegel und Zeit: *Hamburg sucht Störtebekers Schädel, Ein Schädel gibt Rätsel auf, Störtebekers Totenkopf geklaut ...*

Er kannte die Überschriften. „Alle älter", sagte er. Die Zeitungen waren alle vom Januar, nach der ersten großen Pressekonferenz vom 20. Januar kam Störtebeker für kurze Zeit in die Schlagzeilen, um dann allmählich wieder zu verschwinden, weil sich keine Fahndungserfolge eingestellt hatten.

Sie lächelte weiter: „*Wer will gelten, macht sich selten*, sagt man in Nordfriesland an der Küste, wo ich herkomme. Wir entziehen den

Schädel eine Zeit lang der Öffentlichkeit und steigern so seine Bedeutung."

Er war skeptisch: „Er gerät dann nicht in Vergessenheit?"

„Er wird umso wertvoller, er ist nicht irgendein Schädel, sondern der wichtigste, der Ur-Piraten-Schädel, so etwas wie das Ur-Meter in Paris."

„Kenn ich nicht", knurrte Igor, „am Ende ist es doch nur ein alter Knochen."

Sie lachte: „Du warst noch nicht im Hamburg Dungeon, in der Speicherstadt? Das ist eine von Touristen überlaufene Grusel-Show, siebenmal in der Stunde wird dort unter anderem die Hinrichtung Störtebekers präsentiert: „Hier ist der Kopf des berühmten Piraten", ruft da der Scharfrichter und lässt ordentlich Blut durch die Gegend spritzen und aus dem Hintergrund dröhnen die Glocken und ertönt unheimliches Geheul. Die nutzen Störtebeker als Mittel für Schock und Grauen, aber alles ist nur von Schauspielern mit viel Technik in Szene gesetzt. Und ich habe das Original! Und das steht für sehr viel mehr: für Freiheit und Rebellion, für Mut und Abenteuer, natürlich für Schätze und Reichtum. Für Letzteres sind unsere ehemaligen schatzsüchtigen Freunde ein gutes Beispiel, die sich auf Sylt so schlecht mit den Gezeiten auskannten."

Igor hob sein Glas und trank auf den nassen Tod. Dabei fiel ihm plötzlich ein, woher er den Geruch kannte, der die schöne Frau umgab. Dies war kein Parfum, sondern Autan, ein Mittel gegen Mücken und Bremsen, das ihm früher einmal gute Dienste geleistet hatte.

Sie hatte sich in Schwung geredet: „Was für ein Identifikationsangebot, welche Corporate identity! Jedes Spiel des FC St. Pauli ist ein kleines Störtebeker Festival. Und der Verein ist gerade in die Bundesliga aufgestiegen, ich muss nur die Geduld mitbringen zu warten – zu warten, bis irgendein wirklich wichtiges Spiel vor der Tür steht, eine deutsche Meisterschaft oder so etwas."

„Da kannst du lange warten", entgegnete Igor etwas schroff, denn ihm entging nicht, dass sie immer nur von sich sprach.

„Das macht gar nichts", lächelte sie, „je länger er aus dem Verkehr gezogen ist, umso wertvoller wird er. Sieh dir hier in der Zeitung einmal die Belohnung, die zur Wiederbeschaffung des Schädels ausgesetzt ist, an: Am Anfang waren es nur einige Tausend Euro – und jetzt sind wir schon zweistellig. Es müssen nur noch die richtigen Sponsoren auftreten, dann ist Störtebekers Kopf kein Hinweis mehr auf irgendeinen Schatz auf Sylt oder Rügen, dann ist er selbst der wahre Schatz."

„Aber wird durch Kidnapping nicht das Image zerstört?", zweifelte Igor.

„Überhaupt nicht, wir kidnappen keinen Menschen, sondern einen Schädel. Störtebeker persönlich hätte das nicht anders gemacht, da verfahren wir ganz in seinem Sinne. Wir sind Freibeuter, wir befreien seinen Kopf aus dem staatlichen Zugriff. Wenn St. Pauli mit der Trikot-Werbung *Pokalsiegerbesieger* einen Riesenerfolg hatte, dann zimmere ich noch eine bessere Werbekampagne zurecht: Wir sind die Schädelabhauerbeklauer. Oder besser: Das bin ich, denn ich bin hier die Kreative."

Igors Hinweis, dass auch andere an dem Projekt mitgearbeitet hätten, ließ sie nicht gelten: „Eure Assistenz sollte ursprünglich auf das Museum begrenzt sein. Ihr habt die Hilfe etwas zu sehr ins Zeitliche gedehnt. Auf Schatzsuche wollte ich immer alleine."

Igor dachte einen Augenblick darüber nach, aber er kam zu keinem Ergebnis. Sie schenkte ihm charmant nach, hantierte, während er trank, an einem großen Karton hinter ihm, und ging aus dem verglasten Büro-Raum nach draußen. Sie schien von außen den Schlüssel abzuziehen, aber dieses Geräusch wurde von heftigem Brummen übertönt. Er drehte sich um und sah aus dem Apple-Karton Wespen ausfliegen, nicht nur einige wenige, sondern immer mehr, eine ganze Luftflotte von Wespen, die sofort mit ihren Aufklärungs- und Sturzflügen durch das Zimmer begannen. Als Igor feststellte, dass die Tür abgeschlossen war, spürte er auch schon die ersten Stiche im Nacken. Ihm wurde schwarz vor Augen. Niedersinkend glaubte er, vor der Glaswand die schöne Frau zu sehen, mit Augenklappe und Kopftuch. Hatte sie eine Hakenhand – oder hielt sie eine Zigarette? Über dieser Frage verlor er das Bewusstsein.

Epilog

Alle Personen in dieser Geschichte sind ausgedacht. Der Schädel ist allerdings in Wirklichkeit zu Beginn des Jahres gestohlen worden. Die Hamburger Polizei hat auf ihn eine Belohnung ausgesetzt, die durch Privatleute ständig erhöht wird.

Sündenfall in Bad Münstereifel

Die Sonne hatte sich durch die Wolken getastet und beleuchtete wie ein Scheinwerfer den dampfenden Schulhof. Weiter südlich rauschte noch das Gewitter. Dort musste irgendwo Daun liegen, in der Vulkaneifel. Übermorgen würde er dorthin weiterfahren, zum Krimifestival. Ihn umströmte warme Luft und er spürte den Asphalt unter seinen Sommerschuhen. In sich fühlte er eine Stimmung wachsen, die er noch nicht recht zu deuten vermochte. Sie konnte nur zum Teil mit dem Glas Sekt zu tun haben, das er eben getrunken hatte. Er war nach Münstereifel gekommen mit dem vagen Gefühl, etwas Bedeutsames über sich selbst zu erfahren. Hier hatte er mit Eifel-Krimis seine Karriere gestartet, bevor es ihn in die großen Städte gezogen hatte. München leuchtete, Berlin war ein Muss, Hamburg lohnte. Jetzt ging es ihm glänzend. Die Welt sandte Schwingungen aus und er empfing sie.

Er wartete, bis sich die Gruppe gesammelt hatte, und nahm seine Sonnenbrille ab. „Guten Tag meine Damen, ich grüße die Gemeinde! Dear sisters in crime, liebe Familie! Ich bin der Einladung zu diesem Workshop der rheinischen Krimi-Autorinnen in die Eifel sehr gerne gefolgt." Er verkniff es sich, *als einziger Mann* hinzuzufügen. Vielmehr machte er eine kleine Pause und tat so, als suchte er den Blickkontakt zu seinen Zuhörerinnen. Dabei konnte er die Gesichter im Gegenlicht kaum erkennen. „Einmal weil dies eine kleine Reise back to the roots ist, hier bin ich aufgewachsen, hier war ich länger nicht mehr, hier bin ich gerne. Deshalb bin ich sogar mit dem Motorrad angereist, um gelegentlich in der Mittagspause oder abends einen kleinen Abstecher zum Nürburgring zu unternehmen, rheinisch gesprochen: um mal loszujückeln. Wer ähnliche Interessen hat und die Aura der Eifel einmal auf diese Weise kennenlernen möchte, ist herzlich eingeladen mitzufahren. Ich habe immer einen Sozius frei." Das war vielleicht ein bisschen vorschnell und taktisch suboptimal. Irgendwo unter den Anwesenden sollten sich auch zwei sehr viel jüngere Cousinen befinden, die er seit Ewigkeiten nicht gesehen hatte. Hoffentlich meldete sich keine von ihnen, allzu familiär sollte es nicht werden. Er dachte natürlich weniger an die Naturschönheiten der Eifel, sondern eher in die Richtung menschlicher

Ästhetik: Er mochte es, wenn sich beim Beschleunigen die Hände seiner Begleitung – die konnte er sich ausschließlich weiblich vorstellen – an seine Brust pressten – oder wenn er beim Bremsen ihren Körper im Rücken spürte.

„Bevor ich ein paar persönliche Eindrücke formuliere, möchte ich aber darauf hinweisen, dass ich die Ehre habe, noch vor dem Bürgermeister zu sprechen, der für den seriösen und historisch objektiven Teil des anschließenden Stadtrundganges steht. Fragen Sie gleich ihn, wenn Sie genaue Informationen über das Städtchen haben möchten – wie zum Beispiel die statistische Entwicklung der Zuzüge aus Berlin, nachdem Bonn den besonderen Status einer *Bundesstadt* erlangte. Wenn er Ihnen etwas über das Rathaus erzählt, kann ich den Pranger davor zeigen und mittelalterliche Foltertechniken ausbreiten. Nach wie vor liebe ich Splatter. Hier stehe ich natürlich als Krimiautor", er unterdrückte gerade noch und nicht ohne Bedauern den Relativsatz: „der sich im Glück höherer Auflagen sonnt", „und Kriminalliteratur hat – das wissen Sie so gut wie ich – ihre eigene Wahrheit. In dieser Schule, dem St. Michael-Gymnasium, habe ich als der Pennäler Scheng Springer die Anfänge meiner kriminellen Energie entwickeln dürfen. Die Details erzähle ich gerne abends am Kamin."

Im Folgenden begrüßte er den hinzukommenden Schulleiter. Über einige alte Lehrer machte er einen Scherz – da seien noch Rechnungen offen und Leichen im Keller – und formulierte mit seinem unbefangensten Lächeln, dass er lieber eine andere Schule besucht hätte: „Die Konkurrenz, das erzbischöfliche Gymnasium draußen vor dem Stadttor. Dorthin gingen eindeutig die schöneren Mädchen. Und damit bin ich bei dem zweiten Grund, weshalb ich mich gerne an der Krimiwerkstatt beteilige: Seit früher Jugend hege ich keinerlei Vorbehalte gegenüber dem weiblichen Geschlecht."

Zwischenrufe, Gelächter. Er verstand „niedlich" und „wat e Jlöck", etwas wie „Schürzenjäger" aus der letzten Reihe hatte er eher geahnt als gehört. Die meisten schienen zu lachen. Er war sich nicht ganz sicher, ob über seinen Witz. Er musste aufpassen, das war nicht unbedingt das gewohnte freundliche Publikum, das er von den Lesungen in Buchhandlungen kannte. Die Frauen waren wahrscheinlich ziemlich ausgebufft – einige schon lange im Geschäft, und das bestand schließlich aus Mord und Totschlag und anderen unangenehmen Dingen. Eine blonde Dame, die sogar im Gegenlicht ausgesprochen attraktiv aussah, pfiff auf zwei Fingern. Er nahm sich zusammen: „Meine kriminalistischen Damen, es sieht alles so nett und schmuck hier aus, die

Fachwerkhäuser und die Menschen. Aber Sie wissen, auch wenn der Bürgermeister Ihnen das anschließend anders darstellen wird: Das ist alles Fassade. Auch hier gibt es Zombies. Sogar in der schönen Erft, die hier vor der Schule vorbeifließt und über die wir eben gegangen sind, kamen schon Leute zu Tode, und zwar nicht nur durch Hochwasser. Selbst wenn der Leiter eines privaten Fernsehsenders, in dem wohl über diese Krimi-Werkstatt ein Kurzbericht ausgestrahlt werden wird, angesichts dieses Flüsschens geäußert haben soll: Wer im Flachen badet, kann nicht untergehen, dann mag das für sein Programm gelten ..." Er machte eine kleine Pause, um das Gelächter abzuwarten, aber da kam überraschend wenig, nur hie und da gab es einen Lacher. Und der erschien ihm eine Spur zu laut. Entweder waren die Damen zu opportunistisch gegenüber dem Privatfernsehen oder ihnen gefiel nicht, wie er seine Ansprache auf Effekt hin anlegte. Vielleicht hätte er die kleine Rede doch vorbereiten sollen? All seine Erfahrung sagte ihm dennoch, dass der Funke bald überspringen musste. Und dann beendete Hans Springer seine letzte Rede mit einem Schuss Pathos und einem theologischen Rundschlag, der ihm angesichts der religionsgeschichtlichen Bedeutung des Städtchens ganz angemessen erschien: „Liebe kriminelle Damen, Sie werden in der Jesuitenkirche gleich nebenan und in der ehemaligen Benediktinerkirche, der Stiftskirche St. Chrysanthus und Daria, nachher verschiedene Darstellungen des Sündenfalls sehen. Mit der Folge des Sündenfalls, ihn hat der liebe Gott immerhin erlaubt und damit den Menschen an seiner Macht teilhaben lassen, gerät der Tod in die Hand des Menschen. Der Tod gegen sich selbst und der Tod gegen andere, und das macht ihn göttlich. Denn mit der Sterblichkeit besitzen wir Menschen etwas, worüber Gott nicht verfügt, und das macht uns göttlich. Die Auswirkungen für unser Gewerbe, liebe Kriminalschriftstellerinnen, liegen auf der Hand!" Und mit dieser kühnen, allen Krimi-Autoren schmeichelnden Ableitung trat er zu den diesmal tatsächlich laut applaudierenden Zuhörerinnen und machte dem Bürgermeister Platz.

Von hinten legte sich eine zarte Hand auf seine Schulter: „Das hast du schön gesagt, Scheng Springer!" Es war die blonde Pfeiferin von vorhin. Und während der Bürgermeister von dem Ursprung der Stadt, dem alten Benediktinerkloster, erzählte, hauchte sie ihm ins Ohr: „Kennst du mich denn nicht mehr?"

Sie sah wie die jüngere Schwester der französischen Krimi-Autorin Fred Vargas aus, die er neulich in Köln kennengelernt hatte. Mehr fiel ihm auf Anhieb nicht ein.

„Wir waren mal zusammen in Mayschoss."

Gott ja, auf Jück nach Mayschoss! An diese Fahrten mit vielen Leuten und wenigen Autos zum Zwecke intensiven Weinkonsums hatte er schwache Erinnerungen, allerdings nur an die Hinfahrten. Er selbst hatte noch keinen Führerschein und seine älteren Auto fahrenden Freunde hatten gelegentlich das Geld für die Chips der Autowaschanlage von ihm verlangt. Er war immer sturztrunken zurück nach Hause gekommen.

„Ich bin Allegra Anstoß", lächelte sie. Ihre Augen waren wach, grün und interessiert.

Während der Bürgermeister auf das einzigartige mittelalterliche Stadtbild und den durchgehenden Mauerring von besonderer Wehrkraft verwies, versuchte er vergebens, in seiner Vergangenheit einen passenden Ort für sie zu finden.

Nach den Besichtigungen schlenderte die Gruppe zum Orchheimer Tor, vorbei an dem Weinlokal En de Höll. In den Tagen, als Bonner Politprominenz hier regelmäßig verkehrte, hatte er als Schüler hier einmal mit Willy Brandt verschiedene Trinktechniken diskutiert, obwohl er als engagiertes Mitglied der örtlichen Amnesty-Gruppe das Gespräch auch auf andere Themen hätte lenken können. An dem Café eines blondtolligen Schlagersängers ging es vorbei über steile Stufen den Hang hinauf durch einen kleinen Park zum höchsten Zugang auf die Stadtmauer, gleich unterhalb des auf der anderen Seite liegenden Kurhauses. Auf dem Wehrgang sollte die erste Übung des Workshops – und für diesen ersten Tag auch zugleich die letzte – im Kreativen Schreiben beginnen. Im fiel auf, dass Gerüste an der Stadtmauer standen. Die klamme Stadt hatte wohl doch genügend Gelder zur Restaurierung aufgetrieben. Offensichtlich war die Stadtmauer trotz der Mauerarbeiten weiterhin begehbar.

Vor ihm schritt Allegra Anstoß mit schlangenhaften Bewegungen die Treppen hinauf. Er spürte ein Gefühl immer größerer Nähe, obwohl er sich an ihre frühere Begegnung beim besten Willen nicht erinnern konnte. Nicht, dass er hier einer entfernten Cousine nachstieg! Aber früher war hier ohnehin jeder mit jedem versippt.

Seitlich glänzte fleischiges Blattwerk, in der Luft hingen schwere Gerüche und torkelnde Insekten, volle Knospen platzten in den Rhododendronbüschen. Feuchte Fächer und reife Schäfte trieben steil in den Himmel, gegen erdnahen Schatten und aufsteigenden Dunst rang das Licht, die Erde bestieg langsam den Himmel. Sein kurzer Blick zurück und nach unten fiel auf die schon eingeschaltete Leuchtschrift von

Rönnes Bar im Bereich des Marktplatzes. Den Hang hinauf, vor hell angestrahlten Wolken, die organische Formen bildeten, Knie, Nasen und schwingende Brüste erblickte er Frau Sichel von der Ebert-Stiftung. Sie stand auf der Stadtmauer und stellte dann die erste Übung der Schreibwerkstatt vor, den sogenannten Vertrauensspaziergang. Sie griff in ihren Korb und holte lauter bunte Tücher heraus, rote, grüne, gelbe und blaue. „Ich möchte Sie nun bitten, Zweier-Gruppen zu bilden. Wichtig ist, dass Sie sich gegenseitig vertrauen. Jedes Paar bekommt von mir einen von den schönen bunten Schals."

Allegra zeigte ihm ihre weißen Zähne, und als sie ihm die Hand auf die Schulter legte, ging es ihm durch und durch.

„Meine Damen, mein Herr, darf ich den weiteren Ablauf erklären: Einer oder einem von Ihnen werden jetzt die Augen verbunden. Die andere spielt den Blindenführer. Ihre Aufgabe besteht darin, den Blinden auf dem Wehrgang über die Stadtmauer zu führen. Der vorübergehend erblindeten Person sollen möglichst viele einprägsame Sinnesreize vermittelt werden, damit sie anschließend wunderbare Hör- und Geruchs- und Tastlandschaften beschreiben kann. Vermitteln Sie Ihrer blinden Partnerin und vor allem natürlich unserem renommierten Gast, dieser schönen und momentan einzigen Blüte des anderen Geschlechtes, zuerst ein Gefühl der Sicherheit und des Vertrauens! Die Verständigung sollte möglichst nur über Handkontakt erfolgen, im Notfall können Sie natürlich miteinander reden. Nach zwanzig Minuten werden dann die Rollen getauscht."

Allegra ließ mit versonnenem Gesicht ihren Zeigefinger auf seiner Brust kreisen: „Du bist zuerst der Blinde." Er genoss die Berührung ihrer schönen Hände, als sie ihm mit sanften Bewegungen das Tuch vor die Augen band, spürte ihren Atem, ihr Gesicht war ganz nah. Es roch nach Magnolie oder Flieder, er konnte dies so schnell nicht unterscheiden. Und schon führte sie ihn an der Hand auf den Wehrgang. Wie erregend war es manchmal, von der eigenen Vergangenheit eingeholt zu werden, auch wenn diese in den auf vielfache Weise vernebelten Tiefen adoleszenter Jugend verschwamm. Ihre schlanke feste Hand schmiegte sich in die seine. Er hatte eine ungefähre Vorstellung vom Verlauf des Wehrgangs. Zur Stadtseite war er durch ein Holzgeländer gesichert, zu der Hangseite – hier ging es an manchen Stellen sehr tief nach unten, bis zu dreißig Metern schätzte er, – ja, zu der Hangseite hin müsste überall Mauerwerk sein.

Er ließ sich entlang der Mauer führen und überlegte, ob der Duft nicht auch von Geißblatt oder Lavendel stammen könnte. Fliederduft war doch eher etwas für ältere Damen. Er könnte sie anschließend zum Essen einladen. Die Struktur der Wand veränderte sich, der Putz unter seinen Fingern wurde immer bruchstückhafter und war dann gar nicht mehr vorhanden. Er spürte einen Windzug in den Haaren, der vermutlich von den Öffnungen und Schießscharten her kam, die es in unregelmäßigen Abständen in der Stadtmauer gab. Wurden sie im Zuge der Restaurierungsarbeiten erweitert? Er verlangsamte seinen Schritt, als er Holzbohlen unter den Füßen spürte. Es knarrte. Lief die Wand noch weiter? Er glaubte, durch eine Lücke zu gehen – und setzte langsamer Fuß für Fuß auf die Bohlen. Allegra drückte vertraulich seine Hand. Eine tolle Frau! War er auf dem Wehrgang oder auf einem Baugerüst? Er wusste es nicht, in seiner Euphorie war es ihm auch egal. Für eine schöne Frau war er immer schon zu manchem Risiko bereit gewesen, und in der Luft hing Lavendelduft. Er stolperte ein bisschen, denn die Bretter waren nicht regelmäßig hingelegt, einige schienen beweglich. Sie stützte ihn mit beiden Händen und drehte ihn ein wenig. Er nutzte seine Chance und zog sie sanft zu sich heran. Ganz leicht fühlte er ihren Körper, und obwohl er nichts sehen konnte, hatte er den Eindruck, sie hätte den Kopf in den Nacken gelegt. Ihre Hände lagen leicht auf seiner Brust, er spürte ihre langen Finger auf seinem Rippenbogen. Er sog die Luft durch die Nase.

Bevor er sich über sie beugen konnte, um sie zu küssen, hauchte sie ihn an: „Weißt du, lieber Scheng, dass ich damals von dir schwanger war?"

Er war überrascht und verwirrt: „Das hast du nie gesagt."

„Du hast mich auch nie gefragt, und die Briefe nach München und nach Hamburg hast du ungeöffnet zurückgeschickt: *Annahme verweigert.* Dass du dahinterstecktest, habe ich nie jemandem erzählt, lieber Hans. Du hast immer nur an dich selbst gedacht und das hat mir nicht gefallen, lieber Hans. Doch jetzt spielt all das keine Rolle mehr, deine Uhr ist abgelaufen, du wirst gleich deine letzte Reise antreten. Sie wird dich nicht in die großen Städte führen, nicht nach Schwabing, nicht nach Hamburg, nicht nach Berlin, du wirst hierbleiben, in der Provinz. Mit hohem Tempo, wie auf einer BMW, wirst du in die Grube fahren. Do bes ne fiese Möpp!"

Sie gab ihm einen sanften, kaum merklichen Stoß. Er verlor ein wenig sein Gleichgewicht und wollte zurücktreten, aber da war nichts – nur Luft. Als er den Fuß aufsetzen wollte – stürzte er in die Tiefe. Aus den wirbelnden Gedankensplittern schälte sich ihm blitzartig, während er nach unten fiel, eine positive Botschaft heraus: Vielleicht war er Vater!

Als er im Fallen die Binde abnahm, blendete die Sonne noch einmal, bevor er in lichtlose Tiefen stürzte.

Mit leichter Anstrengung legte Allegra die Querstange aus Metall wieder in das Gerüst und drehte sie fest. Damit hier kein Unfall passierte, wenn am Nachmittag die Touristen von der Wehrmauer aus das Städtchen erkunden würden. „Du hattest schon immer ein Gedächtnis wie ein Sieb, Hans Springer!"

Und nun war er in den Tod gefallen. Oder – so würde es am nächsten Tag die Lokalzeitung berichten: *Bekannter Münchner Krimi-Autor springt in den Tod – an der Stätte seiner Kindheit.*

Lass uns kausale Ketten knacken

Ballade einer Irrfahrt

Kleine Zeitreise gefällig?
Fällig, fällig, fällig
Kommen Sie schon, steigen Sie ein:
Kommen Sie, kommen Sie, kommen Sie
Dass Sie wollen ist augenfällig
Fällig, fällig, fällig, fällig
das geht ins Hirn und ins Gebein.

Gott, wie leicht und unbeschwerlich
gleitet das Fahrzeug über Land
trotz höchstem Tempo nicht gefährlich
und vibrationslos elegant.
Elegant, gant, gant, gant, gant

Ein perfektes Wesen steuert
fährt Gott Auto, Engel Taxe?
Engel, Gott, Engel, Gott, Engel, Taxi, Taxi, Engel
Durch wen wird dies Gefährt befeuert
wie geht die Kurven-Prophylaxe?
Prophylaxe, laxe, axe, xe, xe, xe

An der Scheibe kleben, zappeln
zappeln, zappeln, zappeln
kleine Saurier, Drachen, Mücken
ücken, ücken, ücken, ücken
im Schein des Lichtes schwanken Pappeln
ich sehe Hügel, Flüsse, Brücken.

Fahren nach Sicht ist nicht so schnell
Autopilot ins Morgenrot
Morgenrot, Morgenrot, leuchtest mir, rot ,rot, rot
dämonisches Schweben wie virtuell
kosmisches Boot, geheimer Code
kosmisches Schweben, Schweben

Die Sinne auf, geben Sie acht:
Vorsicht, pass auf, pass auf, gib acht
Im Lichtkegel liegt das, was ist,
hervorgehoben aus der Nacht
für eine kleine feine Frist

und hinter uns wird's wieder trist
trist, trist, schwarz, schwarz
die Gegenwart verklappt nach hinten
inten, black, black, black, inten
zum Wareinmal, was jetzt noch ist
noir, noir, noir, noir
verschluckt von schwarzen Labyrinthen

Dunkel die Zukunft noch frontal
und ich bestimme sie vorher
Sie kennen nicht das Wirdeinmal
für Sie ist es noch schwarz und leer
leer, weiß, leer, weiß, weiß, weiß

so dunkel wie Vergangenheit
entzogen, unsichtbar, verschwiegen
in ihrer Ahnungslosigkeit
wo Ihre Anfangsgründe liegen
bang, bang, boing, boing

Alleswisser Taxifahrer
Biologe Programmierer
Loge, loge, ierer, ierer
wetten wir in absehbarer
arer, arer, arer, arer
Zeit bist du mir der Verlierer?

Ich fahre Sie über die Brücke
Brücke, rücke, rücke, brücke
in für Sie dunkle Zukunft hinein
unkel, unkel, unft, unft, unft
zu Ihrem Nutzen und Glücke
utzen, ücke, utzen, ücke
es wird sicher kein Schaden sein

Ich sehe schon die ersten Pfeiler
Eiler, eiler, fitti, fitti
Graffiti im Scheinwerferlicht
und dahinter wird es steiler
fickifacki, fickifacki
und Fuck the Future, welche Einsicht

Dein Blick zurück gefällt mir nicht
du fiktionaler schneller Fahrer
ich steige aus aus dem Gedicht
Gedicht, Gedicht, Gedicht, Gedicht
die Gründe werden immer klarer
larer, larer, larer, larer

Ich sitz nicht in dem Rad, das zu drehen du meinst,
aus deiner Zukunft, ich mag sie nicht, steig ich aus
ich will sie nicht, halt an, halt an, oder stehen wir schon?
Raus aus dem Autokino, hier beginnt mein Road Movie,
ich zeige dir ein aus sich rollendes Rad,
Schluss mit dem Einerlei, vor uns der Himmel,
komm mit, bleib zurück, es wird immer schneller
heller
heller, hell, heller, hell, elle, elle, heller, hell, heller, hell ...

Physik des Todes

Oder: Späte Folgen von Unaufmerksamkeiten im Unterricht
Oder: Über die Gefährlichkeit, Kriminalromane zu lesen

Um an das oberste Brett zu gelangen, brauchte er schon einen Stuhl. Das Stecksystem hatte sich immer im Lauf der Jahre als recht praktisch erwiesen, er konnte es selbst ohne fremde Hilfe schnell auf- oder abbauen.

Und jetzt ging es um Abbauen. Nach zehn Jahren. Allem Anfang wohnt ein Zauber inne, hoffentlich. Aber vorher war ein Schlussstrich erforderlich. Vor dem Einziehen dort, steht der Auszug hier.

Aus dem Nachbarzimmer hört er schwache Geräusche. Lisa schien anwesend zu sein. Seit einer Woche hatte er nichts mehr von ihr gehört. Ganz oben im Regal standen die Bücher, von denen er gemeint hatte, dass er sie nicht so oft bräuchte. Krimis, Klassiker, Hammett, Chandler, schwarzgelb, angestaubt. Von einem Umschlag blickten eindringlich die melancholischen Augen von Humphrey Bogart. Er stapelte die Krimis in die schon freigeräumten mittleren Regalebenen, von da konnte er sie in die auf dem Parkett bereitstehenden Bücherkartons packen. Das hätte eigentlich recht schnell gehen können, denn mehr als sieben oder acht matt lackierte Bretter übereinander gab es nirgendwo innerhalb des Regals.

Doch schnell erledigt war dies nur in den unteren Bereichen, wo die Lexika, die Nachschlagewerke und Computerliteratur gestanden hatte. Selbst bei all den Büchern zur Logik und Wissenschaftstheorie, die er seinerzeit im Rahmen seines Studiums gelesen hatte, war er am Vormittag mehrere Stunden hängen geblieben.

Jetzt schlug er einen Marseille-Krimi von Jean-Claude Izzo auf, den er seit Jahren nicht mehr in Händen hatte: „Titi trug den Winter in sich. Jetzt gerade schien ihm sogar, die Kälte in seinem Körper sei noch beißender als auf der Straße." Bei seinem eigenen Aufenthalt in Marseille war es so heiß gewesen, dass er rund um die Uhr geschwitzt hatte. Vor seinem inneren Auge entstand der alte Hafen, er erinnerte sich an das Restaurant Le Canard, den Abendwind. Den Roman hatte er in seinem

Hotelzimmer gelesen. Weshalb war er vorzeitig abgereist? Er blätterte, in Erinnerungen schwelgend, und legte das Buch erst nach zehn Minuten zu den anderen in den Karton, der eigentlich schon voll war. Er stellte ihn auf die schon gefüllten zwei oder drei anderen Kisten, zufrieden, ihn so leicht hochheben zu können. Das Stapeln zu regelrechten Säulen war ihm eine angenehme Erinnerung an frühere Umzüge. Er mochte Büchersäulen. Er mochte sie ästhetisch. Ihn interessierte wenig, dass mit jeder weiteren Kiste der Druck auf die untersten zunahm. Als Schüler hatte er in einem Physik-Test über die Berechnung von Wassersäulen einmal eine Fünf geschrieben. Wenn man ihn fragte, würde er sich jedoch daran kaum erinnern.

Während er immer wieder das ein oder andere Buch aufschlug, um vergangene Zeiten und Lektüren wiederentstehen zu lassen, zog der Nachmittag dahin. Ihm fiel kaum auf, dass bei einigen Kartons die Pappwände am Rand eingedrückt waren und die eine Säule begann, sich ganz leicht zur Seite zu neigen. Als es dunkel wurde, hatte er erst eine von drei Bücherwänden verstaut und abgebaut. Da er keine Notwendigkeit sah, das Verstauen der Bücher unangenehm zu beschleunigen, entschied er sich, ein letztes Mal in seinem alten Zimmer zu übernachten und die restlichen Bücher erst am nächsten Tag zu verpacken.

Er holte sich eine Luftmatratze aus dem Gepäck, legte sie mitten ins Zimmer zwischen die drei Büchersäulen und entkorkte einen Cotes du Rhone. Wie in alten Zeiten wollte er einfach aus der Flasche trinken. Aus dem letzten Krimi-Karton zog er von Wilkie Collins *Die Frau in Weiß*, in der Übersetzung von Arno Schmidt. Als er sie zuletzt gelesen hatte, stand er noch mitten im Studium. Entspannt ließ er sich zu einem Leseabend zwischen all den Büchern nieder. Seiner Aufmerksamkeit entging, dass sich zwei Säulen der übereinander gestapelten Bücherkisten in einer erheblichen Schieflage befanden. Hätte er einen kurzen Blick auf die eine an seinem Kopfende geworfen, wäre ihm dies vielleicht aufgefallen. Natürlich tat er das nicht.

Am nächsten Morgen fand ihn seine Mitbewohnerin unter lauter Büchern und eingerissenen Kartons. Die Büchersäulen waren über Nacht zusammengestürzt und hatten ihn unter sich begraben. Der herbeigeholte Notarzt konnte nur noch den Tod feststellen.

Husten

Dich hab' ich nicht, doch du hast leider
mich fest im Griff, fährst in die Brust
und schüttelst mir den Oberkörper
mit neuen Tönen durch und durch
die sonst nicht sind in Hals und Rachen
dort pfeift es wie ein Vögelein
wann flog es zu, auch knarrt und raschelt
meine Lungenluftmatratze
ein Rasseln, Keuchen ist mein Atem.
Gebe ich nach, lasse mich husten
treiben und tragen wie ein Schwimmer
auf dem Strom oder versuche
zu brechen den Rhythmus das Tempo
zu nehmen um endlich und etwas
dem Husten zu husten.

Auflösung

Zuerst gefiel mir an meiner neuen Wohnung der Blick auf den nassen nahen Doppelkirchturm der St. Petri-Kirche – hihi – und die Krähen, die ihn umflatterten. Gelegentlich hörte ich das Brausen der Orgel, oft vermischt mit hintergründigen dunklen Schiffshörnern aus dem Hafen, nachts alle 15 Minuten den Schlag der Turmuhr. Manchmal zog es mich am Feierabend in die Gassen zum Ufer am Strom, aber bei Regen blieb ich lieber zu Hause, und hier regnet es viel. Die andere Seite ist kaum der Rede wert, vierspurige Straße, ein feuchtes Einkaufszentrum. Meist sind meine Vorhänge zugezogen.

Im Haus gibt es viele Wohnungen und Leute. Für mich war das Badezimmer neu, weil meine anderen Wohnungen immer nur Dusche hatten. Es ist der einzige fensterlose Raum. Aber zu hören gab es eine ganze Menge. Der Mann über mir saß andauernd in der Badewanne. Gesehen habe ich ihn nie. Dennoch hatte ich beim Einzug mitbekommen, dass über mir ein Mann wohnt. Zuerst hatte ich noch an die Waschmaschine oder eine defekte Toilettenspülung gedacht, aber durch genaues Zuhören konnte ich diese als Quellen des Blubberns und Röchelns ausschließen. Warum sitzt er so lange in der Badewanne? Doch dann überlegte ich mir, dass es falsch ist, immer nach dem Warum zu fragen. Er sitzt eben gerne in der Badewanne. Punkt. Er wird sich bewegen und Wasser neu zulaufen lassen, wenn es abkühlt.

Ich entdeckte die Badewanne für mich. Sobald ich von der Arbeit kam, damals arbeitete ich noch regelmäßig, ließ ich warmes Wasser ein. Ich streckte mich, rollte gemächlich auf Bauch oder Rücken, tauchte ganz langsam den Kopf nach hinten unter Wasser, dass die Oberfläche gerade die Augen bedeckte und die Nasenspitze wie ein kleiner Eisberg herausragte. Die Formen der Badezimmers verschwammen fantastisch, wie eine milchige Sonne grüßte die Glühbirne aus dem Spiegel. Ich entspannte an Leib und Seele, die äußere und die innere Hornhaut weichte auf und löste sich ab. Im Spiegel hatte ich später einen schönen rosafarbenen Teint. Da er so beschlagen war, schien mein Gesicht nach unten wegzufließen. Schöner Spiegel.

Der Wannenbewohner über mir wurde leiser und leiser, vielleicht weil ich jetzt selbst plätscherte und gelegentlich kunstvoll kleine Wasserfontänen spuckte. Vor zwei Tagen gab es noch einmal ein großes Plantschen über mir, so als feierte mein Nachbar ein Badewannenfest. Dies verwandelte sich irgendwann in ein Prusten und Ächzen und Stöhnen, das aber nicht nur von oben, sondern auch unter mir und aus der Wand zu kommen schien, als wären alle Abwasserrohre an dieser kleinen Festlichkeit beteiligt. Mit den Ohren unter Wasser klingt ohnehin alles anders. Ich bin mehr bei den Dingen, wie sie wirklich sind. Wie wäre wohl ein Leben im Aquarium? In lauter Wärme und Wohlbehagen dachte ich nach, woher wir kommen und wohin wir gehen, und fand das komplizierte Dazwischen mit einem Mal ganz leicht und einfach. Wohin fließt das Wasser und weshalb soll ich nicht mit ihm in andere Zustände gleiten? Über kurz oder lang lösen sich die Grenzen auf, die Dinge gehen ineinander über, und es ist eigentlich egal, wie man von einem zum anderen kommt.

Als es an der Haustür klingelt, bleibe ich in der Wanne sitzen, um nicht den Faden zu verlieren. Durch den Dunst hindurch scheint der Spiegel mich aufmunternd anzusehen. Ich gehe nicht mehr zur Arbeit, meine Haut und meine Haare werden dünner. Jetzt eben sehe ich mir meine Hand an und lasse ein bisschen kaltes Wasser ab. Der Abfluss beginnt zu strudeln und zu röhren, als könnte er endlich durchatmen. Weich und warm ist meine Hand – und als der Abfluss sprotzelt, stecke ich sie ein wenig hinein. Sofort machen sich zwei Finger davon. Es blutet nicht und es tut nicht weh. Wie auf einem Floß treibe ich jetzt in der Badewanne dahin. Ich träume von Meerestieren unter mir und einem weiten Himmel über mir. Mir ist nicht nach Wohnung, nicht nach Arbeit, nicht nach Welt. Ich denke immer wieder an den Abfluss, der eine unwiderstehliche Macht entfaltet. Früher als es von der Temperatur her erforderlich wäre, ziehe ich den Stöpsel, damit Wasser abfließen kann. Langsam nähere ich ihm meine linke Hand, die sich mit einem angenehmen Gefühl zerdehnt und mitsamt dem ganzen Arm langsam aufgesaugt wird.

In einem Anfall von Individualität will ich zunächst meinen rechten Arm zurückhalten. Doch diese Albernheit ist schnell überwunden, leicht und angenehm trennt er sich ab und verschwindet mit einem schmatzenden Geräusch in dem magischen Tunnel. Mir werden alle Dinge klarer und fließender, die große Erleichterung links wird mein linkes Bein sein, rechts ist es ein sanftes Streicheln. Meine Laune steigt immer mehr, ich rieche Lavendel, obwohl ich weder Shampoo noch Seife benutze. Die kleinen Dinge fließen zu den großen.

Spreizfinger

Von Westen frischte der warme Wind auf. Er spürte ihn in den Haaren und den Kniekehlen, die die Shorts freiließen. Er verstellte den Grill ein bisschen, gleich war die Glut so weit. Diese Frühsommerabende in der Natur liebte er. Es hatte etwas Männliches, das Feuermachen und die Arbeit mit dem rohen Fleisch unter freiem Himmel. Während er die ersten Würste auf dem Rost platzierte, fühlte er, wie sich etwas Feuchtes und Kühles sanft gegen seine nackten Beine drückte und langsam nach oben wuchs. Wahrscheinlich war Elvira schwimmen gewesen oder kam gerade aus der Dusche, gegen Abend war sie oft sehr anschmiegsam. Mit den Steaks hantierend, spürte er ein klebriges Kribbeln auf seinem Rücken, eine angenehm erfrischende Massage. Sanft wurde von hinten ein nasser Arm oder ein Handtuch vor seine Augen gelegt, er kicherte und hielt die Grillzange fest in der Hand, ohne sich umzudrehen. Er spürte eine Zungenspitze leicht über sein Gesicht tasten, eine sehr lange, dünne Zunge, sie wanderte über die Wange in seine Ohrmuschel. Ein wohliger Schauer lief ihm über den Rücken. Er hatte das Gefühl, als schiebe sich die Zunge durch den Gehörgang und immer weiter in sein Gehirn und folgte dessen Windungen, um eine Probe Hirnmasse zu entnehmen. Eine verstörende zweite Zunge wurde in sein anderes Ohr eingeführt. Gab es Kopfspiegelungen, Biopsien, Probebohrungen im Hirn? Plötzlich hatte er das Gefühl einer großen Erleichterung, als würde er von einem Überdruck unter der Schädeldecke befreit – und dann verloren sich seine letzten Gedanken in großer Helligkeit. Nur noch einen Ring würde man neben dem Grill finden.

Auf dem Weg nach unten entdeckte sie im Fahrstuhl das Spreizfingerzeichen, aufgemalt mit Permanent Marker. Wie kam das hierher? Vor dem Redaktionsgebäude öffnete sie das Verdeck, es war schon sehr heiß. Sie fuhr zügig los, denn sie wollte zu dem Treffen im Biologischen Institut nicht zu spät kommen. Zuerst hatte sie sie für einen Scherz gehalten, die Zweifingerzeichen – oder die gekippten Gleichheitszeichen mit den aufgesetzten Punkten, die immer häufiger in der Stadt zu beobachten waren, in den Restaurants, in den Kinos, in den Strand-Bars am Hafen, zur Begrüßung, beim Abschied. Und nun ging es – noch spärlich – mit Graffiti los. Wie nebenbei begann sie hier ihre kleine Recherche. Nun ja, bei der Verteilung in der Redaktionskonferenz war ihr, der kleinen Volontärin, die gerade von der Uni kam, eine Reportage über eine überraschende Schneckenplage zugefallen. Nicht zu fassen, die Gärtner und Eigenheimbesitzer seien ausgesprochen beunruhigt!

„Das ist spannender, als Sie auf Anhieb denken, Elvira", hatte der Chefredakteur gesagt und ihr freundlich die Hand auf die Schulter gelegt, „und guten Journalismus brauchen wir überall."

Guten Journalismus hätte sie lieber in einer Reportage über die Belegung einer Messehalle mit Flüchtlingen aus dem Kosovo und Albanien gezeigt, an die Tausend sollten dort untergebracht werden, die Sporthalle nebenan war den Flüchtlingen aus Syrien vorbehalten. Das war ein Burner: Aber die Reportage war an den alten Kollegen mit dem leichten Stottern gegangen. Nicht schlecht gewesen wäre auch ein Artikel über die in der Stadt enorm gestiegene Zahl der Vermissten während der letzten zwei Monate. Doch eine entsprechende Reportage wollte die ältere Kollegin mit den Riesenohrringen schreiben.

Sie schaltete den regionalen Radio-Sender ein. Im Augenblick floss der Verkehr noch gut durch den sonnigen Vormittag. Sie hörte einen Augenblick auf einen neuen Song, der mit hartem Rhythmus und eingängiger Melodie ihre Laune auffrischte, von einer neuen Gruppe, Brain Snail – hatte sie noch nie gehört–, könnte ein Ohrwurm werden. Ein bisschen verstimmt war sie über Finn-Ole, von dem sie noch immer keine Mail hatte. Eigentlich wollte er gestern Abend mit ihr grillen, aber sie hatte ihn nicht angetroffen. Obwohl er offenbar schon alles vorbereitet hatte, sogar leere Fleischverpackungen lagen auf dem Boden neben dem Grill, dazwischen sein alberner Ring, den er wohl verloren hatte. Seltsamerweise war von dem Fleisch nichts zu sehen gewesen, der Grill wirkte so sauber, als sei er gar nicht erst in Betrieb genommen worden. Sie verscheuchte ihre Gedanken an den lieblosen Ole, sollte er doch in den Wind schießen. Heute Abend hatte sie sich mit Felix, ihrem alten Kommilitonen aus lustigen WG-Zeiten verabredet; er arbeitete jetzt für die digitale Ausgabe eines Nachrichten-Magazins. Gemeinsam wollten sie nach dem Essen in einigen angesagten Bars im Hafen das Branding der City erkunden.

Sie trafen sich beim Griechen gleich neben dem Redaktionsgebäude; Felix war immer noch solo, vor Kurzem hatte er eine Rezension über *Unterwerfung* geschrieben, den Roman, über den alle diskutierten, ob sie ihn gelesen hatten oder nicht.

Felix zwinkerte: „Hier wird endlich das europäische Beziehungs-Modell infrage gestellt.“ Während er ausführte, dass hier echte Ausblicke zur Überwindung der monogamischen Dunkelheit gegeben würden, bestellten beide das griechenuntypische Tagesmenü: Weinbergschnecken Burgunder Art, direkt aus Paris – so die Speisetafel – aus dem Maison de l'Escargot. Während sie es sich schmecken ließen – der Wein war mäßig – fassten sie ihr Spreizfinger-Wissen zusammen: Ein wenig irritierte sie bei diesem neuen Zeichen, dass nur selten Zeige- und Mittelfinger zum V gegabelt wurden, zum weit in die Geschichte zurückreichenden klassischen Victory-Zeichen amerikanischer Soldaten. Felix erzählte lustige Anekdoten von Politikern und Bankern, die es in der letzten Zeit bei Pressekonferenzen, in Wahlkämpfen oder sogar vor Gericht verwendet hatten. Aus ihrer Schulzeit kannten sie es noch als den harmlosen Scherz, beliebt bei Fotoaufnahmen, wenn zwei gespreizte Finger über den Kopf eines Mitschülers gehalten wurden, der meist eine Reihe weiter vorne stand und erst auf dem entwickelten Foto mitbekam, dass er mit Hasenohren verulkt worden war. Doch bei dem jüngsten Trend lag der Fall irgendwie anders. Sie ließen die Rechnung und den abschließenden Ouzo kommen, der Kellner schmunzelte, als sie ihm ihre Kreditkarte reichen wollte: „Ich bin Grieche, wir nehmen doch keine Karten.“ Alle lachten und sie zahlte in bar.

Sie fuhren an der Hafenkante entlang, hinter dem Fischmarkt war das *Au Quaie* von der meist älteren Belegschaft einer Werbeagentur geentert, im *Gastropoda* gleich gegenüber war noch nicht viel los. Wenige Gäste saßen in den Liegestühlen oder wischten an der Bar über ihre Handys. Ein einzelner Tänzer mit glattrasiertem Schädel, Bart und einem Brillengestell, an dem jeder Optiker oder Zimmermann seine Freude haben musste, bewegte sich auf Stelzenbeinen über die Tanzfläche, ein Tablet über seinen Kopf schwenkend. Elvira ließ die Hüften kreisen und gesellte sich für ein Blitzinterview auf die kleine Tanzfläche: „Wie geil ist das denn?“

Er zeigte ihr den Bildschirm mit einem großen blauen Ypsilon in Garamond vor rotem Hintergrund.

„Und was ist die Message?“, hakte sie strahlend nach.

Er bemühte sich offensichtlich, seine Tanzbewegungen zu beschleunigen, sprachlich war indes nicht viel aus ihm herauszuholen, dies sei ultrahip und so emo. Zurück an der Bar schlug Felix vor, die Location zu wechseln: „Die haben hier noch ein bisschen an ihrer Credibility zu arbeiten.“

Im *Fröhlich und Gefährlich* war deutlich mehr los. „Besserer Chill-Faktor", stellte Felix nüchtern fest. Am Tresen ein Durcheinander von Mate-Tee und Faxe-Bier, Gewimmel auf der Tanzfläche, Frauen in Hotpants, junge Männer mit Vollbärten, kombiniert mit kahlen Schädeln oder Wollmützen, hautenge Jeans, durch tiefe Ausschnitte kaum noch vorhandene Unterhemden, überall Tattoos, beim genaueren Hinsehen hier auch in verschiedenen Varianten das Spreizfingerzeichen. Immer wieder hoben Tänzer die beiden kleinen Finger parallel in die Luft, so als sollten damit die Antennen eines Außerirdischen aus einem alten Comic oder ein Geweih symbolisiert werden – oder der Rhythmus der Musik sein Echo finden.

Doch die Jugendlichen, die diese Gebärde elegant in ihre Tänze einbauten, halfen im Gespräch an der Bar kaum weiter. Das sei cool, sehe beim Tanzen gut aus, komme aus irgendeinem Film oder sei in diesem Sommer einfach Mode, voll der Hype, irgendwie retro gemeint. Und: „Behaltet das Internet im Auge, nicht nur Facebook, das ist mega-out, da wird immer wieder zu den Fühler-Partys aufgerufen."

Felix fragte die anorexische Blonde mit den Hosenträgern zurück: „Zu was für Partys, was soll denn Fühler heißen?"

Na ja, das komme wahrscheinlich von Gefühl – oder so: „Feeling, Mann, darum geht's doch."

Nachdem sie ihren Obstwein getrunken hatten, drängte Felix zum Aufbruch. „Mir ist das hier zu krass." Beim Abschied bot er Elvira halb ironisch eine Übernachtungsmöglichkeit in seiner Wohnung an, sie verabredeten sich dann für die kommende Woche zum Arbeitsessen, um die Ergebnisse ihrer jeweiligen Recherche zu vergleichen.

„Kommen Sie rein, nehmen Sie Platz, entschuldigen Sie die Unordnung, Sie mögen sicher einen Kaffee!" Sie nahm vor seinem Schreibtisch Platz und blickte über Bücher, Ausdrucke und Reagenzgläschen in zwei spöttische blaue Augen. Der Leiter des Biologischen Instituts hatte seine graublonden Haare zu einem Zopf zusammengebunden. „Als Journalistin der renommierten Zeitschrift habe ich Sie mir eigentlich etwas älter vorgestellt." Er lachte. Er mochte kauzig sein, aber in seiner Stimme lag die Sicherheit eines Mannes, der wusste, wovon er redete: „In Sachen Schnecken sind Sie hier am richtigen Ort. Als Forschungsinstitut sind wir ohnehin gut aufgestellt, die Drittmittel fließen, der Reigen der Reformen ist an uns bisher unbeschadet vorbeigegangen, nur die Kultusbürokraten sind auf uns schlecht zu sprechen, ich könnte Ihnen übrigens einen Schneckenwitz aus Bologna erzählen, hihi", er keckerte ein wenig, „doch gehen wir in medias res: Einerseits haben wir angefangen, eine Datenbank mit Genomsequenzen aufzubauen, aufgrund ihrer Menge sind die Daten inzwischen recht belastbar. Anhand der robusten Daten des Genoms überprüfen wir die taxonomischen Systeme der Schnecken, und zwar weltweit. Neu ist, dass insofern früher die Verwandtschaft zwischen verschiedenen Schneckenarten nur anhand morphologischer Kriterien festgelegt worden ist, also – etwas vereinfacht – von beobachtbaren Merkmalen wie Haut, Rücken, Kopf, Fühler, Mantelschild, Sohle usw. …"

„Entschuldigen Sie, wenn ich Sie unterbreche, aber ich bin nicht hier, um einen allgemeinen Artikel über Schnecken zu schreiben, sondern über die Abweichungen in diesem Jahr. Sie wissen doch, wie Presse funktioniert. Wenn die U-Bahn immer pünktlich ist, interessiert das niemanden, aber wenn sie sich dauernd verspätet, kommt's in die Zeitung."

„Ja, das Vorkommen ist ausgesprochen untypisch. Zuerst möchte ich Ihnen aber gleich die beruhigende Nachricht mitteilen, dass wir jede Form von Schneckenplage in den Griff bekommen müssten. Kennen Sie Nematoden? Wir sind in unserem Institut darauf spezialisiert, bestimmte Formen von ihnen zu züchten, um später die Patente an die Industrie weiterzureichen. Kommen Sie einfach hierher", er erhob sich und ging zu einem aus verschiedenen Teilen zusammengesetzten großen Gerät, „werfen Sie einen Blick durch dieses Mikroskop. Wenn Sie wollen, können Sie auch gleich digitale Fotos schießen, urheberrechtlich ist dies kein Problem für Ihre Veröffentlichung, also hier haben wir Nematoden der Gattung Heterorhabditis, die Dickmaulrüsslerlarven parasitieren. Wir haben damit wunderbare Erfolge in der Schneckenbekämpfung, leider sind allerdings meist zu wenige Schnecken vorhanden. Früher haben wir die Lösung mit den Nematoden vor der Saat direkt in die feuchte Erde gebracht, sie überlebten dann allerdings nur, wenn schon genügend Schnecken vorhanden waren. Die Nematoden dringen durch das Mantelloch der Nacktschnecken in deren Körper ein, sie bekommen einen bizarren Buckel, bevor sie sterben. In den Kadavern vermehren sich die Nematoden sehr schön weiter und infizieren weitere Schnecken. Gerade haben wir eine neue Methode entwickelt, um die Nematoden nicht mehr einfach in den Boden zu geben, sondern sie dem Saatgut für Salate zu applizieren. Die schnell wachsenden Salate, die für die Schnecken eine Delikatesse sind, funktionieren dann als ausgezeichnete Köderpflanzen. Damit können wir die Schnecken so dezimieren, dass sie kaum noch als Schädlinge ins Gewicht fallen werden. Aber, wie gesagt, wir haben diese neue Methode noch nicht in Feldversuchen getestet."

„Das könnte bei der Bekämpfung der Schneckenplage eine Rolle spielen, das leuchtet mir ein. Aber, und da muss ich noch einmal auf die Ausgangsfragen zurückkommen: Welche Ursachen sind für die vielen Schnecken in diesem Jahr verantwortlich, sind sie tatsächlich auch größer als sonst, sind neue Arten aufgetaucht?"

„Dazu mögen wir eigentlich nicht viel sagen, weil wir diese Zufälligkeiten auch noch nicht verstehen und angemessen einordnen können. Fragen Sie mich nächstes Jahr wieder, und Sie erhalten präzise und fundierte Auskünfte."

Sie lächelte ihr charmantestes Lächeln: „Nächstes Jahr haben wir ganz andere Themen, nutzen Sie es für Ihr Institut, dieses Jahr in die überregionale Presse zu kommen, denken Sie an die Kultusbürokratie."

„Nun gut", er zupfte seine dichten Augenbrauen, „es gibt etliche bisher unerklärbare Phänomene: Die dunkle Gartenwegschnecke Arion hortensis ist üblicherweise sesshaft und hat eine gelbe bis orangefarbene Sohle; plötzlich tauchen überall offensichtlich zugewanderte Exemplare mit blauer Sohle auf. Von der Großen Wegschnecke Arion aier, die etwa 15 cm groß werden kann, sind einige Tiere von sage und schreibe 40 cm Größe abgegeben worden. Unsere laufenden Untersuchungen deuten darauf hin, dass sie etwa zehn Jahre alt sind. Nach Lehrbuch werden sie höchstens ein Jahr alt. Bei diesen Exemplaren ist der Sohlenschleim nicht, wie zu erwarten, farblos, er ist rot – und beunruhigt in besonderer Weise viele Hobby-Gärtner."

Er dachte kurz an den fortgeschrittenen Studenten, der über Schneckenintelligenz geforscht und mit ausgefallenen Exemplaren experimentiert hatte. Vor dem Ende seiner Studien war er leider unansprechbar in der psychiatrischen Anstalt verschwunden. Seine Schnecken waren irgendwie im Labor abhanden gekommen, seine unabgeschlossenen Artikel über Snail-Brain wurden in den Rechnern des Instituts wieder gelöscht. Er verdrängte diesen unangenehmen Gedanken und widmete seine Aufmerksamkeit erneut der jungen selbstbewussten Journalistin: „Es gibt noch andere Besonderheiten, die nicht in unsere Muster und Beschreibungssysteme passen, und dies beunruhigt mich viel mehr als die sogenannte Schneckenplage, über die im Augenblick die Boulevard-Presse so viel schreibt. Wie gesagt, die können wir mit den Nematoden-Verfahren schnell in den Griff kriegen."

Hier durfte sie jetzt nicht lockerlassen; wahrscheinlich schwante diesem Bio-Professor gar nicht, welche Turbulenzen und Diskussionen seine Ausführungen jenseits des wissenschaftlichen Betriebes in der ganz normalen Öffentlichkeit hervorrufen würden. „Das mit den anderen Besonderheiten sagen Sie doch nur so …"

„Ich bitte Sie, ich plappere doch kein dummes Zeug, zum Beispiel ist es völlig unklar, dass wir den gewöhnlich festzustellenden Schab- und Loch-Fraß an Pflanzen jetzt auch an einigen Tierarten feststellen müssen, und nicht nur an Kadavern."

„Können Sie da etwas konkreter werden, Sie haben also deformierte Würmer gefunden …"

„Nein, das wäre nichts Auffälliges, wir untersuchen gerade verletzte Kriechtiere, Mäuse, Vögel und Laufenten, die offenbar von Schnecken angefressen worden sind – und die ihre Wunden hier ausheilen."

Ganz ruhig bleiben, sie zwang sich zum gleichmäßigen Atmen. Da steckte journalistische Sprengkraft hinter, sie musste schnellstens ihre Redaktion kontaktieren, sie trank ihren Kaffee aus, fand einige freundliche Floskeln und strahlte ihn an. Zwei Minuten später saß sie in ihrem Wagen.

Nachdem sie in der Redaktion Bericht erstattet hatte, setzte sie sich ohne jede Pause an ihren Laptop. Jetzt brannte sie auf das Thema. Im Internet surfte sie durch die sozialen Netzwerke nach Hinweisen auf den senkrechten Doppelstrich, und wurde fündig. Über einen Flashmob wurde zu einer spontanen Fühler-Party aufgerufen, noch am selben Abend, am Stadtrand, am Ufer des Stromes. Das war ihre Chance, sie würde mitfeiern.

Obwohl ihr Navi am Ende regelrecht abstürzte und der Stadtplan nur noch ungenau war, fand sie durch labyrinthische Parkanlagen zu der Feier am Fluss. Sie orientierte sich an den anfangs dünnen und dann immer mehr sich verdichtenden silbrigen und roten Streifen, die sich von Rinnsalen zu Bächen verbreiterten. Auf einem breiten ausgeschleimten Weg, auf dem sie achtgeben musste, nicht auszurutschen, fand sie zur Party. Das Ufer war bedeckt mit unermesslich vielen und unterschiedlich großen Schneckenkörpern, die immer wieder Lücken ließen, in denen wie Oasen kleine Gruppen von Menschen standen, sie sah Jutebeutel und Holzfällerhemden, Fedora-Hütchen und Tunnel in den Ohrläppchen. Viele hoben lächelnd eine Hand mit gespreizte Zeige- und kleinen Finger in die Luft – oder streckten zwei Hände mit beiden Zeigefingern rhythmisch nach oben, wie bei einem Open-Air-Konzert. Alle hatten sehr, sehr weiße Arme, als hätte in diesem Sommer noch nie die Sonne geschienen. Etliche hatten sich bunte künstliche Schneckenfühler ins Haar geflochten oder in den Undercut gesteckt.

Schlagartig wurde ihr die Bedeutung des Zweifinger-Symbols klar: Sie befand sich in einer seltsamen schneckenhörigen Gemeinschaft. Das Licht der untergehenden Sonne schwappte über die Schneckenmenge, widerspiegelte und verschob sich auf der schleimigen Haut. Einige Schnecken waren groß wie Hunde, andere wirkten wie ins Gigantische gewandelte Weinbergschnecken mit grünen Häusern. Hoch wie Kühe fuhren sie ihre armdicken Fühler und Augen zum Teil nacheinander ein und aus, sodass gleichmäßige Rhythmen und Wellen in der großen Menge deutlich wurden. Bekamen sie nicht wie gestrandete Wale Probleme mit ihrem eigenen Körpergewicht?

Elvira kam nicht dazu, den Gedanken zu Ende zu bringen, denn in der Mitte des Platzes richtete sich vor einem großen Spiegel eine ponygroße Schnecke auf und begann ihre Rede, die offensichtlich Schnecken wie Menschen gleichermaßen verständlich war.

Langsam fuhr sie ihren Fühler aus, dass er in der Abendsonne glänzte. Um ihre schöne ovale Öffnung besser zur Geltung zu bringen, neigte sie sich leicht zur Seite – und ihre Anhänger waren verzückt. Wo gab es noch solche Formen? Niemand sonst in der unüberschaubaren Gemeinde verfügte über solche Rundungen. Sie spürte die Sehnsucht und die Gier, die ihr an diesem Abend entgegenschlugen, und begann säuselnd und gurrend ihre rituelle Rede: „Ihr Schneckenfamilien und Schnecken! Nie wieder werdet Ihr Salat naschen dürfen, nie wieder! Sprecht mir also nach: Nie wieder werde ich Salat fressen dürfen, nie wieder!"

Die Antwort kam zunächst von einzelnen, leise, dann lauter werdend, bis die gesamte Schar ihrer Anhänger, auch die Menschen, einstimmte: „Nie wieder werde ich Salat fressen dürfen, nie wieder, nie wieder!" Die Menschen wiegten ihre Hüften und klatschten in die Hände.

Und bebend setzte sie den gemeinschaftlichen Sprechgesang fort, ihre engsten Verwandten, Glücksfälle aus dem Labor, die neuen Großschnecken, ins Auge fassend: „In Zukunft werdet ihr Fleisch auch weiterhin nur in kleineren Packungen zu euch nehmen, Ihr sollt keine Säugetiere fressen, die größer sind als Hasen und keine Vögel, die größer sind als Gänse. Fühler weg von den Menschen! Wir wollen sie zu unseren Verbündeten machen. Das geht nur, wenn wir sie nicht essen und nicht an ihnen naschen! Sprechet mir also nach!"

Und die Schar ihrer Anhänger, auch die Überzahl der kleinen Weg- und Weinbergschnecken, antwortete im Chor: „In Zukunft werde ich auf die Kühe verzichten und die Schwäne und die Menschen! Ich verzichte, ich verzichte, ich verzichte!"

Durch den rhythmischen Wechselgesang wurden nicht nur sämtliche Mitglieder der Gemeinde, sondern auch die noch verbliebenen Halme und Brennnesseln, die Büsche und Ranken und sogar die hohen Weiden und Erlen am Flussufer in Schwingungen versetzt, die plötzlich überall waren und die auch die Langsamsten spürten; zuerst nur äußerlich auf der Haut und am Kopf, aber dann intensiver und sich fortsetzend in ihr Innerstes, bis sie von ihnen ergriffen waren bis in die letzte Faser ihrer feuchten Körper.

Und die Leiterin wiegte langsam ihren schönen Kopf von einer Seite auf die andere und ihre ein- und ausfahrenden Fühler zeigten auf die nächsten Menschengruppen: „Und ihr Menschen verzichtet darauf, den Schnecken in der ein oder anderen Weise Schaden zuzufügen!"

Und die hier versammelte Hipster-Menschheit rief im Chor: „Ich verzichte, ich verzichte, ich verzichte."

Und die schöne schlaue Großschnecke senkte den Kopf und ließ ihre Stimme in einen harmonischen Singsang übergehen: „Vergesst den Tod, denn er geht euch nichts an. Wenn der Tod da ist, seid ihr schon weg."

Und aus der Runde schallte es dreimal: „Wir vergessen den Tod."

„Und wenn ihr ihn nicht mehr kennt, dann seid ihr unsterblich wie wir Tiere."

Mit vielen Stimmen schallte es am Flussufer: „Wir sind unsterblich, unsterblich, unsterblich."

Noch größer und strahlender wurde die redende Großschnecke: „Keine Tat ist einzig und unwiederbringlich. Alles war, alles ist, alles wird sein. Keine Handlung hat große Bedeutung. Werdet genügsam wie die Schnecken." Überall war das Zweifingerzeichen zu sehen. „In der Verschneckung liegt die Rettung. Wir werden genügsam, genügsam, genügsam. Horcht in eure Körper, spürt eure Hüften, hört auf eure Arme – und entschleunigt euch. Werdet langsam wie die Schnecken!"

Und klar und feierlich klang es über den Strom in die untergehende Sonne: „Wir entschleunigen, wir entschleunigen, wir entschleunigen."

Sogar I-Pads wurden dazu rhythmisch in die Luft geschwenkt.

Elvira saß regungslos im Sand, die Arme um die Knie geschlungen; sie versank in der Betrachtung der Körper- und Gesichtslandschaft dieser außergewöhnlichen Schnecke. Wie würde es sich anfühlen, einfach in ihr zu verschwinden? Über dem Fluss graute die Dämmerung.

Schneckenwelt

In meinem Garten in den Hecken
In meinem Haus in allen Ecken
erst recht in Badezimmer-Becken
sitzen, schleimen, schnuckeln Schnecken.
Selbst bei mir im Bett, o Schreck,
grinsend sitzt der Riesenschneck.
Ich will weg! Ich will weg!

Butterfly-Machinery

Im Folgenden möchte ich für den von mir entwickelten Bio-Konverter werben, der meiner Meinung nach künftig in keinem gut durchorganisierten Garten fehlen sollte. Zur Entstehungsgeschichte: In den letzten Jahren zogen mit dem ersten schönen Wetter im Frühling die Schnecken ihre silbrigen Streifen durch die Beete, sie schleimten durch die jungen Pflänzchen und klebten an den größeren, sie tauchten ab ins Erdreich, um sich nächtens an ihr zerstörerisches Werk zu machen. Kurzum, die Kinder in unserer Familie verweigerten das Essen des eigentlich wunderbaren Bio-Gemüses und der verschiedenen Salate aus unserem schönen Garten unter Verweis auf natürliche Ekelgefühle.

Ich sah mich gezwungen, meine gesamte Kreativität als Dipl. Ing. auf diese ungewohnte Problemstellung zu konzentrieren. Das Ergebnis ist das anzupreisende Konvertibilitätsgerät, das ich unter dem von befreundeten Werbern empfohlenen Namen *Butterfly-Machinery* vermarkten möchte.

Wenn Sie den von mir zugesendeten Bio-Konverter ausgepackt haben, können Sie dessen Farbton selbst bestimmen. Sie benötigen hierzu etwa einen halben Quadratmeter Untergrund aus Papier, Pappe, Holz oder einem anderen festen Material in einem ausgewählten Farbton.

Stellen Sie den Konverter bei Sonnenschein für etwa 30 Minuten auf diesen Untergrund, am besten bei einer Lufttemperatur zwischen 18 und 24 Grad. Wenn Sie eine gemischte Farbigkeit favorisieren, stellen Sie ihn einfach in ein Blumenbeet. Die Farbe der Stellfläche ist insofern ästhetisch genau zu überlegen, als sie sich statistisch nachweisbar auf die Farbigkeit der Resultate auswirkt. Das heißt, dass zum Beispiel ein heller Konverter signifikant häufiger zu weißen und gelben Gestaltvarianten führt. Er ist geruchsneutral, solange er nicht im Regen aufgestellt wird. Er arbeitet nicht geräuschlos, vielmehr entwickelt er – einmal eingeschaltet – einen leichten Brummton, der in der Regel dauerhaft gehalten wird. Ein gelegentliches Umschlagen zu Vogelgeräuschen (i.e. Piepen) ist harmlos und beeinträchtigt nicht seine Arbeitsweise.

Setzen Sie den Bio-Konverter an eine freie Stelle im Garten. Das Gerät wird mit einem Fuß auf dem Boden gehalten. Sie legen den schwarzen

Schalter von 0 auf 1, drücken den blauen Startknopf links und ziehen schwungvoll an dem Griff in der Mitte, bis er anspringt. Der Beginn der Arbeit ist erkennbar an einem leichten Schütteln des Gerätes und dem oben erwähnten Brummton. Vorsichtshalber sollten Sie dann Abstand halten, um Verformungen an Händen und Füßen zu vermeiden, wie dies in wenigen seltenen Fällen beobachtet wurde.

Der Konverter spricht alle Arten von Schnecken innerhalb einer Reichweite von circa 300 Metern an – die Bedeutung der Bodenbeschaffenheit kann an dieser Stelle der Einfachheit halber ignoriert werden. Insbesondere wirkt er auf die sogenannten spanischen Nacktschnecken, die inzwischen auch in unseren Breiten vorherrschende Schneckenart. Wie ein Magnet auf Eisen wirkt er auf die Schnecken; aus allen Ecken Ihres Gartens werden sie auf den Bio-Konverter zukriechen. Wie bei Regen werden sich zuerst Rinnsale bilden, diese Rinnsale werden sich zu Bächen und Flüssen verbreitern und – zunehmend Fahrt aufnehmend – kurz vor dem Bio-Konverter zu einem Schneckenstrom anschwellen. Wie ein großer Staubsauger zieht der Bio-Konverter diesen Strom kraftvoll in seine Öffnung. Die gegen Ende zunehmende Beschleunigung des Schneckenstromes hat übrigens physikalisch den immer besser ausgeschleimten Weg zur Ursache.

Die vom Gerät aufgenommenen Schnecken werden zunächst verflüssigt. Dieser sogenannte Schneckerling-Saft wird im Folgenden weiterverarbeitet zu den inzwischen fast schon populären Schmeckerlingen, die durch die hinteren Rohre herausgeblasen werden. Diese Schmeckerlinge haben im Vergleich mit den aus Raupen entstandenen Schmetterlingen keine erkennbaren Defizite und sind mit diesen in sämtlichen Varianten paarungsfähig.

Selten wurde bisher beobachtet, dass der Konverter-Magnetismus seine Wirkung auch auf andere Tierarten entfaltete. In Ausnahmefällen wurden so Mäuse zu Katzen, Hühner zu Greifvögeln. Um solchen Zufällen vorzubeugen, sollten andere Tierarten auf Entfernung gehalten werden. Eine komplette Wirkung auf Menschen scheint ausgeschlossen. Bisher wurde noch kein Berliner in einen Hamburger transformiert.

Was steckt dahinter – oder: zur Philosophie des Bio-Konverters: Die Face-to-Face-Kontakte zwischen Mensch und Tier erscheinen erkenntnistheoretisch und psychologisch unbefriedigend, wie die Forschung zeigte. Die zum Beispiel rotbraune schleimige Haut der häufigsten Schnecke in Mitteleuropa bleibt dem menschlichen Blick undurchdringlich, er versteht es nicht, die schneckigen Gesichter auf individuelle Unterschiede hin zu identifizieren, geschweige denn sie als Außenseite eines unverwechselbaren und bleibenden Inneren zu lesen. Die Schnecke wird auch von Gutwilligen als bloße klebrige Blackbox wahrgenommen. Deren Gemütsbewegungen sind verborgen, die individuellen Temperamente und Kompetenzen unverstanden.

Das Konzept des Zerfließens zu Schmetterlingen setzt hier an. Wenn sich die spanische Nacktschnecke mithilfe des Bio-Konverters zum Schmetterling wandelt, wird aus menschlicher Sicht eine wichtige Kommunikationsschwelle überschritten. Die Einbildungskraft und das Verständnisvermögen werden auf einer qualitativ neuen Stufe angesprochen. Transformiert in neue Form und Farbenpracht erwecken die ontologisch gleichen Wesen nunmehr Gefühle der Sympathie. Die bunten Gestalten werden anthropomorph gelesen als Hinweise auf Sommer, Liebe und Schönheit. Die Formel *Ich habe Schmetterlinge im Bauch* drückt einen höchst euphorischen Zustand aus, eine Entsprechung in der Art *Ich habe Schnecken im Kopf* ist nicht existent.

Aus all diesen prinzipiellen Gründen habe ich den Bio-Konverter entwickelt, der nach und nach eine völlig neue Basis der Begegnung zwischen Mensch und Schnecke schaffen wird. Nebenbei hat er die oben erwähnten privaten innerfamiliären Probleme gelöst: Bei uns werden täglich die Bio-Produkte aus dem eigenen Garten mit Genuss gegessen. Die am Konverter beteiligten Firmen kommen naturgemäß aus der biologischen Hochtechnologie wie auch aus der Kommunikationsbranche, deshalb ja auch *Butterfly-Machinery*.

Ich wünsche Ihnen eine gute Ernte und einen gesegneten Sommer!

Im Banne der Vampirin

Der Mond ist aufgegangen – schön
mit Wolken grau verhangen – nun
weil keine Sternlein prangen – ruhn
kann ich jetzt noch nicht. – Gestöhn

liegt im Gebälk, Gewinkel
und in der Luft Gerausche
ich steh am Baum und lausche
es ist mir kalt ich tausche

die Sicht der Lage aus. Mein
Handy fiept mit leerem Akku
Empfang war hier noch nie bislang
und heller wird der Mondenschein

die Stimme haucht Ruckedigu
sie klingt nach Lust und Grabgesang
ich spür das Runzeln meiner Stirn
ein Schauder läuft den Rücken lang

und träufelt lähmend in mein Hirn
ich gehe los wie von allein
besinnungslos im Vollmondschein
im Hals ein Kloß die Augenbrauen

zusammenrücken, der Vollmond
ist nur in Stücken noch, davor
ein Baum, und im Geäst zwei Eulen
die Wolke gibt den Trauerflor

und mir trieft ganz ungewohnt
die Nase, von den Eulen
die linke blinzelt in den Mond
sie schnieft, dann hör ich Heulen

durch die Äste mit Gebraus
im Zickzack kommt die Fledermaus
um mein Haupt sie flügelflagelt
ich stehe da wie festgenagelt

ein Schemen erst im Zauberkreis
verlockende Erregung
dann winkt sie mir die Frau in Weiß
mit einer Handbewegung

mit beringten schlanken Fingern
zwingt und zieht sie mich heran
ich fang zu schwanken an, zu schlingern
gerate tief in ihren Bann

sie steht im Mondlicht und sie schimmert
makellos unwirklich schön
mir läuft die Nase und es flimmert
der Brust entringt sich ein Gestöhn

tiefroter Glanz auf ihren Lippen
wie Knurren aus dem schönen Hals
zwei Finger auf die Brust mir tippen
mir stockt der Atem, jedenfalls

sie öffnet ihren schönen Mund
sie haucht das alte Zauberwort: „?#&^€*@*Δchc§%#“
in Ohr und Seele mir, ja, und
das pendelt in mir fort und fort

ich bin ihr ganz verfallen
jetzt kann ich nur noch lallen
aus meiner Welt gefal la len
la la la la la la la la len

Amor omnia vincit

Oder: Happy End für Fräulein Christine

Und wenn sie gleich verschwände? Der Schrecken über die blutende Wunde legte sich schon. Würde er ihr tatsächlich nie wieder begegnen? Würde er – wie sie gedroht hatte – vor Sehnsucht nach ihr vergehen, bis ans Ende seiner Tage?

Die Flamme der Lampe flackerte und verlosch. Mondschein fiel auf ihren halb nackten Körper, durch eine vorbeiziehende Wolke bald verwischt. Christine trat auf ihn zu und streckte ihren Arm aus. Ihre vollen schwarzen Haare fielen über ihre weißen Schultern. Ihr Gesicht glänzte wie aus Porzellan. Was hatte sie eben gemeint, als sie ihm entgegenschleuderte, für eine Liebesstunde mit ihm hätte sie keine Bedenken gehabt, den schlimmsten Fluch auf sich zu laden? Und was bedeuteten ihre Worte: „Könntest du bei mir bleiben, welch ein unerhörtes Wunder würde da geschehen!"

Es wurde dunkler im Zimmer, er spürte die wiederkehrende Leidenschaft und legte ihr die Hand auf die Schulter, sanft, beschwichtigend. Seine Finger strichen über ihre geheimnisvolle glatte Haut und waren gleich wieder wie bezaubert. So hatte er noch nie geliebt. Verlor Christines Gesicht seinen traurigen Ausdruck, formten ihre unwiderstehlichen Lippen den Ansatz eines Lächelns, verspürte er wieder jenen betäubenden Duft, der ihn zur Raserei gebracht hatte? Es wurde heller, die Wolke musste vorbei sein, er hörte zugleich ihre Gedanken: Egor! Sie nannte nur seinen Namen – und nur ihn. Er sah in ihre bernsteinfarbenen Augen, die kurz leuchteten wie die einer Katze am Kamin. Jetzt wurde ihm nichts aufgezwungen, er konnte wählen: Sich um Christine bemühen – oder sie ziehen lassen. Klar und deutlich sah er ihre Brüste. Nun musste er bei Sinnen bleiben, durfte nicht den Verstand verlieren. Er schloss die Augen und atmete durch, er roch ihren verlockenden Körper – und versuchte es nicht zu beachten. Er durfte sie nicht ziehen lassen, die Gefahr, sie auf immer zu verlieren, schien zu groß. Sie musste in seiner Nähe bleiben – und dafür müsste er stärker sein als sie, als die Zwänge, denen sie unterlag, stärker als die Macht, die hinter ihr stand.

„Bleib bei mir – ich komme zurück", hauchte er und küsste sie auf die Stirn, kurz, um sich wieder lösen zu können. Christine lächelte und setzte sich aufs Bett, er musste wegsehen – um ihr nicht sogleich wieder zu verfallen. Schnell verließ er das Zimmer und verschloss die Tür von außen. Sie war aus Eichenbohlen gefertigt und mit Eisen beschlagen. Hier war kein Durchkommen für Mensch und Tier, und natürlich auch nicht für vampirische Wesen, denn diese unterlagen, soweit er wusste, auch bestimmten Gesetzmäßigkeiten und waren nicht allmächtig, gerade im Hinblick auf das Betreten und Verlassen von verschlossenen Räumen.

Er trat nach draußen und sog die frische Luft tief in seine Lungen. Er hörte die Käuzchen rufen und in der Ferne Katzengeschrei. Die Schatten von Fledermäusen kreuzten sich mit denen der ersten Vögel. Im aufkommenden Licht führte das Mückenvolk seine rituellen Tänze auf. Die Zärtlichkeiten des Fräulein Christine hatten sich in seine Haut eingebrannt. Wie würde er ohne sie leben können?

Egor bemerkte, wie seine rechte Hirnhälfte zu feuern begann: Er würde nicht den Bettel hinwerfen und aufgeben. Aufmachen würde er sich in das unbekannte Land, in dem hinter jedem Busch ein beißendes Wesen lauern konnte, um die schöne Frau zu retten. Eine Saite wurde in ihm angeschlagen, die zuletzt in seiner Kindheit geklungen hatte. Der Leitspruch seines Lieblingsritters aus jenen Tagen fiel ihm ein: Amor omnia vincit, die Liebe überwindet alles, führte dieser in seinem Banner. Er würde der Ritter sein, der Christine rettete.

Er ging zu den Stallungen und holte die Kutsche. Ohne Verzögerung wollte er in die nächste Stadt fahren, um dort die Bibliothek zu besuchen.

Als er des Abends zurückkehrte, stand sein Plan fest. Er hatte alle Texte zum Thema gesichtet und sich einen Überblick über den Diskussionsstand verschafft. Als lehrreich empfand er im Grundlagenbereich vor allem die Texte des Professors van Helsing, obwohl er dessen Schlussfolgerungen und Handlungsanleitungen für verfehlt hielt und als zu drakonisch ablehnte. Aus ihnen sprach noch der Geist eines anderen Jahrhunderts. Er gab den liberalen Helsing-Kritikern recht, und wollte entsprechend ihren Theorieansätzen einen Therapieplan entwickeln. Überdies hatte ihm der Zufall ein Buch in die Hände gespielt, unmittelbar neben der Sektion zur Geschichte und Theorie des Vampirismus befand sich die Märchenabteilung, dem er die Leitidee seines Planes entnahm. *Erzählungen aus tausendundeiner Nacht* hieß dieses hilfreiche

Werk, in dem der jahrelange Kampf zwischen der Kunst des Erzählens und der schönen Worte auf der einen Seite und der Mordlust des Königs auf der anderen geschildert wird, und in dem das schöne Erzählen am Ende den Sieg davon trägt: „Als aber der Nächte tausend und eine vorüber waren, da war Scharirar ein anderer geworden. Und alsbald verbreitete sich die Freude im Schlosse des Königs, und sie strömte auch durch die ganze Stadt. Jene Nacht zählte zum irdischen Leben nicht, und ihre Farbe war weißer als des Tages helles Angesicht." Sollte ein solches glückliches Ende für Christine und ihn ausgeschlossen sein? Er mochte es nicht glauben.

Und so machte er sich gleich ans Werk, um seinen Therapieplan zu verwirklichen. Mithilfe der Leute aus dem Dorf installierte er eine Lichtanlage vor den Fenstern der Kammer, in der Christine eingesperrt war. Die Scheinwerfer richtete er so in den Raum, dass dieser hell erleuchtet war. Mit der Abenddämmerung wurde sie eingeschaltet, am ersten Tag für eine Stunde, dann täglich eine Stunde länger, bis sie die ganze Nacht über brannte. Gleichzeitig klappte er mit dem beginnenden Tageslicht die Läden vor die Gitterfenster, sodass sich allmählich der Rhythmus von Tag und Nacht umkehrte.

Nach zwölf Tagen hatte sich Fräulein Christine dem Wechsel angepasst und er brachte ihr allmorgendlich das Frühstück ans Bett in dem abgedunkelten Zimmer. Mit der Köchin ging er täglich die Zusammenstellung der Speisen genau durch. Anfänglich aß Fräulein Christine zum Frühstück nur Blutwurst und Schinken, zu den anderen Mahlzeiten erhielt sie vorzüglich zubereitete Variationen aus Schweine-, Rind- und Hühner-Fleisch. Nach einer Woche wurden die Fleisch- und Blutanteile allmählich reduziert und kaum merklich durch köstliche Gemüse und Salate ersetzt. Die noch gelegentlich gereichten Fleisch- oder besser Fettbeilagen wurden aus dem verkommensten Fastfood-Imbiss der Stadt, in dem nur altes Fleisch in ranzigem Öl verarbeitet wurde, sorgfältig ausgewählt und herangeschafft.

Zum Frühstück tischte Egor nun frisch gemachte Marmeladen und Honig auf. Frische Brötchen hatte Fräulein Christine früher schon gelegentlich gegessen, aber Croissants waren ihr gänzlich unbekannt. Sie forderte mindestens drei Stück zu jedem Frühstück. Er kam diesem Wunsch mit Liebe nach und erfreute sich an ihrem sich wieder entwickelnden Appetit, nachdem sie einige Tage mit Essstörungen zu kämpfen hatte, die seinem Substitutionsprogramm geschuldet waren. In dieser Zeit hatte er zwischen Anorexie-Ängsten und Schaudern geschwankt, wenn er gelegentlich bemerkte, dass sich etwas wie Gier in ihrem Blick zeigte, der sich ausgerechnet auf seinen Hals fixierte. „Amor omnia vincit“, munterte er sich selbst auf. Wenn sich die beiden Triebe ins Gehege kamen, so würde die Liebe über die Sucht und den Bluttrieb siegen. Hoffte er. So viel Vertrauen musste er schon in die Gefühlslage und den Willen des Fräulein Christine setzen. Sollte ihre Liebe eine Zukunft haben, dann müsste sie sich schon selbst überwinden, zumindest ihre physiologische Basis. Offensichtlich hatte sie einiges für ihre Begegnung riskiert, dahinter konnte er nicht feige zurückstehen.

Nach dem Frühstück kamen die Stunden der Vampir-Romane. Fräulein Christine und Egor waren übereingekommen, dass es noch zu früh sei, sich der Welt und dem wirklichen Leben zu stellen. Die Welt der Vampirromane hatte im Vergleich den großen Vorteil, dass sie keine Nacherzählung der realen Welt samt deren anderer dunklen Seite war, sondern reine Erfindung und insofern viel flexibler und angenehmer zu handhaben.

„Wenn ich die Romane von Bram Stoker oder Mircea Eliade lese, lebe ich nicht wirklich in dieser imaginären Welt, aber ich bin auch nicht tot, denn ich lese ja“, sprach Fräulein Christine in einer entspannten Unterhaltung beim Pfefferminztee und sie vergaß nicht hinzuzufügen: „Dieses Schweben kommt meinem Wesen sehr entgegen.“

In solchen Augenblicken fühlte Egor ihre Seelen im Gleichklang und er wischte sich verstohlen eine Träne der Rührung aus dem Augenwinkel. Als das Repertoire an Vampir-Romanen in den umliegenden Bibliotheken zur Neige ging, verfiel Egor auf die Idee, selbst kleine Erzählungen vampiristischen Inhalts zu schreiben und ihr vorzulesen. Dies hatte nicht nur den Vorteil, dass ihn Christine zur Belohnung jedes Mal verführte; vielmehr sah er so auch eine weitere Chance, erzieherisch auf sie einzuwirken. Er schrieb die handelnden Figuren nämlich um, gestaltete sie freundlicher und vielschichtiger, stattete sie mit durchaus untypischen Interessen und einem komplizierten Innenleben aus, er ließ sie sich zum Beispiel an der Natur erfreuen, seine Naturschönheiten waren jedoch immer nur rauschende Bäume oder blühende Pflanzen. Auf Tiere jedweder Art verzichtete er, um ernährungsphysiologisch nicht kontraproduktiv zu wirken. Fräulein Christine fragte ihn erstaunt das ein- oder andere Mal, bevor sie ihn mit einem Liebesakt belohnte, ob das wirklich eine Vampir-Geschichte gewesen sei.

Als die Fensterläden tagsüber immer häufiger geöffnet blieben und die Lichtanlage nachts gar nicht erst eingeschaltet wurde, weil Fräulein Christine tief und fest schlief, kam die Zeit, sich wieder nach draußen zu begeben. Egor, der immer ein großer Sportler gewesen war, versuchte

Fräulein Christine für das Joggen zu erwärmen. Nachdem sie sich ein bisschen gesträubt hatte, stimmte sie unter der Bedingung zu, dass sie über dem Trikot ihren gewohnten Umhang tragen durfte, und, natürlich, Handschuhe. Und so liefen sie durch den alten Park, durch Felder und Wiesen bis zum Eichenwald im Durchbruchstal. Er war erstaunt, wie geschmeidig und leichtfüßig sie sich bewegte – und konnte nicht den Blick von ihrem schlanken Körper lassen.

An der Schlucht zeigte er ihr den Aussichtspunkt. Tief unten schlängelte sich der Fluss durch die Felsen. Sie warf nur einen kurzen Blick nach unten. Für Naturästhetik war sie offenbar noch nicht empfänglich. Sie strahlte Egor an und trat auf ihn zu. Er roch ihr Haar und ihren Körper. Sie zog sich ihren schwarzen Handschuh von der rechten Hand und warf ihn hinter sich in den Abgrund. Sie fuhr mit ihrem langen schlanken Zeigefinger von Egors Schläfe über die Wange zum Hals. Er spürte eine gewaltige Kraft, der er nichts entgegensetzen konnte und wollte. Er schloss die Augen. Der folgende Kuss war sehr weich und sehr feucht und sehr warm. Er verlor ein bisschen das Gleichgewicht, und als er zurücktreten wollte, war da nichts – nur Luft. „Amor omnia vincit“, dachte Egor, als er aus der Welt und in die Tiefe stürzte.

Unheimlich unsteinlich

Ein metaphysisches Steingedicht

Beim Stelldichein warn wir zu zwein,
es kam der Schein vom Stein allein.
Was fehlte war des Steines Sein!
Man sollte es nicht meinen,
beinahe wollt ich weinen.
Doch insgeheim und allgemein
dacht ich auch ohne ganzen Stein
lässt sich wahrscheinlich glücklich sein

Zauber eines Spielzeugladens

Tatsächlich hatte er noch ein Zimmer in dem bekannten Hotel erhalten. Es lag mitten in der Stadt, in der Nähe des Rathausmarktes gleich gegenüber dem mittelalterlichen Dom. Gut gelaunt musterte Georg das aufwendig renovierte Zimmer. Die alten Möbel standen – so fand er – in einem reizvollen Kontrast zu dem einladenden Doppelbett in der Mitte des Zimmers. Ein großer und zugleich graziler Schreibtisch mit geschwungenen Beinen stand seitlich vor dem Fenster.

Sein Blick fiel auf die mit einem kleinen Drachen bedruckten Briefumschläge und Papierbögen, wahrscheinlich dem Hotel-Logo. Der Brieföffner mit dem stilisierten Echsenschwanz wog schwer in der Hand. Georg legte ihn zurück, trat zum Fenster und zog die Vorhänge auf. Von hinten hörte er seine Freundin und Kollegin Lilli. Sie war die Frau mit einem Faible für seltene Parfums und teure Lippenstifte. Sofort hatte sie das luxuriös ausgestattete Badezimmer begutachtet und war fröhlich unter der Dusche verschwunden. Sie war auch die Frau, die irgendwie in die Zukunft zu weisen schien, aber er war noch nicht dazu gekommen, dies in Ruhe zu durchdenken. In der letzten Zeit hatte er beruflich zu viel um die Ohren gehabt.

Durch das hohe Fenster blickte er auf die gegenüberliegende graue Wand des alten Doms und, unter sich, in die Fußgängerzone, in der viele Menschen unterwegs waren. Die schlendernden und um sich schauenden Touristen waren leicht als solche zu erkennen. Die einheimischen Bürger der Stadt und des Umlandes trugen meist große Tüten und Pakete, Weihnachten war nicht mehr fern. Auch er fühlte Weihnachtliches aufwallen, dem er sich in diesem Augenblick bereitwillig hingab. Schneller als erwartet erfüllte sich sein Karriereplan, überraschend war schon die neue lukrative Stelle in Sicht.

Von dem vieleckigen Kirchturm, dem Wahrzeichen der Stadt, war von hier aus nichts zu sehen, der berühmte Grundriss der Kathedrale gerade so zu erahnen. Die Außenwand des Mittelschiffes, auf die er blickte, wurde durch Säulen und matt erleuchtete Fenster strukturiert, in einigen Nischen waren Skulpturen erkennbar, vielleicht Heiligenfiguren. An Simsen und Vorsprüngen waren figürliche Abtraufen zu sehen, schlangen- und drachenhafte Wasserspeier oder Gargylen. Auf ihnen saßen Vögel, Krähen oder Dohlen. Er beobachtete, wie sich ein besonders großer Rabenvogel an einer dieser Figuren den Schnabel wetzte. Das gleichförmige Hin und Her des Kopfes wurde jäh durch eine explosive Bewegung unterbrochen, die von dem Wasserspeier auszugehen schien. Ein Flügelschlagen und Flattern, Federn stieben und der Rabe flog die Domwand entlang nach unten, nein – er flog nicht, er fiel, sich drehend und überschlagend, bis er auf dem Straßenpflaster aufklatschte, unmittelbar vor einem Touristen, der erschrocken zurücksprang, die Hände mit dem Fotoapparat vors Gesicht reißend, um dann nach oben zu sehen, während sich langsam um den schwarzen Vogel eine Blutlache ausbreitete. Der Wasserspeier bewegte sich wieder, so als tue er einen Schritt zur Seite, schlenkerte den Kopf – und erstarrte. So sah es zumindest aus – doch das konnte ja nicht sein. Georg hatte den Arm hochgerissen und zeigte auf den Wasserspeier, aber die Stimme versagte ihm.

Aus der Dusche zurück, stand Lilith summend vor dem Spiegel. Sie hatte sich schon zweimal umgezogen und kümmerte sich gerade um ihr Make-up. Im Hintergrund des Spiegels bemerkte sie Georg, der vom Fenster aus die Kirche betrachtete oder eine der Krähen, die dort im Mauerwerk saßen bzw. die – jetzt irgendwie ins Trudeln geriet, einen Looping machte und dann die linke Spiegelhälfte im Sturzflug verließ. Georg hatte schiedsrichterartig den Arm hochgenommen, einen schafsförmigen Gesichtsausdruck aufgesetzt und schien jetzt wie versteinert. Sie setzte ein charmantes Lächeln auf und ging zu dem Denkmal am Fenster.

Er spürte die schöne Hand seiner Freundin im Nacken und atmete durch. Während er ihren Erklärungen zuhörte, runzelte er die Stirn und blies die Wangen auf: Sie habe alles im Spiegel gesehen, wie sie jetzt auch die tote Krähe sähe, was sei denn dabei so außergewöhnlich, auch Vögel seien nicht gegen Herz- ,Hirn- oder Steinschlag gefeit.

Begriff sie, was geschehen war? Er hatte das Gefühl, einer Fremden gegenüberzustehen, die Floskeln hin und her schob. Die Lage würde so bleiben, wie sie war. Er musste schon die Sache selbst in die Hand nehmen, fragte nach, ob sie den Wasserspeier gesehen hätte, was sie nicht nur verneinte, sondern sie stritt glatt ab, dass dort überhaupt einer wäre. Er deutete auf die Kirchenwand mit einer Geste, als könnte er aus dem Zeigefinger schießen.

Ja, jetzt sah sie ihn auch, ein Hund, eine Katze? Sie wurde neugierig, holte aus ihrem Koffer ein Opernglas und reichte es ihm, weil in erster

Linie er durch diese mittelalterliche Figur berührt und betroffen schien. Er stellte es scharf, murmelte etwas und versuchte sich dann an einer Beschreibung: Der Kopf mute an wie die Fortentwicklung eines Hyänen-Kopfes, er hocke auf vier Pfoten, die denen einer Großkatze ähnelten, die angelegten großen Flügel glichen denen von Fledermäusen, sein Schwanz erinnere an ein Krokodil oder einen Alligator. Allerdings habe der Wasserspeier weder Fell noch Federn.

„Wie soll er auch, er ist aus Stein", warf sie munter ein. Der Körper glänze wie von poliertem Leder oder dunklem Metall und die übergroßen Augen schimmerten grün. Sie sah selbst durch das Glas und stutzte: „Es wird sich wohl um reflektierendes Licht aus einem Schaufenster handeln. Ist nicht gleich neben dem Hotel ein großes Spielzeuggeschäft?" Sie gab das Glas zurück und wandte sich ins Zimmer zum Spiegel – vergebens. Er trat hinter sie und schweigend musterten sie beide das Spiegelbild des Kirchengemäuers: Alle Nischen und Simse waren klar zu erkennen, auch die vielen anderen Gargylen waren deutlich zu sehen, nicht aber ihr geschwänztes Großauge. Der eine, der besondere Wasserspeier war nicht da. Es gab ihn nicht.

Der spöttische Zug um ihre Lippen war inzwischen eingefroren: „Bald beginnt die Dämmerung, es muss an den Lichtverhältnissen liegen."

Er bemühte sich um eine unaufgeregte und feste Stimme, er wollte ganz analytisch bleiben. „Sie hat aber noch nicht angefangen, die Dämmerung", begann er, er hatte den Eindruck, selbst neben sich zu stehen und einer brüchigen, fast krächzenden Stimme zu lauschen. Er räusperte sich, als sie, zurück am Fenster, einen kleinen Schrei der Überraschung ausstieß: Er war verschwunden. „Dein Fledermausdrachen ist weg!"

Irgendwie schien sich die Sache zu klären. Was verschwunden war, ließ sich nicht im Spiegel ansehen. Und vor allem: Heute Abend wollten sie gemeinsam ins Restaurant! Darauf freute sie sich schon den ganzen Tag, das wollte sie sich nicht vermasseln lassen: „Was nicht sein kann, das lässt sich auch nicht sehen, es ist eine Täuschung, eine Illusion, eine Spiegelung – was weiß ich. Das Denken schafft nun mal größere Gewissheit als die Wahrnehmung, die kann immer in die Irre gehen. Du weiß so gut wie ich, dass es keine mittelalterlichen Mischwesen gibt. Also Schluss mit der Spökenkiekerei, wir wollen heute zusammen Abend essen."

Etwas in seinem Gesicht schien sie zu irritieren, sie ging zwei Schritte zum Hoteltelefon und hielt ihm den Hörer entgegen: „Oder willst du dich beim Zimmer-Service beschweren? Die 110 anrufen? Was willst du denn erzählen? Du hättest einen Drachen ohne Spiegelbild gesehen, der Krähen jagt?“ Und sie brachte ihre schönen rotglänzenden Lippen ganz nah an sein Gesicht. Auch wenn es Züge von Selbstverleugnung hatte, mochte er die ausgestreckte Hand nicht ausschlagen, er nahm den Hörer, legte auf und zog sie an sich.

Als sie später das Hotel verließen, bemerkte er auf der gegenüberliegenden Straßenseite einen großen schwarzen Hund, der an der Stelle schnüffelte und leckte, wo der tote Vogel liegen musste. Doch Lilli hakte ihn unter und zog ihn sanft in die entgegengesetzte Richtung weiter. Vor dem riesigen Schaufenster des Spielzeuggeschäftes blieben sie stehen und betrachteten das Spielzeugangebot für dieses Jahr.

„Wow“, sagte sie und lachte, „Mega-Weihnacht.“ In der linken Hälfte dominierten Tarnfarben und Metallisches. Laserschwertkämpfer drehten und blinkten neben traditionellen Panzergrenadieren mit Nachtsichtgerät und fantastischer High-Tech-Ausrüstung, neben Spielkonsolen posierten futuristische Krieger der Cobra Viper Kommandos, piepten Aliens und Mutanten mit Dolchzähnen und Scherenhänden, als würden gerade fantastische Verstrahlungswaffen gegen sie gerichtet. Nach rechts hellten die Farben auf, eine rosarote Prinzessinnen- und Puppenwelt tat sich auf, mit pinkfarbenen Laptops und Spielzeugtoiletten, mit Tanzdivchen und Himmelshexen und elektronischen Feen, mit Babypuppen, die in die Windeln machten.

Aber irgendetwas stimmte nicht in diesem Schaufenster! Er entdeckte vor dem Bildschirm mit Werbung für *Indianer Jones 2* lauter Sichelhände und Fangzähne, die dort zu einem kleinen Häuflein geschichtet waren. Und plötzlich entdeckte er Zusammenhänge. Die Sicheln und Fangzähne gehörten zu den kosmischen Kampfrobotern, die so erstaunlich plump und harmlos wie altertümliche Zwerge im Hintergrund standen, sie waren ihnen abgetrennt worden. Die Schneewittchenpuppe von Disney sah auf den ersten Blick seltsam aus, auf den zweiten war zu erkennen, dass ihr ein schlichter Nagel durch den Hals getrieben worden war; die Harry-Potter-Figur war nur noch an den Brillenresten identifizierbar, denn ihr Schädel lag zertrümmert in der Auslage. Puuh, dem Bären, nutzte nun auch seine Interaktivität wenig, denn er hatte keine Beine mehr, sie waren amputiert und als Deko einer großen Barbie-Puppe ins Haar geflochten. Während er noch überlegte, ob dies vielleicht doch ins diesjährige Weihnachtsprogramm gehörte oder ein besonderer Werbe-Gag sein könnte, spürte er den festen Griff von Lillis Hand, die ihn weiterziehen wollte. Als er sich gerade wegdrehen wollte, blieb sein Blick an einer Figurengruppe hängen: Zwischen zwei Plastik-Zombies saß – nein, das konnte nicht sein! Er schüttelte den Kopf und kniff die Augen einmal zu. Als er sie wieder öffnete – hatte sich nichts geändert. Dort saß klar und deutlich der Wasserspeier, den er noch vor Kurzem durch das Opernglas angeschaut hatte. Er atmete durch und zeigte ihn Lilli.

Sie riss die Augen auf, trat einen Schritt zurück, und dann lachte sie – aus voller Kehle. „Das ist ja hervorragend gemacht", sie schnappte nach Luft, „die mittelalterlichen Dom-Figuren werden hier nachgebildet und einfach genial in das Arrangement des üblichen Spielzeugs eingefügt. Darauf muss man erst einmal kommen!"

Er wollte einwenden, dass nur der eine Wasserspeier zu sehen wäre, doch er verstummte. Denn dieser hatte seine Stellung verändert. Während er sich eben noch auf beide Vorderbeine gestützt hatte, war jetzt die eine Tatze oder Pranke erhoben. Sie zeigte auf eine Sammlung von Dragonball-Karten, die vor einer Spielkonsole ausgelegt waren. Er ließ sich von Lilli weiterziehen, die ihm erklärte, dass in diesem Schaufenster die mittelalterliche Idee der Gargylen mustergültig umgesetzt sei: Mit ihrem dämonischen Aussehen sollte den bösen Geistern und Gespenstern außerhalb der Kirchen ein Spiegel vorgehalten werden, um sie abzuwehren und die Menschen in den Kirchen vor ihren Einflüssen zu schützen. „Und genau das Gleiche geschieht hier im Spielzeugladen."

Das überzeugte ihn auf keine Weise. Die Händler griffen auf die mittelalterlichen Abwehrfiguren zurück, um vor dem eigenen Spielzeug zu schützen? Dann sollten sie ihre eigenen Monster und Mutanten gar nicht erst verkaufen. Georg suchte zu vermitteln, ihm lag durchaus an diesem Abend: „Oder hältst du den Speier für ein ironisches Zeichen für die Erwachsenen?"

Lilli lachte – und ihr war die Erleichterung anzumerken: „Nein, wovor haben denn die Kinder Angst? Natürlich vor Gewalt und Schmerzen, vor Einsamkeit und Chaos und all diesen Dingen. Und dafür brauchen sie ihre Aliens und Krieger und Puppen! Der ganze Laden ist voller Gargylen, voller moderner Wasserspeier."

„Und was ist mit all den Prinzesschen?"

„Ist doch klar, die Prinzessinnen stehen für Erfolg und Schönheit und Harmonie und ..." sie näherte ihm ihre Lippen, „... für alles Rosarote." Und er ließ sich mitziehen zu dem Restaurant, um dort Abend zu essen. Insgeheim wäre er lieber zu dem Dom zurückgegangen, um nachzusehen, ob der Wasserspeier an seinem Platze wäre.

Als sie am späten Abend müde zurück zu ihrem Hotel gingen, begann es zu schneien. Die alte Stadt wurde leise und das gelbe Licht der Laternen verwischt. Als er im Hotel – seine Freundin war bereits zu Bett gegangen – aus dem Badezimmer kam, warf er noch einen schnellen Blick durchs Fenster auf die gegenüberliegende Kirchenwand. Auch auf den Vorsprüngen und Simsen sammelte sich der Schnee, die Heiligen-Skulpturen und Gargylen trugen weißen Pelz. Nur eine Stelle fiel ihm gleich auf: Dort schien der Schnee sofort weggeschmolzen zu werden, und da saß – durch eine Laterne gut beleuchtet – sein Wasserspeier. Die Laterne wäre nicht notwendig gewesen, um ihn zu erkennen, denn seine Augen leuchteten grün.

Er atmete tief durch und schloss die Augen. Lilli könnte er jetzt nicht schon wieder mit dem unheimlichen Wasserspeier kommen. Er seufzte leise, drehte sich zur Bar und ließ dem Seufzer einen Johnny Walker folgen. Behutsam ging er zu Bett, um die schon schlafende Lilli nicht aufzuwecken. Die letzten Tage waren anstrengend gewesen und seine Sinne wahrscheinlich überreizt. Morgen würde die Welt schon wieder anders aussehen.

Kurze Zeit später war er eingeschlafen, abgesunken in das Zwielicht gewaltiger Abgründe, über die er schwebte, als würde er fliegen, obwohl er keinerlei Bewegung an sich ausmachen konnte. Sein Körper nahm irgendwie an Geschwindigkeit zu, er sah aber weder Arme noch Beine, sondern nur die heller werdenden und sich verdunkelnden Flecken einer bizarren Felslandschaft. Sein Wille schien wie gelähmt, eine große Kraft zog ihn in Wellenbewegung immer weiter vorwärts. An seiner Seite tauchten verschwommene Objekte auf, die ihn eine Zeit lang begleiteten, um dann abrupt nach unten oder oben wegzutauchen. Aus der Tiefe des Raumes unter ihm nahm eine Bewegung eine fledermausartige Gestalt an, die ihn an den Wasserspeier erinnerte. Auch als sie sich näherte, konnte er sie nicht genau erkennen, und als sie sich mit gewaltiger Kraft zwischen seinen Schulterblättern festsetzte, war sie aus seinem Blickwinkel verschwunden. Er fühlte Schweiß oder eine andere Flüssigkeit über seinen Rücken laufen und hatte das Gefühl, von diesem Fledermauswesen gesteuert zu werden. Die Vorwärtsbewegung wurde entschleunigt und schließlich vor einem großen Tor oder Fenster ganz abgebremst, das mitten im Raum zu schweben schien. Er sah seine Hände wie fremde Tiere sich anheben und den Griff des Torfensters langsam umdrehen, sodass beide Flügel sich dann wie von alleine öffneten. Er musste hindurch, das wusste er. Als er sich über die Schwelle bewegt hatte, ergriff ihn jähes Entsetzen.

Es war sehr kalt im Zimmer, als Lilli morgens erwachte. Sie sah, dass das große Fenster zur Straße hin sperrangelweit offen stand, der Vorhang flatterte wie eine schwarze Fahne nach draußen im Wind. Der Platz an ihrer Seite war leer, das Bett neben ihr ganz kalt. Wo war Georg? Mit einem unguten Gefühl lief sie zum Fenster und blickte nach unten auf die Straße. Es hatte über Nacht stark geschneit, ansonsten war nichts Auffälliges zu sehen. Zu diesem Zeitpunkt konnte sie noch nicht wissen, dass sie Georg nie wiedersehen würde.

Tod im Rapsfeld

Wie das Gelbe eines Spiegeleis hing die Sonne am Himmel, als ich loslief. Kurz zuvor hatte ich bei meinem Nickerchen noch von Pfifferlingen und Löwenzahn geträumt. Was das wohl zu bedeuten hatte? Als ich zwischen den Sonnenblumen und dem Beet mit Topinambur den Garten verließ, versuchte ich, die Bewegung ganz aus dem Körper kommen zu lassen, nicht aus dem Kopf. Ein befreundeter Jogger hatte mir erklärt, im menschlichen Zellgedächtnis stecke das Erbe der gesamten Evolution. Uns liegen also Tiger und Löwen in der Bewegung. Vielleicht auch Giraffen. Mein farbig schaukelnder Schatten deutete eher in diese Richtung, und natürlich zum lockenden Rapsfeld abseits des Dorfes. Beim Laufen bemerkte ich winzige Bewegungen auf meinen Armen. Vielleicht hätte ich zum Joggen doch ein andersfarbiges Trikot anziehen sollen, denn ich schien eine unwiderstehliche Anziehungskraft auf Rapsglanzkäfer zu entwickeln, die mir überall auf den Armen krabbelten und am Oberkörper juckten. Ich spürte, wie mein blonder Bart immer mehr ausdünnte, aber meine braunen Haare blieben alle dran, obwohl jetzt neben mir auch der Schweiß zu laufen begann. Meine treulosen Nikes wechselten die Farbe und vergilbten. Das Feld empfing mich mit starken Gerüchen und einem staunenden und unersättlichen Gelb. Meine linke Hand fiel sogleich ab und lief auf dem schmalen Weg durch das Rapsfeld wie eine Vogelspinne vor mir her. Ich verprügelte einen gelbroten Lärm am Rande und verwarnte einige schrillende Stängel.

Plötzlich veränderte sich mein Laufstil und ich sah etwas zwischen die gelbflimmernden Blüten springen. Das musste mein linkes Bein sein. Auf dem rechten hüpfte ich weiter und hätte fast nicht bemerkt, wie sich mein linker Arm freundlich verabschiedete und im Gelb verschwand. Ich war guter Laune, weil die Trennung so schmerzlos erfolgte. Ein Wolkenmesser schnitt die Hälfte der Sonne so zügig ab, dass die gelben Falter zu torkeln begannen. Dann ging auch mein rechtes Bein ab und raschelte ziemlich laut zwischen Stängeln und Stielen. Ich biss mir auf die Lippen und hatte Zitronengeschmack im Mund. Leider war mein Schwung jetzt dahin.

Im Halbschlaf

Ich schrecke hoch. Ist da nicht die Haustür eben ins Schloss gefallen? Dieses Knarren jetzt, ist das die erste Stufe der Treppe? Vielleicht der Wind im Kamin. Kommt Papa leise die Treppe hoch? =der Mama? Um den kleinen Bruder nebenan auf den Topf zu setzen. „Mach Pippi!" Und wenn es nicht klappt, drehen sie den Wasserhahn an, dass es leise rauscht. Klappt immer bei dem kleinen Bruder, warum eigentlich? Kann aber nicht sein, Mama und Papa sind zu einer Feier im Sportverein eingeladen, der kleine Bruder übernachtet heute bei den Großeltern. Also bin ich ganz allein im Haus. Hoffentlich! Ich muss einfach cool bleiben.

In der letzten Woche habe ich ja auch gedacht, dass jemand neben meinem Schrank steht. Wenn er wirklich da gestanden hätte, wäre er mit einem Sprung bei meinem Bett gewesen, mit nur einem Sprung. Stimmte aber nicht, es war nur Vollmond, glücklicherweise. Und der hatte Schatten in meinem Zimmer geworfen, wie ich sie noch nie gesehen hatte. Ja, der Vollmond. Heute Nacht ist aber kein Vollmond, als ich ins Bett gegangen bin, hat es geregnet und draußen im Garten war es ganz dunkel, der Himmel wolkenverhangen. Trotzdem knarrt es jetzt schon wieder auf der Treppe. Da muss jemand sein. Mir läuft es kalt den Rücken runter. Soll ich aufstehen, ganz leise zum Lichtschalter schleichen und plötzlich das Licht anschalten? Vielleicht bekommt der Einbrecher einen solchen Schreck, dass er in Ohnmacht fällt. Oder sich umdreht und die Flucht ergreift.

Ich stütze schon meinen Ellbogen auf, da fällt mir ein, dass Einbrecher wahrscheinlich so ängstlich nicht sind. Nicht nur er steht plötzlich im Licht, wenn ich es einschalte, er kann mich oben auf der Treppe deutlich sehen. Und dann? Ich müsste fliehen und mich verstecken, aber wo? Lieber tue ich gar nichts, oder doch, ich ziehe das Federbett über mich und stecke den Kopf unter das Kopfkissen, damit ich ihn wenigstens nicht höre. Vielleicht übersieht er mich einfach, wenn er ins Zimmer kommt. Von mir will er wahrscheinlich sowieso nichts, er sucht Mamas Ohrringe oder Papas schwarzen Anzug – und geht dann wieder, wenn er sie gestohlen hat.

Unter dem Kopfkissen beruhige ich mich wieder und denke mir, es wird schon gut gehen. Mir fällt die Geschichte von Leander neulich bei den Pfadfindern ein, nachts im Zelt, geflüstert: Kommt ein Mann die Treppe rauf, eine Stufe, noch eine Stufe und noch eine Stufe – und dabei wurde seine Stimme immer leiser, dass ich ihn am Ende kaum noch verstehen konnte –, drückt ganz leise die Türklinke herunter, öffnet die Tür, und geht zu deinem Bett, und dann brüllte Leander völlig überraschend los: „Jetzt hab ich dich!!!" Dabei packte er mich an den Schultern und schüttelte mich in meinem Schlafsack. Mir verging Hören und Sehen, so erschrocken war ich, und nicht vom Schütteln.

Über die Erinnerung habe ich fast den anderen Mann vergessen, der jetzt auf meiner Treppe steht. Vielleicht liegt das auch daran, dass ich ihn unter dem Kissen nichts hören kann. Ich schiebe es langsam weg von dem Ohr, auf dem ich nicht liege, und höre den Wind im Schornstein pfeifen. Auch wenn es mich manchmal beunruhigt, ist dies eigentlich nichts Ungewöhnliches. Während ich über den Sturm nachdenke, vergesse ich den Mann auf der Treppe.

Ich bin fast eingeschlafen, als der Einbrecher sein Gewicht verlagert und auf die nächste Stufe tritt. Offenbar kann ich ihm doch nicht entkommen, indem ich an andere Sachen denke. Also konzentriere ich alle meine Gedanken auf ihn, und das scheint zu helfen. Ich höre nichts mehr. Er ist auf der Treppe stehen geblieben. Liegt das an meinen Gedanken oder macht er eine Pause? Er könnte ja auch ein schlechtes Gewissen bekommen haben, man steigt ja nicht in fremde Häuser ein und geht da die Treppe hoch. Oder er ist nicht ganz gesund? Papa erzählt von Leuten aus seiner Praxis, von großen durchtrainierten Männern, denen plötzlich schwindlig wird, weil sie etwas mit dem Kreislauf haben. Wenn das so ist, muss ich ja aufstehen und ihm ein Glas Wasser bringen. Doch wenn er dann wieder zu Kräften kommt.

Ein erneutes Knarren ist von der Treppe zu hören, und ich bin erleichtert, dass es ihm wieder besser geht. Ich muss mich nicht kümmern, ich kann einfach liegen bleiben. Und während ich überlege, ob er mich umbringt, lässt der Einbrecher sich unheimlich viel Zeit, zu viel Zeit. Ich schlafe ein und träume, dass ich die Mathe-Arbeit nicht mitschreiben muss und auch nicht die Englisch-Arbeit, und dass Einbrecher auf der Treppe auch ihr Gutes haben.

Ein schrecklicher Lärm reißt mich aus den Träumen, ich sitze senkrecht im Bett. Und wieder kommt das Geräusch mit voller Lautstärke, dass ich den Kopf zwischen die Schultern ziehe. Ein grelles Miauen schrillt durch unser Treppenhaus, begleitet von einem Kratzen und

Scharren an meiner Tür. Mir fällt es wieder ein: Wir haben Findus, die Nachbarskatze, für eine Woche zur Pflege aufgenommen, weil die Nachbarn Urlaub machen. Todmüde und doch erleichtert rufe ich, dass es durch das ganze Haus schallt: „Findus!“

Gutes Gefühl

Jenseits der Präsentationen
auf hohem Ross die Nase hoch
in den Düften der Blüten tragen
sie zu Kopf steigen lassen
ohne Visualisierung schwellen
lassen den Kamm über der Karriere
anders als vermutet Kompetenzen entwickeln
und anders als erwartet ohne Quantifizierung
den Mythen zusehen beim Ranken
entgegenkommend wie ein Geisterfahrer
jeder Evaluation

Mit dem Westwind kam der Werwolf

Es wehte ein leichter Westwind. Die Kinder bauten Sandburgen, einige standen bis zu den Knien in den sanft plätschernden Wellen des Stromes. Leicht erhöht im Hintergrund, am Fuß des alten Leuchtturmes, bauten zwei Mütter die Grill-Geräte auf. Ein Mann, der vom nahen Parkplatz zwei Getränkekisten brachte, legte sich mit einer Spaziergängerin an, die ihren Dackel frei laufen ließ. Er zeigte auf das Schild mit dem durchgestrichenen stilisierten Hund und der Aufschrift *Kinderstrand*. Sie rief nach ihrem Hund, der keine Anstalten machte, zu kommen, sondern sich kläffend in das Gebüsch am Geesthang trollte.

Auf dem Strom schob sich ein haushohes Schiff nicht allzu weit vom Ufer entfernt vorbei. Die Lotsen waren gehalten, die Geschwindigkeit zu drosseln, um keine zu hohen Wellen zu verursachen.

„Guck mal, Mama, der Matrose hat sich verkleidet", rief ein kleines Mädchen und winkte aufgeregt zu dem Schiff hinüber. Die Gestalt, die sich auf den Containern ausgestreckt hatte, richtete sich zu voller Größe auf und winkte zurück. Auch die anderen Kinder wurden jetzt aufmerksam und liefen schreiend und gestikulierend ins Wasser, wurden dann aber durch die Rufe ihrer Mütter zurückgehalten; „Nicht zu weit, gleich kommt die Bugwelle!" Zu dem Schiff selbst sahen sie allerdings nicht weiter hin: Im Verlauf des Tages würden hier, wo die Fahrrinne dicht am Ufer liegt, Hunderte von kleinen und großen Schiffen vorbeiziehen. So entging ihnen der Name des Schiffes ebenso wie der seltsame Matrose: *Lykos Fenrir* aus Shanghai, die Lettern waren kaum zu entziffern, sie konnten einen Anstrich vertragen.

Langsam fuhr das Schiff an dem alten Leuchtturm vorbei immer an dem mit hohen Bäumen bestandenen Flusshang entlang, in den große weiße Villen gebaut sind, die sich stadteinwärts mit kleinen bunten Lotsen- und Kapitänshäuschen in Ufernähe mischen.

Es war ein schöner Frühsommertag und Wolf ließ seinen Blick von den geschäftigen Kränen und Docks auf der einen Seite des Stromes, die den beginnenden Hafen ankündigten, in die Beach-Club-Landschaften auf der anderen Seite schweifen, Vorboten künftiger Büro-Komplexe an der Wasserfront.

Als der Lotse aus der Mitte des Flusses abbog und das große langsame Schiff zum Containerhafen hinter der Großen Hängebrücke steuerte, meinte er, in der Backbord-Kamera eine schnelle Bewegung, einen Fall nach unten bemerkt zu haben. Er fragte den neben ihm stehenden Captain, ob jemand etwas über Bord geworfen habe. Der ging gleich nach draußen, um zu überprüfen, welche Matrosen an Deck waren. Intensive und zeitaufwendige Befragungen durch den Zoll wollte er auf jeden Fall vermeiden.

Wolf war ein hervorragender Schwimmer. Zügig glitt er durch das Wasser und zog sich bald prustend in dem Sportboothafen im Sichtschutz eines alten roten Feuerschiffes auf den Steg, schüttelte das Wasser vom Körper und strich sich mit der Hand über das nasse Fell. Wenig später ging er – aufgerichtet zur vollen Größe – über die Brücke zwischen den verschiedenen Segelbooten und Motorjachten an Land. Er betrat die Hafenpromenade gleich hinter der Kaimauer. Es war, wie gesagt, ein freundlicher Tag und die Stadt voller Touristen. Ihm kam eine Familie mit mehreren Kindern entgegen, die keinerlei Anstalten machten, ihm auszuweichen, nur das Kleinste griff mit großen Augen nach der Hand der Mutter.

Direkt auf ihn zu kamen ein großer Junge und ein Mädchen: „Super, wie der aussieht. Das ist noch besser als die Bären in Fantasia-Land."

Ihm wurde seine Vorwärtsbewegung bewusst; im letzten Moment verzögerte er sie und lenkte sie an dem aufdringlichen Jungen vorbei auf den kleinen Hund, den dieser an der Leine führte. Hoch in die Luft schleuderte er ihn, um ihn dann geschickt zuschnappend wieder aufzufangen, dass es laut knackte. Er ließ die entsetzte Familie erstarrt am Rande hinter sich, seit zwei Tagen hatte er nichts mehr gefressen, der kleine fette Hund mit dem weichen Fleisch kam ihm gerade recht. Weitergehend zerkaute und verschlang er ihn.

In der Bar an den Landungsbrücken bestellte er einen Kaffee. Zuerst sah ihn der Kellner skeptisch an, brachte dann aber ungerührt den Latte macchiato. Wolf begann die Stadt zu gefallen. Ein älteres Ehepaar mit grünen Käppis, das mit Fahrrädern den Kai entlangpromenierte, sah neugierig in seine Richtung, stellte die Räder ab und nahm am Nachbartisch Platz. Sie krauste die Stirn: „Ist das nun ein Werwolf?"

„Nein, ein Werwolf ist doch eigentlich ein Mensch. Er soll wahrscheinlich einen ägyptischen Gott mit einem Krokodilskopf darstellen."

„Aber Reptilien, Schatz, haben doch kein Fell."

„Vielleicht ist er ein Vampir. Dann hätte er die Fähigkeit zur selbst gesteuerten Metamorphose." Sie stöhnte leicht und ein amerikanischer

Tourist nahm Platz, legte die Kamera beiseite und bestellte auf Deutsch ein Bier.

„Die sind auf keine Gestalt festgelegt“, ging das Gespräch weiter, „nach der Dracula-Theorie kann er sich in eine Fledermaus oder einen Wolf verwandeln. Und mit der Zeit wird er immer schlauer und stärker.“

Der Amerikaner erhob grinsend sein Glas: „He is only stronger, and being stronger, have yet more power to work evil.“

Der Ehemann lachte: „Nach der Van-Helsing-Theorie kann er auch in einer selbst gemachten Wolke verschwinden. Aber fragen wir ihn doch selbst.“

Das mit dem Verschwinden fand Wolf nicht schlecht. Als der Herr auf seinen Tisch zukam, stand er auf und ging schnellen Schrittes auf der Kaipromenade davon. „Ohne zu zahlen“, knurrte der Kellner, zeigte indes keine Initiative, ihm nachzugehen. „Lassen Sie man, das übernehmen wir“, sagte der Mann mit dem Käppi.

Viele Menschen waren unterwegs. Während bei der Hafenpolizei von einer nordrhein-westfälischen Familie eine Anzeige gegen einen als Werwolf verkleideten jungen Mann erstattet wurde, etwa zwei Meter groß, muskulös, in verwaschenen alten Jeans und T-Shirt, mit Wolfsmaske, die der wachhabende Polizist den Kategorien Diebstahl und Tierquälerei zuordnete, schritt Wolf durch die dichter werdende Menge. Überall, wo er auftauchte, wurde nach einigen unentschiedenen Augenblicken gelacht, zumindest von Einzelnen, dann begannen einige Jugendliche zu posieren, andere tanzten auf ihn zu.

„Irgendwo muss eine Kamera sein.“ Er hörte Bruchstücke aus der ihn umgebenden Geräuschkulisse: „... wahrscheinlich Werbung für den Hafengeburtstag übermorgen ... Besucherzahlen ... Einschaltquoten ... Celebrity.“ Er fühlte sich von einigen Mädchen bedrängt, die immer enger an ihn herantanzten und anfingen, ihn mit den Hüften zu berühren. Er machte gute Miene zu bösem Spiel: Hinter den Kränen auf der anderen Wasserseite sah er die Sonne schwächer werden. Er wusste, dass er mit nachlassendem Licht seine Kräfte und Triebe immer weniger unter Kontrolle hatte. Mit breiten Schultern schob er sich aus der Menge heraus und nutzte routiniert den ersten Augenblick des Erschreckens, der sich immerhin bei den meisten Leuten einstellte. Er tippte einem ganz in Schwarz gekleideten Alten, vermutlich einem Pfarrer, auf die Schulter. Der drehte sich herum, war aber nur auf die Dinge vorbereitet, die in sein Weltbild passten. Wunder sahen da anders aus. Er blinzelte kurz und fiel in Ohnmacht.

Wolf nutzte die Lücke und machte sich in hohem Tempo, das kein Verfolger mithalten konnte, davon. Zu seiner Strategie der Selbstkontrolle gehörte es, allmählich ein Nachtquartier ausfindig zu machen. Vor zwei Jahren hatte er in einer ähnlichen Stadt mit einer Meerjungfer im Hafen bei einem Blinden übernachtet, dessen Hund er vor dem Einschlafen zu sich genommen hatte. Er hatte seinem Gastgeber vor dem Einschlafen dann den Kopf hingehalten und sich zwischen den Ohren kraulen lassen, sodass dieser den Verlust seines Hundes nicht bemerkt hatte. Doch bisher waren ihm hier keine Blinden aufgefallen, also schlug er sich durch Seitenstraßen.

Einen plötzlich aufkommenden kleinen Hunger stillte er mit einem der Security-Männer, die vor der gläsernen Fassade eines leer stehenden Büro-Komplexes stand. Er achtete nicht auf den Knopf, den dieser im Ohr gehabt hatte, was ihm später Verdauungsprobleme bereiten sollte. Gesättigt zwang er sich zur Ruhe, aktivierte aus seinen Intelligenz-Potenzialen die Text-Kompetenz, konzentrierte sich in einer nahen U-Bahn-Station auf das Verkehrsnetz der Stadt und bestieg eine Hochbahn in Richtung Tierpark. Dort angekommen, kletterte er über den Zaun des schon geschlossenen Zoos, verspeiste zum Dessert einen Flamingo, der ihm rosa glänzend über den Weg lief, denn er liebte Vögel, ließ aus tiefster Seele ein schauriges Geheul hören, das die meisten Tiere zum sofortigen Verstummen brachte. Nur ein paar alte Löwen und Elefanten brüllten und trompeteten zurück, und – nach kurzer Zeit vernahm er klar und deutlich das Begrüßungsgeheul eines Wolfsrudels. Schnell hatte er das Gehege ausfindig gemacht. Die Wölfe wichen erschrocken zurück, als keiner der ihren über den Graben kletterte, sondern ein riesiger Zweibeiner, der ihre Sprache täuschend echt beherrschte.

Am nächsten Morgen glaubte ein Tierparkwärter einen fremden Wolf zu sehen. Das übrige Rudel hatte sich in die offenen Felsen bei dem Wassergraben zurückgezogen, im offenen Käfig lag halb verdeckt im Stroh ein einzelner Wolf mit riesigem Kopf. Ohne großes Nachdenken zielte er mit dem Schlauch auf den fremden Wolf, der knurrend erwachte, als er das Wasser aufdrehte. Als er den Wasserstrahl auf ihn hielt, sah er, dass der sich aufrichtende Wolf immer höher wurde – und zwei Beine hatte. Das war das Letzte, was er bewusst wahrnehmen konnte.

Mit einer kleinen Verzögerung verließ Wolf den Tierpark am nächsten Morgen – einige exotische Zier-Enten würden am Abend vergebens gesucht werden – und nahm die U-Bahn zum Hafen, der ihn magisch anzog. Obwohl er im Mittelpunkt der Aufmerksamkeit stand und der Waggon gut gefüllt war, blieben die Sitze gegenüber und an seiner Seite leer. Die Leute standen lieber. Am Rathausmarkt stieg ein stark nach Schweiß und Alkohol riechender Mann zu, setzte sich neben ihn, rülpste ein wenig vor sich hin und lachte grölend: „Ich habe heute so viel getrunken, dass du für mich wie ein Wolf aussiehst."

Wolf lachte herzlich mit und bemühte sich erfolgreich, den Impuls zu unterdrücken, dem Mann zum Spaß einen Arm abzubeißen. Wahrscheinlich hätte der das gar nicht bemerkt. Bei der nächsten Haltestelle stürmte eine Gruppe von Kontrolleuren in den Waggon und ließen sich sofort die Fahrausweise zeigen. Die beiden Männer, die auf Wolfs Seite kamen, sahen ihn, stutzten, stießen sich in die Seite und murmelten etwas, was sie veranlasste, stehen zu bleiben und in die andere Richtung zu schauen. An der nächsten Station stiegen sie unverrichteter Dinge wieder aus. Die Sonne schien auf die Hafenpromenade und wieder waren viele Menschen unterwegs, eine Schulklasse kam ihm entgegen. „Das ist der verkleidete Matrose, den ich schon gestern Nachmittag bei dem Kindergeburtstag am Leuchtturm gesehen habe", rief ein kleines Mädchen begeistert. Im Nu war er umringt von Kindern: „Bist du wirklich ein Werwolf? Dürfen wir dich streicheln? Kannst du mal den Mund aufmachen? Möchtest du mein Eis probieren? Welche Sprache redest du? Möchtest du zu meinem Geburtstag kommen? Bist du ein Mensch oder ein Tier?"

Wolf klappte langsam und geräuschvoll sein Maul auf und zu, als wäre er ein Klapperstorch. Die Kinder klatschten und lachten. Plötzlich und unerwartet trat ein kleiner Junge in weißblauem Fußballtrikot ihm schwungvoll gegen das Schienbein. Wolf war so überrascht, dass er für einen Augenblick gar nichts machte; er spürte jedoch ein Grimmen in sich aufsteigen – und holte Luft. Bevor er sich dem kleinen Jungen nähern konnte, hatte die Lehrerin diesen schon bei der Hand genommen und zurückgezogen: „Wirst du wohl! Man schlägt keine fremden Leute!"

Der kleine Junge trotzte: „Ich habe ihn nicht geschlagen, ich habe ihn getreten. Und das ist ein böser Werwolf!"

Die Lehrerin schüttelte den Kopf: „Woher willst du das wissen? Wahrscheinlich ist er ganz freundlich und nett."

„Warum maskiert er sich dann so?", hielt der Junge dagegen.

„Er ist eben anders. Vielleicht will er die anderen Leute zum Lachen bringen, vielleicht hatte er nicht so viele schöne Erlebnisse wie du und möchte jetzt ein bisschen Aufmerksamkeit."

Der Junge stampfte auf: „Vielleicht, vielleicht, vielleicht! Ich hatte nicht viele schöne Erlebnisse. Ich mag ihn nicht."

Die Lehrerin lächelte ihn mit ihrem schönen Gesicht an: „Jedenfalls musst du ihn schon respektieren, wie er ist."

„Kennst du denn keine Märchen?", fragte ein kleines Mädchen mit blauen Fingernägeln. Der Junge verstummte und sah auf das Wasser. Wolf ließ ein mittelschweres Knurren ertönen, die Kinder traten halb entsetzt, halb begeistert einen Schritt zurück und applaudierten erneut. Wolf ging winkend von dannen.

Er betrat einen der Beach-Clubs, die er bei seiner Einreise schon von der Wasserseite aus gesehen hatte, etwas zögerlich, doch der Mann am Eingang lachte ihn freundlich an – und gab ein verdecktes Zeichen mit zwei Fingern nach hinten. Wolf schritt über den aufgeschütteten weißen Sand durch die Gartenmöbel aus Teakholz und die Kübel mit den hohen Palmen hindurch. Er kam nicht dazu, sich in einem der Liegestühle niederzulassen, denn ein glatzköpfiger kräftiger Mann kam auf ihn zu. Wolf duckte sich ein wenig und spannte seine Muskeln, um sich verteidigen zu können. Aber da kam kein Angriff.

„Super, wie du aussiehst; Special Effects, muss man erst mal hinkriegen. Ich arbeite als DJ im Shark Club, hier die Karte, da kannst du heute Abend vorbeikommen, bisschen trinken, bisschen tanzen, 100 Euro die Stunde, cash auf die Kralle." Und schon wurde er sanft am Ellbogen gefasst und zur Tanzfläche und den sich sanft bewegenden Tanzenden geschoben. Die Musik wechselte, die klare Sprech-Stimme des DJ wurde in den Vordergrund gedreht: „Und auch heute haben wir wieder Special Guests bei uns, einen werdet ihr gleich erleben, zur Begrüßung gibt es einen Oldie von *Steppenwolf* mit John Kay, den eure Großväter schon kannten, falls sie Biker waren."

Born to be wild dröhnte so laut los, dass Wolf in der Nähe der Box die Haare flatterten. Dennoch ließ er sich nach einer Schrecksekunde in den Rhythmus fallen und genoss es, die Muskeln zu strecken und zu dehnen, die Bewegung den übrigen Tanzenden anzupassen. Er war einen Kopf größer als die meisten von ihnen. Die Mädchen waren sehr schön, aber sie hatten sich wie Wasserleichen geschminkt, sie wollten aus irgendwelchen Gründen hässlich wirken, die er herausfinden wollte.

Ein Mädchen tanzte mit schlangenhaften Bewegungen in seine Nähe, ihre Augen hielt sie mit einer Sonnenbrille unter Verschluss. Auch sie trug diesen nachlässigen Wasserleichenlook und Ohrringe aus Stacheldraht. „Hi", rief sie lachend durch die Bässe. Sie hatte wunderschöne

Eckzähne, oben und unten. Ihr dichtes braunes Haar wirbelte durch die Luft, auf der hellen Haut des Oberarms hatte sie ein Elch-Tattoo. Wenn sie ihn mit schnellen Bewegungen berührte, roch es intensiv nach Lavendel. Sie winkte ihn durch die laute Musik heran, er spürte ihren warmen Atem von unten an seinem Ohr: „Wie du aussiehst, wow!" Sie streckte die Hände nach ihm aus und er sah, wie sich seine Hand in ihre legte und spürte, wie sie ihn von der Tanzfläche unter eine Palme an der Wasserkante zog. Als sie ihn nach seinem Namen fragte, stotterte er etwas. Die Luft schien wärmer zu werden, über dem Wasser flirrte es. „Ich bin Anne von der Spy Event Agentur." Er sah auf ihre schmalen und kantigen Hüften und fragte, was das sei. Er verstand, dass sie früher in den Docklands gearbeitet habe, London kannte er auch, aber nicht den Potsdamer Platz in Berlin, wo sie anschließend bei der kulturellen Stadtentwicklung geholfen habe. „Woher kommst du?"

„Am Leuchtturm vorbei", säuselte er.

Sie war begeistert: „Genau, das mache ich, Leuchtturmprojekte!"

Und da mussten sie beide lachen, sie hell und er tief rasselnd.

„Sieh dir doch einfach mal an, was ich mache. Cruise Days, nächste Woche organisiere ich eine Schiffstaufe am Sea Tower, eigentlich ziemlich langweilig, allein die blöden Namen: Entweder sind sie maritim wie Poseidon III, Hanseatic, Nordstjernen, Amazing Grace oder eben weiblich wie Astoria, Aida, Queen Mary und so weiter. Männernamen kommen kaum vor. Erst einmal ist es nächste Woche genauso, das Schiff heißt nach des Reeders Gattin *Petra*, ist es nicht schrecklich? Aber für den Rest habe ich freie Hand. Die Taufe mache ich als echte PR, die Gattin hält sich im Hintergrund, es wird keine zerschellende Champagnerflasche geben, sondern – Whisky, nur Whiskey – allüberall und überhaupt, vorher und nachher und am Rumpf und mehr als eine Handbreit unter dem Kiel, haha – und dich! Jemanden wie dich brauche ich. Werwolf und Whisky! Das ist eine Beruhigung fürs Auge, nicht nur Frauen im Tauf-Dress, ja, Werwolf und Whisky! Komm her." Sie nahm ihn bei der Hand und zog ihn auf einen Hocker, schob ihm einen Tumbler mit Wolf & Walker zu. Er nahm einen Schluck und sie nahm ihre Sonnenbrille ab. Als er in ihre bernsteinfarbenen Augen sah, hatte er das Gefühl, dass eine Grenze aufgehoben würde; die Bilder und Eindrücke von außen strömten direkt in sein Innerstes wie der Whisky in seinen Kopf. Er fühlte etwas Neues entstehen, eine unbekannte Kraft, die all seine Strategien der Selbstkontrolle durchkreuzte. Er verfiel ihr, nein, er war ihr schon verfallen, mit Haut und Haaren.

Ein halbes Jahr später auf der Entertainment-Cluster-Party im Völkerkundemuseum drängen sich schon im Eingang die Gäste an den Kellnerinnen und den noch bedeckten Buffets vorbei, um dann mit ihrem Glas Whisky in die große Eingangshalle und über die Treppen zu beiden Seiten in die oberen Etagen weiterzuziehen. Im Gespräch ein älterer Mann im Smoking und ein jüngerer in zerrissenen Jeans und schlammfarbenen Holzfällerhemd unter dem kurzärmligen T-Shirt, auf dem Kopf eine grüne Strickmütze.

„An dieser Location scheiden sich die Geister, weshalb ein Museum."

„Dieser Ethno-Look passt wunderbar zum neuen Freund der Chefin; noch niemand hat ihn ohne Verkleidung gesehen, in dieses Ambiente der afrikanischen und indianischen Masken und Skulpturen passt er wunderbar hinein, wahrscheinlich hat er es sich gewünscht."

„Lassen Sie uns mal nach vorne durchgehen, dorthin, wo der ehemalige Außenminister steht, hier wird es gleich wahnsinnig eng und warm werden."

„Weshalb sind hier denn so viele Politiker? Das ist doch eine Veranstaltung für Kreative und Künstler, natürlich auch für ein paar Profs von den Hochschulen."

„Das ist die effektive Geschäftsidee der Entertainment-Lab-Agentur, ihre Image-City-Campaign: Sie organisieren überall in der Stadt, wo es schön, teuer und historisch ist, kostenlosen oder billigen Raum für Künstler als Zwischennutzer."

„Haben die denn Lust dazu, nach einiger Zeit den Raum für Umbauten oder größere Firmen wieder freizumachen?"

„Das ist doch das Wesen der Kunst – und eine genial einfache Idee; Kunst darf sich nicht etablieren, sie muss immer wieder Neues schaffen. Wenn sie sich erst einmal festsetzt, ist es mit der Kreativität vorbei. Schmeckt's Ihnen, haben Sie Ballentine's genommen?"

„Danke, übrigens soll ihr neuer Freund psychisch gestört sein, höre ich so zwischen den Gängen. In ihrem Penthouse soll sie ihm einen Zwinger eingerichtet haben, ja so eine Art Hundezwinger; da soll er schlafen. Und er soll auch ein bisschen pervers an anderer Stelle sein, nämlich hin und wieder richtige Vögel essen, die sie ihm besorgt. Sagen zumindest die Leute, die im Quartier die Tierhandlung betreiben."

„Nun ja, ein bisschen verrückt und dekadent sind wir doch alle, wären wir sonst kreativ? So, es scheint loszugehen. Da kommt die Veranstalterin, Kompliment, bezaubernd, in diesem Kleid sieht sie aus wie Holly Golightly in Breakfast at Tiffany's."

Auf der obersten Treppenstufe stand die schöne Anne auf endlos langen Beinen und spektakulären Heels, zupfte sich ein bisschen am

Dekolleté und hauchte zunächst ins Mikro, dann sprach sie mit sehr klarer und melodischer Stimme: „Liebe Gäste der Entertainment-Cluster, liebe Malerinnen und Maler, liebe Bildhauerinnen und Bildhauer, liebe Musikerinnen und Musiker, liebe Architektinnen und Architekten, liebe Schriftstellerinnen und Schriftsteller, liebe Schauspieler und Projektentwickler, liebe Banker, liebe jetzige und ehemalige Minister und Senatoren, ich mache es kurz: Liebe kreative Klasse, ich begrüße Sie und euch!" Rauschender Beifall erschallte im Parterre und von sämtlichen Ballustraden der großen Eingangshalle.

„Liebe Gemeinde, wir sind hier auf keiner politischen Veranstaltung …", an dieser Stelle unterbrach sie zustimmender Applaus von allen Seiten, auch Politiker klatschten, „… und deshalb werden Sie von mir keine große Rede hören; dieser Abend gehört ganz den Künstlern – und gleich wird es schon mit den ersten musikalischen Präsentationen losgehen. Ein kleiner Punkt muss hier dennoch zur Sprache gebracht werden, denn er ist der Anlass unserer kleinen Feier: Die Entertainment-Cluster ändert ab sofort ihren Namen – aus vielerlei Gründen. Liebe Notare, schreiben Sie mit, wir heißen nun Werewolf – Kommunikation. Entwicklung. Media."

Dies war das Stichwort für Wolf, aus dem Halbdunkel ins Scheinwerferlicht hinter Anne zu treten, sie griff ihm liebevoll in die Haare und zog seinen Kopf zu einem Kuss nach unten; in Blitzlichtgewitter und anschwellendem Beifall verspürte Wolf Hunger – auf Geflügel.

Und Johann lächelt

Aus den Tagen meiner Urgroßmutter …

Johann behauptet, beim Angeln auf dem Steg von einer Nixe verführt worden zu sein. Ja, der Johann. Die Leute aus dem Süddorf, die ihn Jehann nennen, nehmen das allerdings sehr ernst, sie haben gleich den ganzen Steg abgebrannt. Damit der Nixensteg niemandem mehr gefährlich wird. An ganz anderer Stelle soll ein neuer gebaut werden. Die Fischer aus dem Norddorf sind mit ihren Kähnen herausgefahren und haben die ganze Nacht ihre Netze teils ausgelegt und teils durch den See gezogen. Bis zum Morgengrauen konnte man ihre Fackeln sehen. Sie haben eine Menge Fische gefangen, große Hechte sind dabei. Dem Hein war etwas Größeres ins Netz gegangen. Es war nur ein Fischotter. Aber keine Nixe und keinen Wassermann.

Den Johann scheint das alles nicht zu interessieren. Er lächelt in sich hinein – und sagt nicht viel. Am späten Vormittag stellt er sich ans Ufer und starrt ins Wasser. Die Oberfläche kräuselt sich ein bisschen und flimmert in der Sonne. Sonst geschieht nichts. Franz und Moni führen ihn später weg auf ihren Bauernhof. Sie sagen, dass ihn das Wasser an die Nixe erinnert. Johann lächelt. Er muss entwöhnt werden. Er soll nicht ständig den See vor Augen haben. Und auch zu Hause: Kein Wasser mehr! Flüssigkeit gibt es auch im Obst und im Gemüse. Soll er Suppe essen. Da lächelt der Johann nicht mehr. Zum Waschen braucht er Wasser, sagt er. Dabei hat er sich früher nur einmal im Monat gewaschen, die Füße ins Wasser gehalten und oben rum Katzenwäsche. Das hat Marie erzählt und sie war mit ihm zusammen, kurz. Obwohl sie ihm gesagt hat, dass er stinkt, hat ihn das nicht beeindruckt. Zur Strafe hat sie sofort aufgehört, ihn zu küssen. Und dann hat sie ihn mit Hein bestraft. Aber das ist eine andere Geschichte.

Moni und Franz geben ein bisschen nach. Sie setzen ihm ein Wasserglas hin und sperren ihn in die gute Stube. Moni sieht durch das Schlüsselloch, wie er da sitzt und auf das Wasserglas starrt. Nach drei Stunden sitzt er noch immer so da. Als Moni nach fünf Stunden noch einmal nachsieht, beugt er langsam den Kopf über das Glas, dass er es fast berührt. Dann richtet er sich wieder auf. Kopf runter, Kopf hoch, sagt sie zu Franz. Als der nachsieht, senkt sich der Kopf sehr langsam in Richtung Wasserglas. Berührt er es mit den Lippen? Die Zunge fährt heraus und fährt über den Rand – oder durch die Luft über dem Rand. Das Kreisen wird schneller und das Glas beginnt zu schwingen, also berührt er es doch. Dann greift er wie ein Priester mit beiden Händen das Wasserglas und erhebt es, Körper und Kopf fahren langsam aufwärts, bis er ganz gerade sitzt. Er setzt das Wasserglas an die Lippen und gießt es sehr langsam in den Mund. Hinter dem Schlüsselloch hört Franz kein Schlucken. Johann breitet die Arme aus, das Glas fällt zerspringend zu Boden, auf seinem Gesicht erscheint ein Lächeln und der Körper zittert. Franz läuft ein Schauder über den Rücken. „Der Johann ist weggetreten“, sagt er zu Moni. „Er ist besessen.“ Fritz vom Nachbarhof meint, der Johann wäre nicht besessen, sondern auf Entzug. Damit meint er nicht Nixen-Entzug. Abends tauscht Johann für gewöhnlich seine Fische im Dorfkrug gegen Schnaps ein. Den muss er haben. Alles andere ist Hokuspokus. Nun gut.

Doch gegen Abend trommelt Johann gegen die Stubentür. Wenn er nicht rausgelassen wird, pinkelt er in den Schrank. Moni schließt auf und führt ihn zum Abtritt auf den Hof. Plötzlich reißt er seinen Arm von ihr los und lässt sich der Länge nach in eine Pfütze fallen. Da liegt er, der große Mann und schlürft gierig das schmutzige Pfützenwasser in sich hinein. Moni ist verzweifelt und ruft nach Franz. Der hilft ihr dann. Auf dem Weg zurück versucht Johann noch, in das Regenfass am Stall zu springen, aber Franz schiebt ihn mit aller Kraft vorbei und sperrt Johann im Schweinekoben ein. Der ist von innen nicht zu öffnen und hat auch einen Abfluss für Jauche.

Noch am Abend schicken sie die alte Jette zum verklosterten westlichen Ufer um Hilfe. Die beiden Mönche sind am nächsten Morgen zur Stelle. „Dem Johann werden wir schon das Wasser reichen“, sagen sie und beginnen mit ihrem Exorzismus. Johann atmet etwas schneller und seine Hände zittern. Als sie den heiligen Antonius anrufen, tritt ihm Schweiß auf die Stirn, aber der Geist in ihm ist noch stumm. Als sie ihm Weihwasser ins Gesicht sprengen, zucken Johanns Schultern, er gerät in Verzückung und summt zuerst leise, dann lauter werdend drei oder vier Töne. Immer abwechselnd. Die Balken im Stall geraten ins Schwingen. Die Mönche verstärken den Weihwasser-Regen, sie duschen ihn regelrecht, da kommt das Schütteln über ihn, Johann gibt ein Lachen von sich, das in einem Würgen mündete. Und der Geist beginnt zu reden: „Um Mitternacht wirft Barbara.“ Zuerst flüstert er es, dann sagt er es, dann schreit er es. Die Mönche freuen sich, dass sie ihn zu packen bekommen haben. Doch mehr ist nicht herauszuholen. Er wird leiser, der Geist, und gurgelt noch ein bisschen. „Um Mitternacht wirft Barbara."

Die Mönche sind zufrieden und ziehen am Mittag mit zwei Schinken, einem Korb Eier und zwanzig geräucherten Aalen ab. Moni zupft sich am Ohr. Haben sie ihn nun ausgetrieben oder zum Schweigen gebracht? Franz will davon nichts wissen. „So viele Schinken haben wir nicht und am Nachmittag muss ich aufs Feld." Übrigens: Barbara ist die trächtige Fleckkuh, die nachts manchmal redet. „Aber die kommt noch nicht", meint Franz. Viel zu früh. Johann liegt erschöpft im Stroh und schnarcht, im Wechsel zwei bis drei Töne.

Am nächsten Morgen leckt die gefleckte Barbara ihr Kälbchen. „Wer hätte das gedacht", meint Franz. Die alte Jette, die bei dem Exorzismus nicht dabei war, sagt, das hätte sie auch hingekriegt. „Du musst nur wetterfühlig sein und auf den Mond achten. Gestern Abend war Vollmond." Dem Franz ist es egal. Entweder der Johann hat gar keinen Geist gehabt, oder er ist jetzt ausgetrieben. Er öffnet den Schweinekoben und zieht mit dem Ochsen ab.

Gegen Mittag kommt der Johann aus dem Koben. Er streckt die Arme in die Sonne und geht zum See. Es ist windstill. Er watet bis zu den Knien in das Schilf, pflückt sich ein Blatt, legt es zwischen die Finger und bläst einen durchdringenden Ton. Im Schilf und auf der freien Fläche beginnen Fische zu springen und sich vergrößernde Kreise auf die Oberfläche zu ziehen. Blasend geht Johann Schritt für Schritt weiter ins Wasser, ganz langsam. Ob er schwimmen kann? Als das Wasser bis zum Bauch steht, breitet er die Arme aus und seufzt. Wind muss aufgekommen sein, denn das Wasser wird kabbelig, leichte Wellen rauschen ins Schilf. Das Klatschen ist dann so schnell, dass nichts Genaues zu sehen ist. Ein riesiger Fisch muss gleichzeitig gesprungen sein, als Johann wegtaucht. Das Wasser über ihm wird ruhig, einige blaue Libellen fliegen über die Stelle, an der er eben noch stand. Es ist vollkommen windstill.

Er taucht nicht wieder auf. Der Johann bleibt verschwunden. „Die Mönche sind teuer und schlampig", sagt Franz. Der Geist war noch drin.

„Das ist die Nixensucht", sagt Jette. Die Hofrätin vom Gutshof, die gerade vorbeischaut, blinzelt mit den Augen und seufzt. Wie bei allen Leuten, die in der Gegend verunfallen – meist beim Holzschlag im Winter –, wird dem Johann ein paar Tage später ein Holzkreuz ans Ufer gesetzt, aus Birke.

Fliegen im Schilf

Über dem Schilf
Fliegen die Libellen
Mit verknüpften Körpern.
Auf dem Steg:
Liegen wir
Verbinden unsere Körper
Und fliegen mit.
Neues Schilflied

Begegnungen im Frühling

Sie spürt mit jeder Drüse
das junge Blattgemüse.
Die rote nackte Schnecke
schleimt lüstern um die Ecke.

Die Mücke putzt ihr Sauggerät
prüft es auf Elastizität.
Das Mädchen seine weiße Haut
dem Frühlingsgarten anvertraut.

Frühlingstau bedeckt die Erde
tief unten knurrt der Engerling
und oben wiehern Pferde

Blauer Sommer

Kommt Schwarzbärin, kommt Blaubeere
inzwischen wissen wir's genau
im Abendtau dir in die Quere
so ist immer nur eine blau.

Hallt Grölen aus Hortensien
ist das allein kein Grund zu fliehen
der Eberhard und seine Frau
sind gerne beide abends blau.

Komm zu dem Fliegenpilz und schau
er ist tatsächlich rot, nicht blau
wie über grünem Baum der Himmel
und auf dem weißen Käse Schimmel.

Die Apfelschimmel und die Rappen
auf Weiden unterm Wolkenblau
die frischen Jungen und die schlappen
sie wiehern unterschiedlich lau.

Und lässt sie sich im Flieder nieder
im spärlich späten Pflaumenlicht
bläut dort die Elster ihr Gefieder
so sirren die Vergissmeinnicht

Flachland

In die Tiefkühltruhe
pack ich dein Foto
und erstarre, frier ein.
Bevor ich ganz erfroren bin
hol ich dich raus
ich tau dich auf
dein Foto aus dem Eis:
vergletschertes Bild,
feuchtnass und tropfend,
ich warte auf die Wiederkunft
des Rot, des Blau, des Blond.
Zum Vorschein kommen Deiche, Dämme,
was wiederkehrt sind keine Lippen,
und Grün und Grün und Grün.
Meine neue Mitbewohnerin
zeigt auf das Bild,
getrocknet, hinter Glas, an der Wand:
Ist das Holland?

Schneemann

Die Sonne wird stärker. Wohliges Rekeln.
Sie öffnet die Augen und lächelt.
Langsam wendet sie sich
von mir ab – ihm zu.
Das Haar fällt hinter ihre Schultern.
Sie geht – im Frühling.
Ein Auge ist zusammengekniffen,
das andere fehlt. Seine Wange ist
zerfetzt, das Kinn wie weggeschlagen.
Vor ihren Augen zerläuft seine Nase.
Kurz und heftig hat er gelebt,
draußen – vor der Scheibe.
Und doch: Auch ich
bin der Schneemann

Handy-Haiku

Gesicht aus Wolken
Unerreichbar – ich
fange es mit dem Handy.

Kleine Philosophie des Hochbahnfahrens

Ein hanseatisches Roadmovie

Die Welt steht still im Augenblick des Einfahrens. Sie sieht durchs Fenster die vielen auf dem Bahnsteig wartenden Menschen, die auf die langsamer werdende Bahn sehen. Das Bremsgeräusch klingt aus, die Bahn bleibt ruckelnd stehen – und wie durch ein Zauberwort erlöst, setzen sich die Menschen in Bewegung. Türen werden geöffnet und die S-Bahn füllt sich. Wie immer werden in Altona die meisten Plätze besetzt. Ihr gegenüber setzt sich ein rothaariger Mann mit einem großen Rucksack, auffälligem Adamsapfel und ungewöhnlichem Spazierstock, wohl ein Tourist.

Neben ihm nimmt eine Schülerin Platz, holt ein Taschenbuch aus der Tasche und beginnt mit dem Anfahren in Thomas Manns *Tod in Venedig* zu lesen, klein, gelb, Reclam-Ausgabe.

Von hinten wehen Biergeruch und der Duft von Rasierwasser herüber, zuerst nacheinander in Wolken, dann zugleich. Am Fenster wirbt ein Bestattungsunternehmen: *Professionelle Hilfe im Trauerfall.* Die S-Bahn in Richtung Hafen und Innenstadt verläuft von hier an unterirdisch.

Vielleicht unternimmt sie gerade die dümmste Bahnfahrt ihres Lebens, vielleicht die klügste. Hat sie überhaupt eine Entscheidung gefällt, sie vermag es nicht zu beurteilen. Das Denken ist bei ihr etwas zurückgetreten. Oder genauer: Sie hat es zurückgesetzt, freiwillig, selbstverschuldet. Autopilot, sie gleitet auf Gefühl. Dabei hat sie analytisch einiges zu bieten, sonst wäre sie unter vielen anderen Kommilitonen nicht für einen der heiß begehrten und gut bezahlten Tutor-Jobs ausgewählt worden, die neuerdings im Proseminarbereich des Philosophischen Seminars eingerichtet worden sind und die wider Erwarten sogar gut bezahlt werden. Mit einem Ergebnis dieses Tutoriums hat sie allerdings nicht rechnen können: Gleich zu Beginn hat sie sich in einen sommersprossigen Studenten aus dem zweiten Semester verschossen. Was ihr Professor wohl davon hielte? Der Sommersprossenkommilitone ist wahrscheinlich ein oder zwei Jahre jünger als sie. Handelt es sich hier schon um den Missbrauch von Schutzbefohlenen? Ihr Professor, dieser innovative Hans Dampf in allen Gassen, hat ihr neulich so einen sonderbaren Blick zugeworfen. Doch Verantwortung ist kein Thema für ihn, Hans Dampf beschäftigt sich nicht mit ethischen Fragen und erst recht nicht mit solchen der angewandten Moral. Wäre es etwa unverfänglicher, dem Lehrkörper nachzustellen? Professor Dampf sitzt jetzt bestimmt im zehnten Stock des Philosophenturms und kommuniziert weltweit, kongressvorbereitend, fachpublizistisch, bildungspolitisch.

Er: liebt das Fahren mit der U- und der S-Bahn, seit er vor einem Jahr nach Hamburg gezogen ist, um sein Philosophie-Studium aufzunehmen. Als er noch in Mecklenburg in seinem Dorf am See wohnte, waren ihm die Unterschiede zwischen U- und S-Bahn übrigens noch unbekannt. Anfangs hatte ihn der Name *Hamburger Hochbahn* irritiert, denn eine U-Bahn hatte er sich immer nur untergründig, unterirdisch vorstellen können. Auf Anhieb war ihm dann jedoch durch eigene Anschauung plausibel, dass es einfacher ist, die U-Bahn in der Nähe von Wasser auf Stelzen zu verlegen und sie so über Kanäle, Fleete oder den Hafen entlang zu führen. Er findet stadteinwärts gewöhnlich leicht einen Sitzplatz. Die Besucher des nahen Ohlsdorfer Friedhofs, die aus dem Airport-Express umsteigenden Reisenden und die Schülergruppen aus dem nahen Musikgymnasium mit ihren Instrumentenkoffern verlieren sich in den Wagen des hier neu eingesetzten U-Bahn-Zuges.

Darüber macht er sich jetzt allerdings keine großen Gedanken, denn er hat Wichtigeres zu tun – oder, um genau zu sein, – zu denken. Und das kann er in der U-Bahn am besten. Soweit er das bisher sagen kann, ist sie für ihn der ideale Ort des Erkennens. Mit ihr hat er sich der Stadt angenähert und sie kennengelernt. Dieses Kennenlernen ist für ihn nur von einem bewegten Punkt aus möglich. In dieser Hinsicht ist er voller Sympathie für die alten Griechen, die beim Essen philosophierten oder eben im Gehen. Er stellt sich Sokrates unter Kopfweiden vor, hin- und hergehend, mit Anglern und anderen Bedürftigen diskutierend. Das U-Bahnfahren hat ihn von Anfang an kritisch gegen die Klassiker der Immobilität gestimmt, die nach dem richtigen und wahren Standpunkt der Erkenntnis suchten. Gegen die italienischen Maler, die in den Kathedralen eine Marmorscheibe in den Fußboden einließen, um den Punkt zu bezeichnen, auf den hin alle Ausmalungen der Kirchengewölbe und Kuppel berechnet waren, oder der Scheinkuppel, die durch raffinierte illusionistische Malerei für die Betrachter allererst erschaffen worden waren. Sie wollten mit ihrer Technik der Zentralperspektive die Weltordnung nachahmen, die sie sich mit den zeitgenössischen Philosophen so dachten, dass alle Dinge auf Gott hin wohlgeordnet seien. Die Vollständigkeit und Geordnetheit der Schöpfung erschließt sich natürlich nur einer richtigen Perspektive, der sich die Menschen nur annähern können. Bereits die Annäherung, bei der die Wahrnehmung nur eine untergeordnete Rolle spielt und das Denken die wesentliche, erfordert Zeit und ist somit begrenzt und menschlich. Die Weltordnung selbst ist ohne Zeit und Bewegung; in ihr hätte U-Bahnfahren keine Rolle gespielt.

Während er das überlegt, ist die U-Bahn längst angefahren, hat in Alsterdorf einmal gehalten, Leute sind ein und ausgestiegen und er hätte die großen, aber unterschiedlichen Firmengebäude der City Nord sehen können, in denen in den Siebziger Jahren die Architekten in der Bauhausnachfolge ihr euklidisches Denken austoben durften. Ihm geht es aber nicht nur um die Bewegung, sondern auch um die Sichtbarkeit der Welt. Die klassischen Denker empfehlen, nicht viel Aufhebens von Veränderungen und Wechseln, vom Entstehen und Vergehen der Gegenstände unserer Erfahrung zu machen. Sie unterscheiden zwischen Erscheinung und Wirklichkeit und ziehen aus der Wandelbarkeit der Dinge, die wir sehen, den Schluss, dass sie trügerisch sind, wie die Schatten an der Wand von Platons Höhle, die er schon im Gymnasium in Schwerin kennengelernt hat. Alles Gesehene muss zurückgeführt werden auf zugrunde Liegendes, auf Elementares und Wesentliches, das dahintersteckt. Und dieses Übersetzen und Zurückführen kann nur durch Denken geleistet werden. Das Sehen etwa ist völlig unsicher und bringt für unsere Erkenntnis nichts zustande: So ein Unsinn!

Versehentlich drückt er der alten Dame, die inzwischen neben ihm sitzt, den Ellbogen in den Bauch bzw. in die Seite, jedenfalls fühlt es sich hart an. Er entschuldigt sich sofort. Die Wirklichkeit hinter der Welt, die wir sehen, gerät dann statisch, unveränderlich und ausgedehnt wie der Rock der alten Dame, die er nun versehentlich zum zweiten Mal touchiert. Bei diesen Modellen von Wirklichkeit – Entschuldigen Sie bitte! – hat das Tasten Pate gestanden, und nicht das Sehen.

Ab Altona fährt die S-Bahn, in der sie sitzt, unterirdisch weiter. Sie drückt die Wirbelsäule gegen den Sitz und überlässt sich den Gravitationskräften der rauschend in die Dunkelheit beschleunigenden S-Bahn. Sie hat ihn zum Heine-Denkmal auf dem Rathausmarkt bestellt bzw. ihn veranlasst, sich dort mit ihr verabredet zu fühlen. Von dort aus können sie weiterziehen zum Alstervergnügen. Er wird schon kommen. Heine ist ein gutes Omen: Das Fräulein stand am Meere, und seufzte lang und bang ... Ihre Gemütslage neigt sich in ähnliche Richtungen. Heine ist nach wie vor Profi in Liebesdingen. Sie will nicht wegen ihres Denkens begehrt werden, sondern als Frau. Dies klingt wie eine naive Zwei-Säulen-Theorie, die von jedem feministisch angehauchten Newcomer, es könnte auch eine sie sein, leicht abzuräumen wäre. Von Heine aus ließe sich das widerspruchsfrei begründen, wenn ihr danach wäre.

Sie hätte ihn auch ins Schauspielhaus oder ins Thalia-Theater einladen können, aber sie will ihn nicht einschüchtern, sondern gewinnen. Fettgerüche und Alkoholschwaden wehen manchmal mit dem Wind der Freiheit. Selbst hält sie nicht das Geringste von dieser Ansammlung von Bierbuden und Würstchenständen, der der Senat oder eine von ihm beauftragte Werbeagentur vor Jahren den Namen *Alstervergnügen* aufklebte. Er hat ihr in einer Seminarpause am letzten Freitag beim Kaffee gesteckt, dass er vor seiner Wochenendfahrt nach Mecklenburg noch Fleisch einkaufen wolle, zum Grillen! Nun denn: Er soll nicht das Gefühl bekommen, sie sei den einfachen Dingen des Lebens gegenüber nicht aufgeschlossen. Sage niemand, sie könne nicht gönnen. In ihrem schwärmerischen Zustand hat sie nichts gegen Bratwurstfeste, wenn darüber ihre Verbindung hergestellt würde. Vielleicht läuft die Selbstentfaltung ihres gelegentlich etwas verklemmt wirkenden jüngeren Kommilitonen über Thüringer Bratwürste, vielleicht zeigen Rostbratwürste bei ihm eine aphrodisische Wirkung und stimulieren Lüste, die nach Befriedigung in anderen Sphären verlangen. Vielleicht würde der so Betörte sie am Abend nach Hause begleiten.

Es geht ihm nicht um eine verspätete Kritik der Klassiker; an sie hält er sich, weil ihre Kenntnis unabdingbar ist und um Schwung zu holen, um auf die Höhe der Zeit zu kommen. Nicht zuletzt dominieren sie das Lehrangebot in der Anfangsphase des Studiums. Aber: Sie stehen ihm auch stellvertretend für die modernen Kognitions- und Neurowissenschaften, die diese Tradition in dem einen Punkt wiederaufleben lassen, dass nur die – mathematisch beschreibbaren und empirisch überprüfbaren – Sachverhalte und Gegenstände als wirklich akzeptiert werden, die von allen subjektiven Erfahrungen gereinigt sind. Die schlichte Annahme, dass wir alles, was wir sehen können, in der Regel auch wirklich ist, wäre demnach falsch. Die kauende Schülerin mit der Obsttüte, die sich ihm gegenüber hinsetzt, – er nimmt sie immerhin wahr – würde danach nur durch Gene und Synapsen geprägt und nicht durch ihre persönlichen Erfahrungen. Das Gleiche würde für den im hinteren Teil des Wagens monologisierenden Verkäufer einer Obdachlosenzeitung gelten. Mit den fröhlich optimistischen Neurophysiologen, die ohne jede Skepsis beanspruchen, einen Erklärungsrahmen für alle geistigen Prozesse liefern zu können, ist nicht gut Kirschen essen. Wenn er theoretisch etwas weiter ist, wird er ihnen schon in die Suppe spucken. Die Bereiche des subjektiv Erfahrbaren und die des wissenschaftlich objektiv Erkennbaren stünden sich, hätten sie recht, unvereinbar gegenüber. Mit der Absicht genau sie zu verbinden hat er sein Philosophiestudium aufgenommen.

In der Station *Lattenkamp* steigt die Kirschen essende Schülerin aus und wird ersetzt durch eine junge Frau im blauen Rock, der kaum merklich in die Haut ihrer nackten Beine schneidet, als sie sie übereinanderschlägt. Unter dunklen lockigen Haaren trägt sie silberne Ohrringe. Der Ring in ihrem runden linken Ohrläppchen sieht so aus, als hätte er die Form einer Ellipse. Wahrscheinlich das projektive Bild eines Kreises, das er von seinem Sitzplatz aus hat. Deshalb muss jedoch längst nicht jede Ellipse auf einen Kreis reduziert werden, der Kreis ist nicht elementarer als eine Ellipse. Die leicht heruntergerutschte Pulloverschulter zeigt ihr weißes Schlüsselbein. Das Schöne begegnet uns zufällig und alltäglich, wir können es sehen! Mit dem Wahren oder dem Guten ist das nicht möglich, sie fallen nicht ins Auge, sie müssen schon gedacht werden. Platons Schönheitslehre gefällt ihm genauso wie das Schlüsselbein, weil sie sich gut mit seinem Ansatz verbinden lässt, die subjektive Erfahrung hervorzuheben.

Sein Blick fällt auf die Werbetafeln in der Hudtwalckerstraße. Er wundert sich, dass auf allen U- und S-Bahnhöfen so viele Plakate geklebt sind. In Mecklenburg sind die Verkehrsknotenpunkte werbelos und doch erotisch aufgeladen gewesen. Er hat sich früher regelmäßig am Ende seines Dorfes mit Gleichaltrigen an der überdachten Bushaltestelle getroffen, zum Bussen, wie sie es nannten. Bussen konnte Verschiedenes bedeuten, etwa klönen, aber auch – nun ja – knutschen. Jetzt bleibt er an einem Madonna-Plakat hängen, sie ist wieder da mit einer neuen CD, auf dem Plakat ganz in Schwarz, das Mikrofon vor den leicht geöffneten Lippen: Stiefel, Leder, Lack, Handschuhe. Wie eine Domina. Allzu viel von ihr hat er nicht im Ohr. Sie ähnelt seiner Tutorin, nur ist diese jünger und kommt nicht mit Stiefeln und Strapsen ins Seminar. Einschüchternd ist sie trotzdem. Und sie ist das Ziel seiner U-Bahn-Fahrt. Die schöne Tutorin hat ihn eingeladen, ausgerechnet ihn. Wahrscheinlich weiß sie mehr als er, bestimmt überblickt sie Bereiche, die er kaum kennt. Wie hat er das verdient? Sie hat ihn zum Alstervergnügen eingeladen, das kennt er noch nicht. Das letzte Volksfest, auf dem er war, war der Mittelaltermarkt in Bad Doberan.

Ganz geheuer ist ihm nicht. Andererseits ist sie sehr attraktiv. Was will sie eigentlich von ihm? Mit der Theorie der Gefühle hat er sich noch nicht angemessen auseinandergesetzt. Im äußersten Notfall kann er am Rathausmarkt, wo sie sich treffen wollen, einfach weiterfahren. Das ginge schon: *Die Freiheit nehm ich mir.* Dumme Werber-Sprache. Wäre allerdings auch nicht sonderlich konsequent, ein bisschen feige. Sapere aude! Es blitzt und blendet durch die Fenster, als die U-Bahn über die Alster fährt. In der Kellinghusenstraße steigt er um in die aus Barmbek kommende U3.

Mögen sich die Gaumenerregungen des Alstervergnügens auf die übrigen Sinne ausbreiten! Rüttelnd und mit Getöse hält die Bahn in der Station *Reeperbahn*, die Türen werden geöffnet, Knoblauch- und Tabak-Gerüche verbreiten sich. Die Stadt rauscht in den unterirdischen Stollen der Bahn wie das Meer in der Muschel. Sie sieht ein politisches Werbeplakat: Mit sozialem Augenmaß und ökologischer Vernunft sollen Probleme angegangen werden. Mit erotischem Augenmaß und hedonistischer Vernunft geht sie ihre Probleme an. Madonna sieht auf dem Plakat wie eine Turnierreiterin oder eine Reitlehrerin aus, es fehlen allerdings Helm und Pferd. Die sind indes nicht notwendig, um eine verruchte Aura zu erzeugen; sie würde darauf auch verzichten.

Sie spürt ihre filigranen ovalen Ohrringe, die leicht gespannten roten Lippen, sieht im Spiegelbild des Bahnfensters ihre geschlitzte Bluse. Nicht unzufrieden lächelt sie sich selbst im Fenster ermunternd zu. Ihr gegenüber nehmen zwei junge Männer mit fein rasierten Bartvariationen Platz und glotzen sie lüstern an. Gegen bewundernde Blicke hätte sie nichts einzuwenden. Sie streicht sich mit der Hand durchs Haar und blickt wieder ins Bahnfenster.

Die U-Bahn ist gerade in den Landungsbrücken eingelaufen, das abrupte Aufhellen und die blendende Sonne über dem Hafenpanorama lassen ihn kaum die Gesichter an der Bahnsteigkante erkennen. Was genau sieht er beim Einlaufen der U-Bahn? Alles was wirklich ist, besteht aus Einzeldingen, doch wo verlaufen deren Grenzen, wie soll er deren Identität feststellen, wenn Identität in der Regel das sein soll, was er nicht mehr unterscheiden kann. Er verspürt eine innere Unruhe und versucht, sich zu sammeln und seine Selbstsicherheit wiederzufinden, der Zielbahnhof Rathausmarkt kommt näher. Der würfelartige Kiosk vor seinem U-Bahnfenster hat gelb gestrichene Kanten. Streng genommen geht das gar nicht: Ein Würfel besteht aus Flächen, die aneinanderstoßen, zwischen ihnen liegt nichts. Die Würfelflächen wären nicht unmittelbar benachbart, wenn irgendwelche Ränder oder Kanten dazwischen lägen. Ihm wird mulmig, wahrscheinlich nicht nur vom Denken, er fühlt Schweiß auf der Stirn. Da legt sich von hinten eine Hand sanft auf seine Schulter. Er wendet sich um und sieht in das schöne Gesicht seiner Tutorin.

stellungen der liebe

anna will peter
auf den mund küssen
peter will die blonde anna nicht küssen

wer wem wen küsst geht
auf den mund
auf die nerven

ans herz geht
anna peter
peter anna

an die Nieren
wieviel verdankt
anna peter

mehr liebt wen
wer verteidigt
die stellungen der liebe

stille liebe

hals über kopf
auch über rote ohren
wächst lautlos ihr die liebe
schwer hörig bleibt
ein tauber lächelzauber

Zweierlei Blicke

Leuchten und Glimmen in langen Nächten,
sternschnuppenhell, sternhagelvoll,
sie wirft das Rettungsseil
er weicht der Schlinge aus

Weintrinken in der Wachau

Und Ruster sollte man am See probieren,
mit Fisch, am festen Ufer, Wind von vorn,
der durch die Wolken sichelt und papieren
durch Schilf und Weiden raschelt und im Korn
die leichten Wellen wiegt und unsere Lider
so sanft berührt wie unsere warmen Lippen,
die lächeln, lachen, küssen hin und wieder
wenn sie im Glas den kühlen Weißwein nippen.
Oder – röter noch als Lippen – Roten,
einen Zweigelt, einen Schilcher, Vöslauer,
gut durchgeatmet und belüftet angeboten,
schärft unseren Satzbau, macht den Himmel blauer
bis wir die Blicke ineinander senken,
langsam das Licht versinkt in Land und Wasser,
und alle Dinge sind, wie wir sie denken
und überm See die Farben werden blasser

Menu-Bar

Die Sonne hatte sich durch die Wolken getastet. Wie ein Scheinwerfer beleuchtete sie nun den dampfenden und flirrenden Park. In der Ferne rauschte ein Gewitter. Ihn durchströmte warme Luft und er spürte den Tau im Gesicht, die Erde unter den dünnen Sohlen seiner Sommerschuhe. Gut, dass er sich entschlossen hatte, von seiner Wohnung aus zu Fuß zu gehen, zu Fuß zur Menu-Bar. Die kurze Google-Recherche hatte eher zu bizarren Ergebnissen geführt, menu bars are typically present in graphical user interfaces that display documents usw. … Immerhin wusste er, dass sie am Schulterblatt im Schanzenviertel lag.

In sich fühlte er etwas wachsen, das er noch nicht zu deuten vermochte. Es war keine denkende Selbsterhöhung, wie er sie eben noch an seinem Rechner genossen hatte. War er betrunken? Natürlich nicht. Die Welt sandte Schwingungen aus und er empfing sie beim Spaziergang durch den großen Park, durch Planten und Blomen. Seitlich glänzte fleischiges Blattwerk, in der Luft hingen schwere Gerüche und torkelnde Insekten, volle Knospen platzten in den Rhododendronbüschen. Feuchte Fächer und reife Schäfte trieben steil in den Himmel, gegen erdnahen Schatten und aufsteigenden Dunst rang das Licht, die Erde bestieg langsam den Himmel. Hell angestrahlte Wolken bildeten organische Formen, Knie wurden zu dahinziehenden Nasen und schwingenden Brüsten, flatterten als drehende Muscheln um den Fernsehturm. Ein zunehmender Sturm musste in der Höhe blasen, der die Gebilde vermischte und zerfließen ließ, das Licht dämpfend. Wurde es kühler? In den Dolden und Trauben und Kerzen wurde das Gesumm leiser. Kronen lösten sich, Kelche sanken ein, er war wie benommen.

Um ihn her wurde es undeutlich und schemenhaft. Er folgte den Lichtern am S-Bahnhof, den Geräuschen in der Schanzenstraße, passierte die dicht gestellten und gut besetzten Tische und Bänke in der Juliusstraße, überall Murmeln, Reden und Lachen bis zu dem querliegenden großen Platz, dem Schulterblatt. An der *Roten Flora* sah er groß gesprühte alte Grafitti, *Die fetten Jahre sind vorbei*, auch dezentere Nach-G-20-Parolen auf Französisch, tout le monde déteste … Da war auch schon die Taverna Romana – und gleich daneben die schwach beleuchtete Menu-Bar, sie war ihm nie aufgefallen.

Ihre Stimmung war mit dem Betreten der Bar sofort gestiegen. Alles Fremde fiel von ihr ab, als sie das Zischen der Espressomaschine hörte. Sie hörte Italien, das Mittelmeer, den Süden. Vernünftiger wäre es natürlich gewesen, sich in die Fachliteratur zu ihrem neuen Arbeitsschwerpunkt zu vertiefen. Seit einigen Monaten erhielt sie von verschiedenen Tageszeitungen und Magazinen Schreibaufträge als Restaurant-Kritikerin, nachdem sie eher zufällig einen längeren Artikel über ein neues Drei-Sterne-Restaurant im Hafen hinter der Elbphilharmonie geschrieben und in der Lokal-Beilage der überregionalen Wochenzeitung hatte unterbringen können – mit einem ausgezeichneten Feedback in Form von Leserbriefen und Internetkommentaren. Seitdem arbeitete sie sich nicht nur in die vielfältigen kulinarischen Landschaften ihrer Heimatstadt ein, sondern auch in die wissenschaftlichen Erkenntnisse über Garpunkte, Eiweißumwandlungen und Kerntemperaturen. Ein angefangener satirischer Artikel über die medizinisch argumentierende Salz-Taliban-Fraktion lag auf ihrem Schreibtisch. Doch nicht heute Abend! Sie war den ganzen langen Tag vernünftig und effektiv … und nun verabredet mit dem lockigen Uni- Assistenten aus dem zehnten Stock des Philosophenturms, den sie zufällig bei einer Lesung im Literaturhaus kennengelernt hatte. Sie wollte heute auf Gefühl gleiten, freiwillig, selbstverschuldet. Die Menu-Bar hatte sie wegen ihrer lockeren Bistro-Atmosphäre ausgesucht, der gezielt einfachen Umgebung – in einem Artikel hätte sie sie als zurückgenommene Innenarchitektur bezeichnet, die gut zum Schulterblatt passte. Hätte sie sich mit ihm in einer anderen pompösen Sterne-Location verabredet, hätte ihn dies vermutlich eingeschüchtert. In der Menu-Bar war die Küche einfach, fast schon anarchistisch einfach.

Am Tresen hantierte Rönne hinter einem Wald verschiedener Flaschen, bunten Sirup-, hohen Prosecco- und Vermouth-Flaschen. In seinem Kosmos handelte Rönne souverän, rührend und redend, schüttelnd und denkend. Es roch nach Minze, als er ihr den leicht getrübten Apéritiv auf die Glastheke stellte. Rönne, der gerne seinen Migrationshintergrund herausstellte, obwohl er – gefühlt – schon ewig in unterschiedlichen Bars in Ottensen, dem Karolinen-Viertel oder der Schanze arbeitete, wechselte mit den Moden immer wieder sein Aussehen, auch vor Extravaganzen nicht zurückscheuend. Seit einiger Zeit trug er einen kräftigen Hipster-Bart. In allem Wandel gleich blieben seine bunten

Tattoos auf den muskulösen Unterarmen, ein kleiner Anker und ein gewaltiger Dreizack – als wäre er Poseidon persönlich.

Sie blickte in die Spiegelwand hinter dem Tresen und sah eine schlanke Frau mit dunklen lockigen Haaren und silbern glänzenden runden Ohrringen, die kleinen eingelassenen Eulen gerade erkennbar, einem leicht um den Hals gelegten Fransen-Schal, die leicht heruntergerutschte Kleiderschulter betonte die helle Haut über ihrem Schlüsselbein, die Augen hielt sie mit der Sonnenbrille unter Verschluss. Das war ihr Spiegelbild, mit ihr war zu rechnen.

Hinter sich spürte sie die Bewegung eines neu angekommenen Gastes, es war der Assistent mit den blonden Locken, er hatte sie nicht gleich bemerkt. Sie sah sich ihn im Spiegel an – und wieder gefiel er ihr. Sie nahm die Sonnenbrille ab und wendete sich in den Raum, Erkennen huschte über sein Gesicht, er lächelte und begrüßte sie freundlich und ein wenig steif, nahm auf dem Hocker neben ihr Platz und bestellte bei dem Barkeeper ein Glas Sekt. Rönne fragte ohne viel Aufhebens, was sie essen wollten – und wies auf die Kreide-Tafel an der Wand.

Er überflog die folkloristischen Begriffe, zögerte. Wenn er ausging, wählte er normalerweise zwischen Bifteki und Souvlaki und achtete darauf, dass er Pommes frites und nicht Reis als Beilage erhielt. Einfachheitshalber bat er sie, für ihn doch einfach mitzubestellen, ohne ihren erstaunten Blick zu bemerken. Er versuchte, sich seines üblicherweise nicht zu gering zu veranschlagenden Selbstvertrauens durch Denken zu vergewissern. Als er Sekt trank, fiel sein Blick wieder auf die schöne Journalistin – im Spiegel, die Frau im blauen Kleid, das kaum merklich in die Haut ihrer nackten Beine schnitt, als sie sie übereinanderschlug. Unter dunklen lockigen Haaren trug sie silberne Athene-Ohrringe, zumindest glänzte der ellipsenförmige Ring in ihrem runden linken Ohrläppchen so. Oder war er rund? Vielleicht hatte er von seinem Sitzplatz aus das projektive Bild eines Kreises. Andererseits war es nicht richtig, die Ellipse auf einen Kreis reduzieren zu wollen, der Kreis ist schließlich nicht elementarer als eine Ellipse. Er durfte generell nicht den Rückführbarkeitsfehler begehen und hinter allen visuellen Eigenschaften etwas Grundlegenderes und Elementares suchen, das dann nur durch Denken zu erschließen wäre. Aufgrund der Wandelbarkeit der Dinge wäre alles, was er sah, was er fühlte, was er schmeckte, dann nur trügerisch. Die Frau im blauen Kleid, die gerade ihre Sonnenbrille abgesetzt hatte – mein Gott, wie sie lächelte! Das Schöne begegnet uns zufällig und alltäglich, es fällt in die Sinne, wir können es sehen! Mit dem

Wahren und dem Guten ist das schon eine andere Sache, sie müssen gedacht werden und fallen nicht ins Auge wie diese junge Frau, die nun wie angegossen an der Bar neben ihm saß. Platons Schönheitslehre gefiel ihm genauso wie das ebenmäßige weiße Schlüsselbein und der schlanke Hals mit der filigranen matten Kette. Der Sekt stieg langsam durch seinen Körper in den Kopf, er spürte Schweiß auf seiner Stirn und befürchtete, dass sein Versuch, sich denkend zu entlasten, gescheitert sei. Die schöne Journalistin machte eine auffordernde Geste, erhob sich und schlenderte langsam an einen nahen Tisch, er folgte ihr und stellte sein Glas neben das ihre. Sie fragte ihn, sie plauderten.

Sie waren eben zum Du übergegangen, da brachte Rönne den Wein, den sie geordert hatte. „Gascogne", murmelte er. Nach dem Korkenzieherplopp stießen sie an, er kam ihrem Gesicht so nahe, dass er die frechen kleinen Punkte auf ihrer Iris sehen konnte. Sie schürzte ein wenig die schönen Lippen wie ein Weinverkoster und erzählte von ihren Redaktionskollegen im Backsteingebäude in der Innenstadt, als schon das Essen serviert wurde. „Ein kleines Fischsüppchen." Rönne stellte irgendein Warmhaltegerät mit auf den Tisch, verwunderlich bei dem kleinen Suppentopf. Jedenfalls roch die Suppe sehr intensiv und einladend, wenn er auch nicht recht wusste, wonach. Er spürte seinen Hunger und hätte am liebsten sogleich zugelangt. Heute hatte er in Erwartung des Abends extra auf das Essen in der Schlüterstraßen-Mensa verzichtet.

Sie schloss kurz die Augen, als sie die Suppe ausgeschenkt hatte, und sog die pikanten Aromen der eingekochten Krustentiere ein, spürte den nelkigen Safran. Sie legte die Kelle beiseite und stellte die Suppe auf die Kupferkasserolle, schmeckte und sagte zuerst „Ah", und dann: „Ich schätze Steinbutt, Wolfsbarsch." Sie bemerkte, wie er den Löffel schneller, fast gierig zum Mund führte, ihm schien es zu schmecken, nachdem sein Teller leer war, machte er sich gleich über die restliche Suppe her. „Ausgezeichnet, aber hungrig bin ich immer noch", lachte er.

Als zweiter Gang wurde je eine Artischocke serviert. „Außer der Reihe, ganz frische Ware." Er hatte sie vor Jahren bei einem Schüleraustausch gegessen, kannte also ihren Namen. Sie wies darauf hin, dass das Schlichte das Raffinierte sei, Downsizing. „Hier wird auf alles Drumherum mit großem Geschick verzichtet, wir haben das, worum es geht, nicht in irgendwelchen Verkleidungen, sondern ganz unverstellt vor uns", sie lächelte, „und jetzt beginnt der Striptease."

„Artischocke pur", dachte sie, ohne gefüllten Boden und Gemüsesud, kein Parmesan oder Fenchel, nur eine Vinaigrette, und er beobachtete, wie sie die Frucht entblätterte und tat es ihr nach, zupfte die Blätter und zog sie mit den Zähnen ab, um sie auf der Zunge zergehen zu lassen, war überrascht, dass das Nagen und Lutschen ein solcher Genuss sein konnte und fragte sich, ob dies nicht auch an seinem charmanten Gegenüber liegen könne …

„Und wer bekommt was?" Rönne blickte fragend mit hochgezogenen Augenbrauen – und dem nächsten Gericht auf dem Tablett. „Wir haben La Belle et la Bete, die Schöne und die Wilde, Entenleberparfait und Rillettes mit Cornichons und Zwiebelkonfit. So, und hier Le Foie de Veau, gebratene Kalbsleber mit mediterranem Kartoffel-Püree, Wein-Apfelmousse und kleinem Salat."

Er war verblüfft und etwas bestürzt, Leber würde er nie bestellen, und hier kam sie sogar in zwei Fassungen auf den Tisch. Lieber nicht an den Sachverhalt denken, er konzentrierte sich auf den Klang der Worte, schön und wild klang besser, er sah wie zum Trost auf ihre Lippen und wiederholte: „La Belle et la Bete." Norbert Elias fiel ihm ein – *Über den Prozess der Zivilisation*. Hatte er dort in dem Kapitel über den Ekel nicht gelesen, wie sich dieses Gefühl im Laufe der Jahrhunderte völlig verändert hat – und auch er unterlag hier als reflektierter Mensch natürlich den Wandlungen und Strömungen des Geschmacks. Aber er sah sich selbstverständlich in der Tradition der Aufklärung, Selber-Denken, Sapere aude, Mut, das war der Wahlspruch.

Also machte er sich mutig an sein nächstes Gericht – und sollte eine Überraschung erleben. Doch zunächst kehrte Rönne an den Tisch mit ein paar Weinflaschen zurück: „Was wollen wir dazu trinken?" Er empfahl zu diesem Gang einen Süßweinklassiker aus dem Bordeaux, Sauternes, den sie bestellte. Er kostete gar nicht erst, er wollte keinen süßen Wein trinken – prinzipiell, er kannte ihn nur als Kopfschmerzwein aus Schülerzeiten – wollte aber bei Weißwein bleiben und wählte Meursault – der Name erinnerte ihn an die Figur aus einem existenzialistischen Roman. Camus, der Fremde, das passte.

Als er lange vor ihr den Gang beendet hatte, konnte er es sich nicht verkneifen, die Finger abzuschlecken, als er den leeren Teller zur Seite stellte. Nun sah er ihr zu, wie sie mit Leidenschaft ihr Besteck führte, hingebungsvoll die Stücke auf die Gabel schob und in ihren roten Mund führte. Wie würde sie sich wohl in anderen Situationen bewegen? Er bremste die Ausschweifungen seiner Fantasie, fragte, ob sie häufig so gut essen ginge. „Das ist mein persönliches Resilienz-Programm", strahlte sie.

Während er noch überlegte, weshalb seine Kollegen der modischen

Resilienz-Welle so skeptisch gegenüberstanden – in der Nachbardisziplin der Psychologie und den anhängenden Cross-over-Wissenschaften – erkundigte sie sich, welche Lokale er denn zum Essen besuchte.

Über Curry-Wurst oder Döner zu reden war wohl unpassend, die Mensen der Universität passten schlecht in den Kontext, wie gerufen kam ihm der Auftritt Rönnes zu den Desserts: „Crème Brulée à la Lavande mit einem Hauch Lavendel … neben Assiette de Fromage …" Sie verzichteten und bestellten Espressi. Während er zum Händewaschen ging, treppab vorbei an Graffiti und Plakaten, zahlte sie. Als er das kalte klare Wasser über seine heißen Hände fließen ließ, wurde ihm deutlich, dass er noch niemals ein Essen so genossen hatte. Zurück erschien ihm oben das Licht in der Menu-Bar sehr hell, er musste blinzeln, als käme er aus Platos Höhle, konnte ihre Gesichtszüge auf Anhieb nicht erkennen, setzte sich wieder an den Tisch, trank seinen Espresso mit viel Zucker und zuckte leicht zurück, als sich zufällig ihre Beine unter dem Tisch berührten.

Ein Lächeln huschte über ihr Gesicht und sie strich sich durch das Haar und sah ihn mit karamellfarbenen Augen interessiert an. Sie wusste, dass ihre Augen magnetische Kraft entfalten konnten, zumindest gelegentlich. Mit einem Finger fuhr sie langsam über den Rand ihres noch nicht ganz ausgetrunkenen Weinglases und trug ein nachdenkliches Gesicht zur Schau. Er war etwas verwirrt, als sie lächelte und fragte, ob er glücklich sei, und bemühte sich um eine Antwort. Sie erhob sich, kam um den Tisch und legte ihre langen schlanken Finger um seinen Ellbogen, er roch ihr Haar und ihren Körper und stand gleichfalls auf. Als sie sich unterhakte, um ihn hinauszuführen, fragte er sich, was er hier tat, und fühlte zugleich eine gewaltige Kraft, der er nichts entgegensetzen konnte und der er nichts entgegensetzen wollte.

Rönne stand hinter dem Tresen und hob sein Bourbon-Glas zum Gruße, als sie die Bar verließen, als sie ihn zurückführte durch das Leben auf dem sommerlich nächtlichen Schulterblatt und durch die Parks, aus denen sie gekommen waren.

mündig, mündlich

Hast du es schriftlich?
nein nur mündlich.
Nichts getippt und nichts von Hand?
Aus ihrem Munde nichts als Worte?
Nicht einmal das, stumme Versprechen?

versprechen verschieben verrechnete zeit
nie sonn- nur werktags sprechzeiten stündlich
wir tun es jetzt in wirklichkeit
zu zweit wir küssen uns und mündlich
wir retten uns von mund zu mund
wo wir blockierte zungen lösen
wörterversperrt, versprechenswund
und zwischendurch die zeit verdösen
sie soll in meinen Körper schreiben
die Hand und an ihm soll sie bleiben

Was ist los mit Marie?

Früher galt Marie in Hamburg als eine der schönsten Frauen der Welt
sagt der Zitronenfalter, doch Liebe stand gerade
nicht auf der Tagesordnung.
Dann galt Marie in der Welt als eine der schönsten Frauen aus Hamburg.
Jetzt gilt die Marie in Hamburg als eine der schönsten Frauen der Welt
aber auf der Tagesordnung steht Liebe gerade nicht.
Faltet der Zitronenfalter überhaupt diesen Text – oder erst später?

Der Jogger, das Fernsehen und die Liebe

Hoffentlich war er nett, ihr Retter, nicht so ein unsympathischer alter Sack. Sie musste ihn immerhin abküssen, vertraglich festgelegt, sogar die Abfolge. Ihr Lippenstift saß. Ein bisschen frisch war es im Augenblick – so mit nackten Beinen und dem Ausschnitt, sie hätten ihr zumindest ein paar Jeans und einen Pullover zugestehen können. Andererseits: So ein gut bezahlter Job war ihr in der Uni-Jobber-Höhle und auf dem Job-Portal noch nie angeboten worden. Hoffentlich hielt der Tragegurt, in dem sie jetzt schaukelte. Bis zum Boden waren es etwa vier Meter. Wenn er risse, würde sie sich wahrscheinlich ein Bein brechen. Oder sogar beide Beine. Wie sähe danach ihr Alltag aus – ginge das dann überhaupt mit Unterarmstützen?

Ganz locker laufen, aus der Hüfte kommen lassen. In diesem Frühjahr war er erst einige Male unterwegs. Beim Joggen trat ihm die Welt ganz anders entgegen. Er brauchte Körperlichkeit, Schweiß, auch gegen seinen Kater. Ob er wollte oder nicht hatte gestern Abend ständig ein frisch gefülltes Glas vor ihm gestanden. Eigentlich wollte er. War spannend mit dem erfolgreichen Regisseur nachmittäglicher Unterhaltungssendungen, der in seiner anfänglich nüchternen Phase immer ein charmanter Plauderer war; gestern hatte er sich ausgesprochen mitteilsam und diskussionsfreudig über das neue Helden-Format im Fernsehen gezeigt. In seiner Nähe fühlte man sich solange wohl, wie er nicht verhaltensauffällig wurde – aber das geschah meist erst am späteren Abend.
Joggend zog er nun die milde Luft in tiefen Zügen ein, er hatte Lust, etwas Verrücktes zu machen, er würde ihnen die Suppe versalzen und bei der heldischen Doku-Soap mitspielen, an dem Mischungsverhältnis von Wirklichkeit und Fiktion ein bisschen drehen. In den Büschen am Kanal blühte es gelb und rosa und rot. Er trabte gemächlich über das Kopfsteinpflaster in Richtung Brücke, die er schon sehen konnte. Die hier aufeinanderstoßenden Straßen waren sehr breit, die restaurierten Altbaufassaden dezent restauriert, Jahrhundertwende. In der Luft segelten Zitronenfalter, die ersten Schmetterlinge, die ihm in diesem Jahr auffielen. Aus der Bäckerei roch es nach Hefe, er lief an einem

Notfallwagen der städtischen Berufsfeuerwehr vorbei, wahrscheinlich holten sich die Sanitäter gerade ihren Sonntagskuchen. Dahinter stand der Wagen einer Gebäudereinigung. Er drückte die Wirbelsäule durch und achtete auf seine Kopfhaltung. Es war ein angenehmes Gefühl, die Rücken- und die Bauchmuskeln zu spüren. Rund um die Litfaßsäule standen Jugendliche, auch einige Erwachsene mit Bierflaschen und Zigaretten in der Hand. Bei dem großen schönen Haus am Ufer war irgendetwas anders, er zog seine Sonnenbrille auf die Nase.

Die erste Phase hatte sie erfolgreich hinter sich, das Stolpern und Fallen auf dem Dach. Es war in etwa so gelaufen, wie sie das mit dem Stuntman abgesprochen und geübt hatte. Das Ganze wurde ja gefilmt. Wenn jemand auf dem Dach ausrutscht, was daran war eigentlich spannend? Sollte an das Mitleid der Zuschauer appelliert werden? Wahrscheinlich fühlten sich die Leute glücklich, weil nicht sie es waren, die nach unten sausten. Oder anders: Aus der Sicht der Zuschauer hatte sie einen Sturz überlebt, der tödlich hätte enden können. Sie verkörperte hier das Überleben, sie war nicht nur Unfallopfer. Wer überlebt, gewinnt. Wer gewinnt, steht vorne – in der Gunst der Zuschauer. Aus dieser Rolle musste sie möglichst viel herausholen, auch als *Gaby* – auf dem Pseudonym hatte der Sendeleiter bestanden. Obwohl der Regisseur in dem Einstellungsgespräch die sportliche Seite hervorgehoben hatte, ging es, gründlicher betrachtet, um eine schauspielerische Leistung. Dies war mehr als ein beliebiger Studentenjob. Gute Kritiken würde sie wahrscheinlich nicht einheimsen können, aber vielleicht hohe Einschaltquoten. Die Ansprüche der Zuschauer konnten – nach dem Image des Senders – so hoch nicht sein. Das hieß also, dass sie vor allem auf ästhetische Ausstrahlung setzen musste. Sie wusste, dass sie gut aussah und sie wollte bewundert werden.

Was hing denn da vom Dach? Eine Hängematte konnte es schlecht sein, nein, da hing natürlich die Prüfung – so hatte der Regisseur gestern Abend die Köder-Figur genannt, wenn er das nicht falsch verstanden hatte, weil er schon zu betrunken war. Er sah jetzt eine Frau, die pendelte. Eine bunte Frau, die pendelte. Eine schöne Frau, die pendelte. Mögen alle Prüfungen immer so aussehen. Unbekannte Schauspielerinnen durften hübsch sein, es ging hier nicht darum, sich an ihrem Leid zu weiden, das lief ohnehin meist nur bei gefallenen Hollywood-Stars und in anderen Formaten. Die Prüfung war insgesamt so arrangiert, dass sie kein allzu großes Einfühlungsvermögen erforderte, sie hätte ebenso gut eine Leuchttafel *Rette mich* in Händen halten können. Ihr wenigen, graziös winkenden Handbewegungen wirkten allerdings eher lockend als hilfesuchend. Natürlich würde er auf diesen schaukelnden Rettungsappell anspringen, er würde mitspielen, mitschaukeln, verschaukeln.

„Was ist Ihnen denn passiert, hatten Sie einen Wohnungsbrand, sind Sie aus dem Bett geflüchtet?" Tief Luft holend blieb er unter ihr stehen.

„Ich habe den Schornstein gestrichen und bin abgerutscht."

„Gut, dass Sie sich angeseilt haben. Warten Sie, das haben wir gleich."

Die Ausziehleiter auf dem Lieferwagen der Gebäudereinigung war schnell organisiert, es handelte sich ja um einen Notfall, er stieg herauf zu der Frau, die die Prüfung war, schnitt das Sicherungsseil mit einem Messer durch, das er sich bei einem der Zuschauer an der Litfaßsäule geliehen hatte. Die Prüfung hing nun an seinem Hals und wollte gerettet werden. Sie war geschmeidig, weich. Ein intensiver Lavendel-Duft lag in der Luft. Er bemerkte, dass sie spärlich bekleidet war. Für den Sender war das nicht untypisch. Er stieg abwärts, sich mit einer Hand stützend. Sie drückte sich eng an ihn und küsste ihn auf den Hals, als sie unten angekommen waren. Zugleich kam die Sonne heraus, nein zwei Sonnen gleichzeitig, also Scheinwerfer. Eine Unmenge von Kabeln lief über die alte Brücke, Podeste und Mikrofone waren erkennbar. Er war geblendet, wurde angesprochen und mitsamt der Prüfung in seinen Armen zu dem höchsten Punkt vor dem verschnörkelten Brückengeländer halb komplementiert und halb geschoben, das jetzt in Teilen verdeckt war.

„Herzlich willkommen bei *Helden today*. Wie heißen Sie?" Der Moderator nahm ihn in Empfang, er war genau so laut und kahl, wie der Regisseur ihn beschrieben hatte. „Was machen Sie beruflich, Günter?"

„Ich rette Jungfrauen, die an Bäumen oder Dachrinnen pendeln, und ich jage Drachen."

„Günter, Sie haben Humor. Woran haben Sie gedacht, als Sie die Frau aus ihrer lebensgefährlichen Situation gerettet haben?"

„Ich wollte sie retten."

„Weißt du, Günter, wann du dich entschieden hast, die Frau zu retten?"

„Als ich sie gesehen habe." Die Prüfung hielt er immer noch auf seinen Armen, er hob die Frau leicht an und versuchte eine offensive Wende: „Weshalb fragen Sie nicht das Opfer, wie es sich fühlt?"

„Mir ist ein Stein vom Herzen gefallen", hauchte die Prüfung in das hingehaltene Mikrofon. Sie musste um ihr inneres Gleichgewicht ringen, denn sie war von ihrem Retter nicht nur überrascht, sie war hingerissen. Von hinten war Applaus zu hören, der wohl von den Leuten an der Litfaß-Säule kam. Er sah auf die roten Schuhe des Moderators, der genau vor dem Geländer stand. Ihm fiel ein, wie früher im Sportverein Salto rückwärts geübt worden war: Ein kurzer Griff unter den Fuß mit beiden Händen, ein Ruck nach oben mit einer leichten Drehbewegung nach hinten- und schon ergab sich ein freier Überschlag. Aber diese Rezeptur war auf Mitspielen angelegt – und darauf konnte er bei dem Moderator kaum hoffen.

Dieser setzte seine Show fort: „Wir haben dich genau beobachtet und gefilmt. Wir können uns das alles in Slow Motion ansehen – und sogar einen Heroe-Index ermitteln. Und wir können deine Heldentat genauer erklären als du selbst."

Auf einem Großschirm im Hintergrund liefen die letzten Minuten seines Laufes noch einmal in Zeitlupe. „Hier sehen wir die Phase der Wahrnehmung, als du an der Bäckerei vorbeigelaufen bist, bis zu dem Lastwagen würde ich von der Entscheidungsspanne reden, an der Litfaßsäule dürfte die Willensphase eingesetzt haben." Der Moderator ließ sich durch das Räuspern und die hingeworfene Bemerkung des Joggers, dass dieser mit dem Wollen immer seine Probleme habe, nicht weiter unterbrechen. „Nun ja, sehen wir weiter, hier kommt dann auch schon die Handlung, die wunderbare Rettung, wir beschleunigen unseren Film bis zum Happy End – und hier sehen wir Gaby am Halse ihres Retters."

Aufkommender Beifall, auf dem Bildschirm wurde zum Live-Interview umgeschaltet, er erkannte sich selbst, sah, wie Gaby sich zu seinem Hals beugte und spürte zugleich ihren Kuss, mit dem sie einen klaren und deutlichen Abdruck ihrer Lippen an seinem Hals anbrachte, den er in der Großaufnahme auf dem Bildschirm wie in einem Spiegel sehen konnte. In das rege Applaudieren der Umstehenden fragte er Gaby, die keine Anstalten machte, sich von seinem Hals zu lösen, ob sie schwimmen könne. Sie hatte die Frage kaum bejaht, als er an das Geländer trat, ihr nun ebenfalls auf die Wange küsste, sie langsam über das Geländer der Brücke hob – und sie fallen ließ. Ihr erstaunter Gesichtsausdruck im Augenblick des Fallens wurde vom Zoom der Kamera nicht mehr erwischt. Mit einer Art Poklatscher landete sie im Kanal und tauchte unter. Das Wasser war hier ziemlich tief, wie der Jogger wusste. Dem Moderator hatte es für einen Moment die Sprache verschlagen.

Der Jogger griff zum Mikrofon: „Nun springen Sie doch einfach hinterher und retten sie!" Auf dem Großbildschirm erschien das ratlose Moderatorengesicht. Der Jogger zog sich seinen Pulli über den Kopf, um sein gelbes T-Shirt sichtbar zu machen. Auf der Brust war ein großes Buchstaben-Logo zu sehen, ein Doppel-R, Initialen in Frakturschrift. Er drehte sich vor den Kameras, auf seinem Rücken stand in roter Leuchtschrift: *Retterritter – für Jungfrauen und Beladene.* In dem aufkommenden Gelächter und Beifall schwenkte die Kamera über den sich am Ohrläppchen zupfenden Moderator auf die Wasserfläche des Kanals. Dort war Gaby wieder aufgetaucht, etwas verwirrt und dennoch ihrer Rolle bewusst: Sie winkte nach oben in die Kameras und lächelte, um dann mit einigen ruhigen Kraulzügen ans Ufer zu schwimmen.

Mit einem Gesicht, als käme er gerade vom Abi-Streich, drehte sich der Jogger ein letztes Mal winkend in die Kameras. Dann lief er los, trotz des eigentlich gelungenen Auftretens etwas benommen, glitt er wie auf Autopilot gestellt durch die Straßen nach Hause. Aus unbewussten Tiefen schien etwas ans Licht zu drängen, das er nicht gewollt und nicht geplant hatte.

Als er am nächsten Morgen seine Brötchen holte, sprangen ihm die Schlagzeilen der Boulevard-Zeitungen in die Augen: *Held mit Humor gesucht. Helfender Witzbold unerkannt entlaufen. Geheimnis um witzigen Jogger.* Noch mit der Tüte in der Hand ging er in dem Einkaufszentrum einige Häuser weiter und bestellte sich in dem Sportgeschäft ein neues Trikot, dann wählte er die Nummer des Senders.

Eine Woche später: Bei der Vorstellung seiner Person hatte es rauschenden Beifall aus dem Publikum gegeben, das er jetzt aufgrund des Scheinwerferlichts nicht mehr sehen konnte. Der Beifall hatte sich noch deutlich gesteigert, als offenbar der Aufdruck seines T-Shirts in Nahaufnahme gebracht wurde: *Wer im Seichten badet, kann nicht untergehen.*

Die Moderation dieser regionalen Sendung lag bei einem älteren Journalisten der führenden Lokalzeitung, der wegen seiner ungeschickten Formulierungen nicht immer eine gute Figur machte. Dennoch schien er sich auf die Sendung zu freuen. Zu seiner Linken saßen die Kulturreporter von Abendpost und Morgenblatt, dann kamen drei bekannte Lokalpolitiker, die in der laufenden Legislaturperiode allesamt nicht viel Sonne gesehen hatten. Als Experten waren ein Psychologie-Professor der Universität sowie der Regisseur geladen, der zuerst befragt wurde, ob seine Sendungen nicht häufig zu hemmungslos seien, ob er wirklich glaube, über Unterhaltung Moral transportieren zu können.

Er räusperte sich: „Es geht uns um das, was wirklich passiert. Wenn viele Leute das Gefühl haben, in der Öffentlichkeit könnte jederzeit mit verdeckten Kameras ein Casting losgehen, umso besser. Dann helfen sie der Oma und dem Blinden über die Straße, meinetwegen nur, um ins Fernsehen zu kommen."

„Und was sagen Sie zu dem Einwand, dass die Leute es wegen des Castings machen, nur weil sie posieren und nicht, weil sie helfen wollen?"

„Ich kann nicht in das Innere der Leute sehen, entscheidend ist für mich, was herauskommt. Mit Kästner sage ich: *Es gibt nichts Gutes, außer man tut es.* Was getan wird, lässt sich überprüfen, statistisch, das ist Wahrheit, alles andere Spekulation."

Normalerweise wäre er an dieser Stelle hochgegangen, blieb aber jetzt seltsam unentschieden. Die Kameras und das Licht hatten zu Beginn der Sendung für einen Moment in den Zuschauerraum geschwenkt, und da war es geschehen: Er hatte sie in der ersten Reihe wahrgenommen, sie, deren Ebenbild durch seine nächtlichen Träume gelächelt hatte.

Einerseits: war er glänzend vorbereitet. Er wusste, dass er als Redner immer gut ankam, er kannte sich aus in Sachen Streitkultur und hatte seine griffigen Verhöhnungsformeln für die Unterhaltungsindustrie parat.

Andererseits: fühlte er sich seltsam unmotiviert. Wollte er die Zuschauer beeindrucken, um seine Kritik an die Frau und den Mann zu bringen? Würde eine gekonnte Selbstinszenierung nicht dazu führen, dass der Apparat über seine wirklichen Wünsche triumphierte? Ihm verging die Lust zum Weiterdenken. Vom Ende her ließe sich natürlich alles klarer entscheiden. Aber wo war das Ende? Weshalb nicht leicht und locker beginnen, war er nicht ein geborener Anfänger? Und zum Aufbruch gehörten Offenheit und Risiko und Zauber.

Der Morgenblatt-Reporterin wurde das Wort erteilt, sie kam auf eine Schiller-Ballade zu sprechen, in der der Ritter den Handschuh zwischen den Raubtieren in der Manege herausholt und ihn der Schönen, die ihn herabgeworfen hat, vor die Füße wirft. Sie fragte, ob der Ritter getäuscht worden sei und warum er das Spiel mitspiele. Ihre Worte verschwammen in seinem Kopf, er war völlig desinteressiert.

„Jetzt dürfen wir Gaby vorstellen", hörte er den Moderator, „die eigentlich Lisa heißt – in dieser Diskussionssendung dürfen wir das sagen – und noch studiert." Das Klatschen nahm er kaum wahr, er sah sie auf die Bühne kommen – und erröten. Er ergriff ihre Hand und zog sie an sich, sie schlang beide Arme um ihn, sie war weich, ein einziges Versprechen, er spürte ihre Lippen, schloss die Augen – scheiß aufs Fernsehen – und ließ sich fallen.

Herzfall, deklinierter

Nach einer Herz ergreifenden Begegnung:
Mit Ihrem Herz werden Sie hundert.
Mit meinem Herzen überlebe ich
die nächste Stunde kaum.
Liebe bricht manchen das Herz.
Ja, sie zerbrach, und zwar nur eines,
nicht zwei der Herzen: aber meines,
meins.

Komm mit

Komm mit in den alten Park,
komm Frühling üben
da drängt und treibt es stark
in Wellen und Schüben.

Komm in den Park und schau
Knospen und Triebe
gelb blüht es schon, blau
Stängelgeschiebe.

Grün wird bald ausgerollt
beschränkt uns den Blick
durch laue Lüfte tollt
lang und dünn, kurz und dick

Käfer und Schmetterling
und tief in der Erde
da knurrt der Engerling
dass Frühling werde.

In schrillen Schwärmen
hungrige Jungmücken
anschwellend lärmen
wir üben zerdrücken.

Es winken aus Ecken
es grüßt um die Tonne
glänzende Schnecken
im Schleim die Sonne.

Komm mit in den alten Park,
man muss Frühling üben
da drängt und treibt es stark
in Wellen und Schüben.

Irrgarten

Verwirrung
gabelt sich die Straße
ein Weg wo zweigt er ab
ein Ausweg
war ich schon einmal hier
erinnere ich sie
die Kreuzung
geh ich rechts lieber links
kreise ich vergeblich
im Raum
ist die Welt ein Laufrad
die Zeit läuft sie zurück
und immer
immer immer wieder
find ich nicht mehr als mich
am Wegkreuz
fällt mich die Leere an
was wiederkehrt bin ich
die Wendung
ich bin mein Labyrinth
bin immer noch immer
noch da.

Santa Teresa di Gallura

Stellen Sie sich vor, Sie hätten ein bisschen Zeit und ein wenig Geld zur Verfügung und wären gerade in Italien unterwegs. Was halten Sie von Sardinien? In einer Diskothek finden Sie sich wieder, mitten im Gedränge auf der Tanzfläche. Da Sie im Dämmer- und Flackerlicht die Konturen Ihrer Partnerin kaum sehen können, nutzen Sie zum Ausgleich jede Gelegenheit in der allgemeinen Bewegung, um ihren Körper zu berühren oder ihn in den Pausen an den Ihren zu drücken.

Die Lautstärke und die Hitze treiben Sie nach draußen. Sie können im Mondschein ihr Gesicht besser erkennen, sie sogar verstehen: Sie nennen sich bei den Vornamen, und ihr steigt, euch an den Händen haltend, im Mondschein über einen Trampelpfad durch die Felsen nach unten, in die halbkreisförmige Badebucht von Santa Teresa. Die Kleider legt ihr in den feinen Sand. Ihr seht euch kaum an und geht langsam in die sanften Wellen des Meeres, lasst euch treiben, schwimmt aufeinander zu, fasst euch an den Händen, zieht die Körper zusammen, presst euch küssend aneinander, bis unter Wasser die Luft wegbleibt. Ihr zögert, an Land zu gehen, aber die Kälte treibt euch heraus und ihr hockt eng umschlungen neben dem Kleiderhäufchen. Mit der verschwindenden Kälte werden eure Körper über kurz oder lang Feuer fangen – und die Dinge nehmen ihren Lauf. Das weißt du, das weiß sie.

Da vernimmst du etwas wie Geschrei am anderen Ende der Bucht, da wo vom Parkplatz die Treppe neben den Duschen vorbei nach unten führt. Auf der Böschung sind Gestalten zu sehen, Rufe sind zu hören. Ihr versteht nur „Ragazzi.“ Mit einem Schlag wird der größte Teil des Strandes mit Scheinwerfern angestrahlt. Ihr habt Glück, duckt euch und verharrt bewegungslos. Ihr befindet euch im Schatten, noch. Im Scheinwerferlicht sind an die zehn über die ganze Bucht verteilte Schlafsäcke zu erkennen, die sich vom weißen Sand abheben.

Razzia! Natürlich! Du weißt, das wilde Campen und Schlafen am Hauptstrand von Santa Teresa sind verboten. An der Costa Smeralda und in Santa Teresa sind Rucksacktouristen willkommen, aber nur, wenn sie genügend Geld für Übernachtungen haben.

Jetzt kommt Bewegung in die Carabinieri. Es sind bestimmt zwanzig

Polizisten, die sich oberhalb der Böschung und der Felsen verteilen. Auf dem Parkplatz oberhalb des zum Strand abfallenden Steilufers werden Streifenwagen und zwei Mannschaftstransporter abgestellt, gleichzeitig werden bewegliche Scheinwerfer auf einzelne Schlafsäcke gerichtet. Die Carabinieri rufen die wachgeschreckten Schläfer an, fordern sie auf, freiwillig nach oben zu kommen, come on, allez, allez vite, kommen Sie sofort. Langsam und verschlafen folgen die meisten der Aufforderung. Ein Schlafsack bekommt plötzlich Beine und stolpert schwerfällig über den Strand auf den ins Meer ragenden Felsen zu, auf dem die alte Turmruine steht. Ärgerlich rufend, laufen drei Polizisten mit Taschenlampen hinter ihm her. Nach einigen hundert Metern gibt der Schlafsack auf. Wie gebannt verfolgt ihr die Ereignisse, doch es wird Zeit, dass ihr verschwindet, wenn ihr euch nicht plötzlich inmitten eines Lichtkegels und später in einem Polizeitransporter auf dem Weg zur nächsten Carabinieri-Station wiederfinden wollt, um dort die Nacht zu verbringen. Ihr hastet also gebückt zur nächsten Felswand und findet glücklicherweise gleich einen Spalt, in dem ihr mit eingezogenen Köpfen sitzen könnt. Ohne es gleich zu bemerken, hast du dir den Ellbogen aufgeschlagen.

Die Carabinieri müssen eine Bewegung in der Dunkelheit bemerkt haben, denn ein Scheinwerfer wird auf den Felsen gerichtet. Ihr habt die Gesichter auf die Knie gelegt. Stück für Stück werden die Felsen ausgeleuchtet. Einige Male streifen euch die Scheinwerfer. Ihr könnt nur hoffen, dass eure Umrisse nicht von dem unebenen Gestein zu unterscheiden sind. Als der Lichtstrahl kurz verhält, siehst du eine handtellergroße Tätowierung auf ihrer Schulter, die dich verwirrt: Findest du sie erotisch oder abstoßend? Deine Erregung zeigt dir, dass dies nichts mit Nachdenken zu tun hat.

Als der Scheinwerfer weiter wandert, legst du langsam und sanft von hinten deine Arme um sie. Sie hat weiche Haut an Bauch und Brüsten. Ihr genießt das anhaltende Lichtspiel in den Felsen. Der erste Mannschaftstransporter mit den eingesammelten Rucksacktouristen fährt los. Fünf Carabinieri gehen über den Strand und sammeln Schlafsäcke, Kleidung und Handtücher ein. Mit ihren Taschenlampen leuchten sie auch auf ihr Kleid und deine Hose, dein Hemd. Sie wollen sie gerade in den Plastiksack stopfen, als hektische Bewegung in das Mädchen an deiner Seite kommt. Das geht nicht! Ganz nackt kommen wir hier nicht mehr weg, sie lässt sich lieber mit zur Wache nehmen. „Bella", rufen die Carabinieri lachend und strahlen sie mit ihren Lampen an, als sie zögernd und mit überkreuzten Armen auf sie zugeht. Du siehst für einen kurzen Moment ihr Gesicht. Ein Carabinieri reicht ihr das weiße Kleid, in das sie sofort hineinschlüpft. Sie dreht sich nicht um.

Und du? Weshalb kommt keine Bewegung in dich? Du sitzt wie vom Donner gerührt – und tust nichts. Sie verschwindet. Und auch deine Kleidung. War der Aufbruch zu abrupt? Fühlst du dich verraten? Mit der intimen Atmosphäre ist es vorbei.

Sie frösteln? In ein paar Stunden wird die Sonne aufgehen. Weit in der Ferne wird die südliche Spitze von Korsika zu sehen sein. Sie werden sich etwas zum Anziehen besorgen müssen, vielleicht von einem x-beliebigen Badetouristen erbetteln. Dies ist nicht Sylt oder Boltenhagen. Unten ohne geht nicht.

Und Sie wollten doch so gerne ein Abenteuer. Säßen aber jetzt lieber zu Hause, die Beine hoch gelegt, den hellen Kaminofen im Hintergrund oder die aufgedrehte Heizung, ein Buch oder den Laptop auf den Knien …

Im Zauber der Rosen

Sie müssen sehr schön gewesen sein,
die zu Rosen gewordenen Frauen,
bei Sonnen- und bei Mondenschein
wer traute sich, sie zu schauen.

Hell leuchten die Blüten durch die Nacht,
blühen auf zur Mittagsstunde,
sie ziehen und locken mit ihrer Pracht,
sie richten mich zugrunde.

Wenn ich höre Summen und Singen
so sommervoll aus Wunderland
mein Kopf, mein Bauch, mein Herz – sie schwingen,
vor dem Rosenbusch, mein Widerstand

er schmilzt dahin, dahin – ich spüre,
Gerüche werden mir gefährlich,
die Rose attackiert mich jährlich.
Bleibe ich stehen an der Türe,

dem Tor zur Anderwelt der Träume,
betrachtend ich mich selbst verliere,
ich sinke sanft in helle Räume,
zitternde Lippen, Schweiß, ich friere.

Ein Schauder läuft über den Rücken,
im grünen Laubwerk Sonnenflecken,
ein Blatt berührt die Stirn, Entzücken,
und Zweige sich entgegenstrecken,

umfassen sanft Beine und Bauch,
hör leiser werdend Mückenschwärme,
ich komme tiefer in den Strauch,
die Sonne spür ich noch als Wärme.

Ich rieche noch der Schönheit Duft,
berühre noch einmal Blätter und Rinde
und löse mich auf, ich werde Luft,
ich seh' nichts, hör' nichts, ich verschwinde.

Ich will jetzt nur noch Rose sein
wie zu Rosen gewordene Frauen,
wunderschön müssen sie gewesen sein:
die zu Rosen gewordenen Frauen.

Gesichel im Aquarium

Montagmorgen

Im Gesicht keine Furchen, aber Wellen auf Stirn und Wange. Die Haare lösen sich ab. Das linke Auge fehlt. Als ich das Foto mit der Gabel herausgeholt habe, auch ein Ohr. Der Mann aus dem Wasserglas färbt nicht ab. Soll ich ihn in den Kühlschrank legen, um den Status quo zu erhalten? Wenn nicht, trocknet das Gesicht, es schrumpelt und platzt ab. Farbverlust. Also mich selbst einfrieren? Auf dem Bild bin nämlich ich. Mir steckt schon der Frost in allen Gliedern. Das Bild spiegelt meine Empfindungslage ziemlich gut wider. In den Müll kann ich mich schlechterdings nicht werfen. In den Wasserpflanzen ein paar blaugrüne Fahnen, 20-Euro-Scheine, immerhin resistenter als mein Foto. Im Sand auf dem Boden des Aquariums glänzt es silbern, ein paar Münzen – und der Schlüssel. Schuldete sie mir noch Geld?

Weshalb bist du noch hier, Spinoza, ohne die anderen Salmler und Kärpflinge. Warum hat sie dich nicht mitgenommen? Vielleicht weil du ein Geschenk von mir bist? Dich fand sie nie sonderlich interessant. Nur weil du pflegeleicht bist, hätte ich dich gekauft. Die Wahrheit ist: Ich kannte keine anderen Fische. Wenn es nach mir gegangen wäre, nimm es nicht persönlich, hätten wir uns ohnehin kein Aquarium gekauft. Dann hätten, Spinoza, wir beide uns natürlich auch nie kennengelernt. Ursprünglich hatten sie und ich an eine niedliche kleine Katze gedacht – als ihre Unruhephase abgeschlossen zu sein schien, nach ihrer buddhistischen Wende. An Streicheln und Schnurren und Schmusen. Aber das Ergebnis der Tierberatung war eben ein Aquarium. Ihre Wunschvorstellungen haben wenig Bestand, sie flirrt gerne hin und her. Warum bin ich zur Tierberatung nicht mitgegangen. Ein Aquarium vornehmlich in Blau, Grün und Gelb – zur Erzeugung eines guten Karmas! Ob hier eher ihr religiös-meditativer Sinn oder mehr ihre dekorativen Neigungen zum Zuge gekommen sind? Sie hat sich mehr mit dem Aquarium als mit mir beschäftigt. Wenn sie abends nach Hause kam, gingen die LED-Leuchten an und tauchten Pflanzen und Tiere in strahlendes Licht. Oft stand sie mit einem Glas Sekt davor, strich mit ihren schlanken Fingern über den Rand des Glases, bis es zu schwingen begann. Den Ton versuchte sie auf das Säulen-Aquarium zu übertragen, alle sollten zum Resonanzkörper ihrer augenblicklichen Gefühle werden. Dass ein Innenleben auch anderswo vorkommt, scheint außerhalb ihrer Vorstellungen zu liegen. Kann man auf ein Aquarium eifersüchtig sein? Sie ist nicht da, ich schon. Kennst du auch Trennungsschmerz? Du hast dich doch gut mit den beiden Fischen am Rande der Höhle verstanden, mit Diogenes und Kahn, den Torhütern. Auch mit dem friedlichen Schmied-Kowarziek aus dem Mittelfeld über den Felsformationen. Beckenbauer war hier nicht konsensfähig. Ob sie ein neues Aquarium besorgt hat? Wahrscheinlich wird sie auch die Namen der Fische ändern.

Montagabend

Ein zweiter Leuchtkörper vor dem Aquarium, Desktop, Mail-Box: *15.10., 20.00 Uhr. Betreff: Ich verlasse dich. Nachricht: Hallo, fütter den Goldfisch. Gruß, A.*

Da schicke ich doch gleich eine Express-Antwort: *Scher dich zum Teufel!*

Oder lieber doch nicht. Hallo Spinoza. Du bist ja gar nicht ganz alleine, in der Ecke sehe ich zwei kleine algenfressende Schnecken, und hier gleitet zügig Rudolph, die Geweihschnecke, übers Glas. Sie hat also nicht alle Wirbellosen mitbekommen, im Eifer des Gefechts.

Die Leuchten schalte ich aus, damit du besser nach draußen sehen kannst. Bei mir musst du nicht Dekoration spielen. Vielleicht können wir ein besseres Verhältnis entwickeln. Ich blas mal in das Wasser, dass sich kabbelige Wellen bilden. Freust du dich, ärgerst du dich? Weder noch? Richtig so, gut, dass sie weg ist, das kriegen wir schon hin. A la longue sind wir uns ziemlich ähnlich, im Blick in die ganz weite Vergangenheit – oder nur eingebildet. Zuständlichkeiten der einen Substanz, hätten sie im Mittelalter gesagt. Die Umgangsformen haben sich seitdem wenig geändert, zumindest zwischen Menschen. Nacht, Spinoza.

Dienstag früh

Siehst du mich, wenn ich mein Gesicht zum Aquarium neige? Auf jeden Fall reagierst du ein wenig, anders als die Pantoffeltierchen und Amöben, die ich früher einmal unter dem Mikroskop hatte. Meine

Stirn auf dem kühlen Glas, siehst du meine Haut, meine Haare, meine Augen? Du gleitest näher und siehst nicht weg. Würdest du ohnehin nicht, wenn ich außerhalb deines Gesichtsfeldes läge. Wenn ich das Licht etwas dimme, wird das Glas zum Spiegel und ich habe ein Selbstbildnis, fast eine Außensicht von mir, fast. Siehst du mich so? Merkst du, dass meine Haare nicht blond sind und meine Lippen weniger rot? Oder siehst du schwarzweiß? Gleich kommt deine Nahrung angesegelt, schön, jetzt kommst du in Schwung, eine rotgelbe Sichel zwischen rieselnden Bröckchen und strudelnden Klümpchen. Nun denkst du wohl nur noch ans Essen, falls du überhaupt noch denkst und nicht die Kontrolle zwischen Denken und Fressen längst verloren hast. Du nimmst die Sache selbst in die Hand beziehungsweise in den Mund, du verleibst dir die Welt einfach ein und versuchst nicht groß, sie zu deuten, du Vielfraß, vielleicht sogar aus Überzeugung. Das Leben will gelebt und nicht bedacht werden, oder? In deinen Augen sehe ich – nichts. Gibt es Wesen, die mich betrachten, ohne dass ich es merke. Jedenfalls sind sie klug genug, mich nicht zu besuchen. Ach, nicht einmal die Küche ist hier gemacht. Ich gleite wie du – auf Autopilot – durch den Tag. Wir leben im Zeitalter der Fische, Spinoza.

Dienstagabend

Nabend Spinoza, die Mailbox ist leer. Wie ist es dir tagsüber ergangen? Was ist denn das für ein Gewimmel im Aquarium? Lauter Fische – und Schmuck über den Grotten, Ohrringe, leuchtende silberne Mondsicheln. Es riecht nach Parfum, die Wohnung verströmt Chaos, sie ist zurück. Deine Flossen glänzen, ich weiß nicht, was hinter deinen Fischaugen geschieht, aber Danke, Spinoza.

Gender-Blending im Besteck

oder: Der Löffel liebt die Gabel

Zuerst sich selbst verbot sie es
Sie spürt es eher, sie sah kaum hin
Er hat sowas Erotisches
So rund so glatt so feminin

Sie wär sexy ohne Zinken
So sieht sie fast schon männlich aus
So spitz, so gabelig, oh Graus
Sie kann ins Essen dringen, sinken

Doch keine Flüssigkeit aufnehmen
Und dennoch heißt du immer „die"
Vielleicht gehörst du doch zu jenen
Männlichen Mustern irgendwie

Und so als spitze Gabel
bist du nicht akzeptabel
Komm her ohne zu stechen
Ich werd die Zacken brechen.

kein ausstieg

beringte finger facebook twittern
aufsehend ihre blicke flittern
zausen lähmen fesseln mich
schluss mit wischen daumen zittern
ubahnhalt was mache ich
blicke bleiben tief und dicht
bleib sitzen und erheb mich nicht

Shades of Blue

Eine blaue Liebesgeschichte aus dem Baumarkt

Schon wieder etwas angepinnt, mal sehen:

Kundenzufriedenheit nimmt neue Dimensionen an bei der britischen Heimwerkerkette A&B. Aus der Zentrale ist ein Rundschreiben an die rund 21000 Beschäftigten der 359 Filialen gegangen mit Empfehlungen für den Umgang mit Sonderwünschen, die sich anlässlich des auf den Valentinstag gelegten Starts der Filmfassung von *Fifty Shades of Grey* an diesem Wochenende ergeben könnten.

Obwohl das Schreiben hervorhebt, dass es stets Unternehmenspraxis sei, Waren *nur für den designierten Zweck* zu verkaufen, legt die pragmatische Geschäftsführung Filialleitern nahe, dennoch sicherzustellen, dass die entsprechenden Lagerbestände rechtzeitig aufgefüllt werden. Zudem sollte das Personal gefasst sein auf *potenziell empfindliche Kundenanfragen*. Um diese diskret handhaben zu können, empfiehlt das Schreiben, sich mit Buch oder Film vertraut zu machen.

Der Artikel ist nicht vollständig, sondern auf die Schnelle herausgerupft, etliches fehlt, das passiert unserem Chef häufig. Bestimmt war er es, der ihn ans Schwarze Brett für die Mitarbeiterinnen und Mitarbeiter geheftet hat. Denn der Artikel ist aus der FAZ, und Herr Schmidt ist der einzige hier, der die Frankfurter Zeitung liest. Wegen des Wirtschaftsteils, sagt er immer. Die meisten Kollegen lesen die Bild oder die Morgenpost, auch das Abendblatt wird viel gelesen – und am Sonnabend oft herumgereicht, weil es den größten Auto-Markt hat und auch ganz viele Immobilien-Anzeigen. Die jungen Leute gucken in den Pausen während des Kaffees meist auf ihre Smart-Phones, manchmal bringen von den Aushilfen welche die TAZ mit.

Ich fragte in der Frühstückspause in die Runde, wer den Film denn gesehen hat. Alex meinte, er sei zu alt für sowas, dabei ist er höchstens Fünfzig. Lukas lachte: „Wenn so groß angekündigte Filme ins Kino kommen, komme ich auch. Hätte ich mir sparen können.“

Finn und Ole, unsere Azubis, sahen von ihren I-Phones auf: „Muss man nicht gesehen haben, sowas Langweiliges. Kann man leider im Kino nicht scrollen, nicht anhalten oder vorspulen."

Die beiden Kathrins widersprachen: „War ein Heidenspaß, wir waren mit fünf Freundinnen drin." Katrin ohne „h" setzte nach, räumte ein: „Das Vorher und Nachher war super, unser Gekreische und Gekiekse, die Popcornfeier, aber der eigentliche Film, na ja, na ja, hier seht mal die Fotos auf meinem Handy, am Kino-Eingang vor den Plakaten ..., die mit den Wuschelhaaren ist übrigens Nele, will sich demnächst bei uns bewerben, sie würde auch gerne im Baumarkt arbeiten."

Horst aus der Holzabteilung schmunzelte: „Der Chef will doch nur, dass wir die Bestände für Kabelbinder, Malerkrepp, für Seile, Ketten und solche Sachen auffüllen. Aber jetzt lasst uns mal über etwas Vernünftiges reden ..." Und schon ging es nur noch um die Bundesliga und ich, ich war nicht schlauer als vorher.

In der Mittagspause erzählte mir Kathrin, die Kathrin mit „h", die ist nett, dann doch den ganzen Film. Mir ist es wie Schuppen von den Augen gefallen. Jetzt war ich im Bilde. Ganz anders achtete ich von nun an auf bestimmte Feinheiten bei den Kunden. Schon der dritte oder vierte Kunde am frühen Nachmittag fragte mich nach Kabelbindern.

Ich: „Wollen Sie vielleicht auch noch ein Stück von unseren Ketten?"

Er sah mich überrascht an: „Ja, nehme ich, kann man immer mal brauchen."

„Aha, erwischt", dachte ich. Er war allerdings ziemlich cool, er nahm zwei Meter, warf mir noch einen freundlichen Blick – oder war er eigentümlich freundlich – und zahlte an der Kasse, als wäre alles ganz normal. Nun ja.

Wenig später stand ein großer Blonder mit schlecht geputzten schwarzen Schuhen vor den Seilen und Tauen, sah sich dann bei den Ketten um – und ließ einige durch die Finger gleiten, wog ihr Gewicht mit der Hand, sagte bedächtig: „Hiervon nehm' ich", und sah mich dabei seltsam lächelnd an. Mir stockte fast der Atem und bestimmt war ich ganz rot geworden, aber die Spiegel der Badezimmer-Abteilung sind drei Gänge weiter. Als er zur Kasse ging, sagte ich Katrin schnell Bescheid. Sie warf einen interessierten Blick auf den blonden Hünen – und bekam dann einen Lachanfall. Sie hörte gar nicht mehr auf mit Prusten und Glucksen, bis sie mir endlich erzählte, dass er Polier sei und zu einer Abbruch-Firma gehört, für die regelmäßig Tauwerk und Ketten eingekauft werden. Zuerst war mir das ein bisschen peinlich, dann habe ich herzhaft mitgelacht.

Der restliche Nachmittag und auch der Abendverkauf verliefen ganz normal. Ich verkaufte zwar etliche Schlösser und Ketten, doch die wurden von Kunden gewählt, die so alt waren, dass sie auf den Gebieten, die der Film bespielte, kaum noch aktiv sein dürften. Und die vielen Spezialhandschuhe aus Gummi und verschiedenen Kunststoffen gingen an mir bekannte Vertreter großer Reinigungsfirmen.

Am nächsten Vormittag stöckelte eine stark geschminkte Blondine auf High Heels durch die Gänge. Unsere Kunden sehen meist anders aus. Im Einkaufswagen hatte sie einen Zollstock und Klebeband. Mit ausgesuchter Höflichkeit fragte ich sie: „Wollen Sie vielleicht noch Malerkrepp dazu?"

Mit katzenfreundlicher Stimme schnurrte sie zurück: „Nein, Herzilein, ich suche Lackfarbe und Pinsel."

Ich lächelte freundlich und überlegte zugleich fieberhaft, was sie wohl mit den Pinseln anstellen könnte. Ganz schön durchtrieben die Dame, allein schon wie sie aus den Hüften heraus ging. Wollte sie mir mit ihrer Schlangenhaftigkeit imponieren? Sonst war ja gerade niemand anderes in der Nähe. Bis zur Pause sortierte ich dann Werkzeug, Hämmer, Zangen, Schraubenzieher, räumte dann Beile und Äxte ein, auch die schweren Spalthämmer. Das machte ich immer ganz gerne, obwohl ich manchmal davon Muskelkater bekam. In der Pause rauchte ich das erste Mal seit einer Woche wieder eine Zigarette. Ole verführte mich mit einer Selbstgedrehten.

Und nach der Pause, wer kam denn da? Christian erschien, mein ehemaliger Mitschüler. Gelegentlich kauft er hier ein. Christian Blau war der Schwarm aller Mädchen in der zehnten Klasse. Auch ich träumte von ihm, nun ja, länger her. Jetzt nahm er mich freundlich in den Arm und küsste mich rechts und links. Ich freute mich immer, wenn er kam. Er heißt nicht nur Blau, sondern hat strahlend blaue Augen, in die oft seine braunen Wuschellocken fallen, und schon in der Schule hatte er meist blaue Kapuzenpullis und Jeans getragen, auch dann, als die anderen Jungs mit der Mode eher zu schwarzen Klamotten übergingen.

Ich begleitete ihn durch die Gänge unserer riesigen Halle und bot ihm natürlich meine Hilfe an. „Habt ihr auch Sportartikel und Sachen für den Stall?", fragte er mich. „Ich habe gesehen, ihr habt nicht nur Sicherheitsschuhe und Arbeitskleidung, ihr führt auch Sportschuhe, Jogging-Sachen und jede Menge für Fahrräder."

Ich fragte ihn, woran er denn gedacht habe.

„Vor allem an Reitsportartikel."

Mir wurde ganz schummrig, ich hatte das Gefühl, mich setzen zu müssen, er etwa auch? Das wäre schade, er war mir immer so sympathisch gewesen. Er sah mir seltsam fragend ins Gesicht: „Warum wirst du denn so bleich? Fühlst du dich nicht gut?"

An der Lampen-Abteilung blieben wir stehen, er hatte einen besorgten Gesichtsausdruck und änderte die Tonlage, wurde ganz leise: „Ich will dir nicht zu nahe treten, bist du verheiratet, hast du einen Partner?" Und noch leiser, halb zu mir, halb zu sich selbst murmelte er: „Wer so hübsch und attraktiv ist, lebt natürlich in einer Beziehung."

Das ging mir aber runter wie Honig, ich musste schlucken, doch redete ich klar und deutlich: „Ich bin immer noch Single." Dann setzte ich nach: „Weshalb sollte ich denn erblassen, nur weil ich in einer Beziehung lebe?"

Nun war er es, der um Fassung rang. „Na ja, ich dachte, sei mir nicht böse, ist mir ein bisschen peinlich …", er rang nach Worten, stotterte sogar und wurde immer leiser, ich verstand ihn nicht mehr genau, hatte er etwas von Schwangerschaft gemurmelt? Er wurde ganz rot im Gesicht – und ich überlegte, woher mein plötzliches Unwohlsein gekommen war, bemühte mich um eine normale Stimme: „In der Parallelstraße gibt es einen Reiterladen. *Glückliche Stuten – Fröhliche Hengste* oder so ähnlich heißt er."

Er verzog seine Brauen, seine Stirn kräuselte sich: „Ich weiß, den kenne ich, er heißt *Glückliche Pferde und Ponys*."

Den Anflug eines Grinsens übersah ich nicht, immerhin schien er Pferdebesitzer zu sein, so etwas wie Hoffnung keimt auf, ich versuchte mich an einem freundlichen Lächeln: „Wir können mal in den hinteren Gängen vor der großen Holzabteilung nachsehen, da gibt es so allerhand Krimskrams, aber bestimmt keine Halfter und Sättel – oder was ihr so braucht. Was genau willst du denn kaufen?"

Er lachte verlegen. „Ach, nichts Besonderes, ich brauche zwei neue Peitschen." Ich fühlte, wie eine stärker werdende Kraft nach mir griff, der ich nichts entgegenzusetzen hatte, meine Energien schwanden, spürte, wie ich mich in Richtung Boden bewegte, dann war ich weg, wie wenn eine Nachttischlampe ausgeknipst wird.

Als ich wieder zu mir kam, raschelte es unter mir. Sie hatten mich auf die braunen Kartons gelegt, die wir für Umzüge verkaufen, auf die großen Formate. Katrin war da, und Christian kniete neben mir, ein Glas Wasser in der Hand. Er roch nach frischer Wäsche und Duschgel. Die Sommersprossen um seine Nase zuckten. Gott sei Dank hatten sie den Chef nicht geholt, vielleicht war Herr Schmidt auch nicht da. Christian reichte mir einen Schluck Wasser, seine Hand zitterte, er kleckerte, doch das machte mir nichts. Dankbar nahm ich das Glas und trank es in einem Zug aus. Ich dankte für die Hilfe – und konnte es mir trotz meiner Lage nicht verkneifen: „Peitschen führen wir leider nicht."

Katrin pfiff durch die Zähne: „Ach, daher weht der Wind." Sie wandte sich an Christian Blau. „Was haben Sie denn mit denen vor?"

Christian wirkte irritiert, machte eine wegwischende Handbewegung: „Die brauche ich doch, wenn ich meinen Wallach voltigiere."

Katrin lachte hell auf, und mir fiel ein Stein vom Herzen.

Noch am Abend trafen wir uns auf einen Cocktail in der neuen Bar am Fluss. Die Cocktails waren so gut, dass es mehrere wurden. Ohne Katrin traf ich mich noch öfter mit Christian in der Bar Centrale, wie sie sich nannte. Im Herbst zogen wir zusammen in eine kleine Wohnung – und ich begann mit dem Reitunterricht, Christian Blau hat mich dazu überredet. Mir gefällt das Reiten ausgesprochen gut. Vielleicht mache ich demnächst eine kleine Pause, denn jetzt bin ich wirklich schwanger.

Adam am Ackersrand

Anmerkung aus der zweiten niederländischen Reim-Liga auf Dorfrichter Adam aus Heinrich von Kleists „Der zerbrochene Krug“

Die Blumen welk die Sonne sackt
der Fichtengrund ist abgewrackt
der Acker braun und winterlich
vielleicht wirke ich lächerlich
genascht vom Käse hat die Katze
ich sitze hier mit meiner Glatze
brauche kein Licht am Ackersrand
die meine ist doch nicht verbrannt
und da beim Laufen auf den Rücken
klatschen immer die Perücken
weg mit ihr und mit der Robe
ich alter Adam will zur Probe
mich ausziehn, auf die Füße fallen
die freien nicht die kalten allen
Wunden am Kopf im Kopf Gesicht
Luft zufächeln dem Gericht
die Stirne bieten dergestalt
erinnern neu den Sachverhalt
an Schönes Hübsches will ich denken
die Vorstellung auf Eve lenken
an ihre Augen die verlocken
den Schwanenhals unter den Locken
dein Körper einer Amazone
dein kesser Blick der zweifelsohne
ein einziges Versprechen war
dein voller Mund nicht unnahbar
und erst die schönen hohen Beine
entschuldigen schon ganz alleine
bloß sie zu sehen ist ein Fest

und was ein albernes Attest
gegen Wehrpflicht Krieg Armee
Soldatentum in Übersee
du wohlriechend warme süße Fee
verplappere für dich mich gerne
und geb den Schelm doch in der Ferne
aus dem Tunnel da kommt Licht
im Kriechgang buckelnd vom Gericht
ich winke flüchtig einen Gruß
und mach mir einen schlanken Fuß
vielleicht schreib ich dir ein Gedicht
die Katze lässt das Mausen nicht

Nach den Sternen greifen

Er sieht ins Wasser. Er wendet den Kopf ab. Dann sieht er wieder ins Wasser – und schüttelt den Kopf. Ein großer Engel spiegelt sich hell im Wasser. Verwundert blickt er zum Himmel: Nein, da wird kein Mond durch Luftschichten verzerrt oder durch Wolken verdeckt, der Himmel ist sternklar – und zeigt über ihm das leuchtende Sternbild eines Engels. Langsam beginnt der Engel sich zu bewegen und schwebt in Richtung südliches Seeufer. Unmittelbar hält er sich mit beiden Händen am Steg fest. So als hätte er Angst, mitgezogen zu werden. Oder war es eine optische Täuschung, wie auf den U-Bahnhöfen, wenn beim Blick auf die fahrenden Bahnen der Nachbargleise das Gefühl der Bewegung entsteht, obwohl die eigene Bahn noch gar nicht losgefahren ist?

Der Engel fliegt nicht zum Südufer, wie ein Blick in den nächtlichen Himmel zeigt. Die Wasseroberfläche, eben noch spiegelglatt, ist schon gekräuselt, eine leichte Strömung erkennbar. Er atmet durch. Sind ihm die unmittelbar bevorstehenden Weihnachtstage aufs Gemüt geschlagen? Alles eine Frage der richtigen Deutung. Er denkt dabei weniger an die Sterne als an MRT's, Ultraschall und Röntgenaufnahmen – was werden da für Fehler gemacht, was nicht alles von den Kollegen übersehen! Und dies sind vergleichsweise überschaubare Bilder. Doch was lässt sich an den Sternen schon deuten, der ganze Horoskope-Quatsch, da glaubt er eher noch an die Gene.

Andererseits: Dieses seltsame Sternengebilde lässt sich nicht ignorieren. Er erhebt sich und geht langsam vom Steg den Hang hinauf zu seinem Wochenendhaus, halb ironisch Gedankenfetzen beiseiteschiebend. Frohe Botschaft, Zeichen für irgendetwas. Er ist etwas überarbeitet, die industrielle Weihnachtsoffensive hat ihn halb bewusst unbewusst erwischt, obwohl er die Zeitung nur überflogen hat, für seine Internet-Zugänge die Werbung weitgehend blockiert hat, Fernsehen schon aus zeitlichen Gründen nicht sieht. Wenig später sitzt er vor dem wärmenden Kamin und sieht in die züngelnden Flammen, ja, gutes Birkenholz. Die Flammen scheinen sich zu Flügeln zu formen – er fährt sich durchs Haar, wirft Buche nach; heute sollte er früher zu Bett gehen.

„Woher kommt denn deine neue Sternenlust?“ Er hört die lachende

Stimme seines Kollegen am anderen Ende. Er hat es sich nicht verkneifen können, ihn jetzt am Sonntagabend noch anzurufen. Sie kennen sich noch aus der Schülerzeit, eigentlich wollte der Kollege Astrophysik studieren, aber die Eltern haben immer auf etwas Solides gedrängt, nun gut, jetzt verdient er wie so viele aus der alten Clique als Mediziner sein Geld und die Astrophysik war Hobby.

Doch bevor er mit seiner Beschreibung der Himmelsphänomene zu Ende gekommen ist, unterbricht ihn der Kollege begeistert: „Ich beneide dich, wir hatten übers Wochenende hier in der Stadt nur bedeckten Himmel, völlig klar, was du gesehen hast, einen bipolaren Nebel, der kommt immer zum vierten Advent, steht im Sternbild Schwan und sieht aus wie ein Engel, der die Flügel ausbreitet. Es handelt sich um eine riesige Wasserstoffwolke, gasförmigen Wasserstoff, der ab etwa 10.000 Grad zu strahlen beginnt. Die wunderbare Flügelgeschichte hängt von unserem Standpunkt ab, die Wasserstoffwolke wird durch einen Staubring, der den jungen Stern umgibt, in zwei Flügel unterteilt, weil wir von unserem kleinen Planeten aus genau auf die Kante dieses Ringes blicken. Ach so, du willst dich größenmäßig orientieren, ja, grob gesagt ist der Stern zweitausend Lichtjahre entfernt, die Wasserstoffwolke hat einen Durchmesser von knapp zwei Lichtjahren, aber halt, ich werde zu oberflächlich, ich erkläre es dir genauer. Willst du es wirklich nicht präziser wissen, du bist doch sonst nicht so oberflächlich, nun gut ...“ Und damit kommt das Gespräch auch schon zum Ende, sie wünschen sich gegenseitig eine angenehme Woche, eine schöne Weihnachtszeit und so weiter, aber das waren dann auch eher schon Höflichkeitsfloskeln.

Am Montagabend schlendert er nach der Sprechstunde von seiner Praxis durch die Bahnhofsunterführung zum alljährlichen Weihnachtsmarkt in die Geschäfts- und Hauptstraße dieses Stadtteils. Überall duftet es nach Karamell und Gebratenem, an den Ständen werden Würste skalpiert und Crepes gefüllt und gefaltet, Lebkuchen eingetütet. Dicht gedrängt stehen die Menschen an den Glühweinständen, aus einigen Ecken ertönt laute Weihnachtsmusik. Meist sind jüngere Leute unterwegs, fällt ihm auf, einige tragen rote Mützen oder haben sich Heiligenscheine aufgesetzt. Der Eingang zu dem großen Kaufhaus ist wahrscheinlich von Lichtkünstlern passend illuminiert worden, davor beginnen die Stände mit Weihnachtskarten, Krippen, Holzengeln aus dem Erzgebirge, Pyramiden. Er bleibt an einem Stand mit glänzenden Kugeln und Weihnachtssternen stehen, etwas benommen vom Gedränge und den vielfältigen Eindrücken. Eine Frau mit bernsteinfarbenen Augen, dichten rotblonden Haaren und weißen Flügeln lächelt ihn an und zeigt einladend auf die Auslagen. Und er kauft Weihnachtssterne, große und kleine, versilberte und vergoldete, bescheidene aus Stroh und schrille aus Kunststoff.

„Wollen Sie nicht auch Kugeln kaufen?“, lächelt sie weiter.

Und er kauft Kugeln, rote glänzende und matte blaue, silbern verzierte und bunt gefleckte. Dann lächelt er zurück und lädt die Verkäuferin auf einen Glühwein ein. Ihre Kollegin ist schnell zur Stelle. „Wuppe ich alleine.“

Und sie hebt einladend ihr Glas: „So begeistert wie Sie sieht sich selten jemand unsere Sterne an – Sie Sternengucker!“

Und sie lachen und prosten sich zu, und er sagt: „Noch gestern Abend habe ich auf dem Land am See in den Sternen einen Engel gesehen.“

Sie kichert und wackelt ein bisschen mit den Rückenflügeln und sagt: „Ich bin ein Engel, Sie komischer Sterndeuter, ich bin ein wandelndes Weihnachtszeichen.“ Er denkt so etwas wie „Traumfrau“, aber er sagt: „Sie sind eine Allegorie, ein wunderschöner Engel, und ich glaube, es gibt auch Engel außerhalb der Weihnachtszeit.“

Da lacht sie und hebt wieder ihr Glühweinglas, und als sie anstoßen und zum Du übergehen, sieht er ihre blitzenden Ohrringe, Sterne, deren Klirren sich mit ihrem Lachen vermischt. Auf die Frage, was er am Heiligen Abend mache, bleibt er knapp: „Nichts, keine family, einsam geh ich durch die Straßen …“

Sie lacht und sagt: „Schnief, traurig.“ Und legt nach, warum sich nicht gegenseitig trösten und zusammen feiern? Sie kocht. Ihre Augen blitzen. Er spürt den Alkohol durch die Adern rinnen, ohne das ihn das stört: „Ja, lass uns zusammen Weihnachten feiern!“

Geduldsprobe

Auf dem Weg von der Tagesmutter nach Hause sagt mir mein kleiner Sohn: „Ich freue mich, zu Hause kann ich das nächste Päckchen öffnen."

„Das geht leider nicht, du hast doch schon heute früh eins geöffnet. Bei einem Adventskalender darf man jeden Tag nur ein Päckchen oder Fensterchen öffnen."

„Das merkt doch keiner, Papa, und wenn das mein Adventskalender ist, habe ich darüber zu bestimmen."

„Das merkt man schon, Friedrich. An einem Adventskalender ist alles genau abgezählt, das geht von 1 bis 24 – und dann ist Weihnachten."

„Weihnachten kann auch schon früher sein, Papa, das ist nicht schlimm. Und Mama hat bestimmt nichts dagegen."

Zu Hause angekommen, beginne ich mit dem Christstollen, ich will es einmal selbst versuchen. Oma Ria hat mir gestern das handgeschriebene Rezept geschickt, nach dem sie seit ihrer Dresdener Jugendzeit verfährt. Friedrich spielt in seinem Zimmer. Über seinem Bettchen hängt dort der Adventskalender, den Mama gebastelt hat.

Friedrich verkündet: „Ich bin so sehr müde. Ich mache jetzt ein Nickerchen."

Während ich die Hefe mit etwas Zucker und lauwarmer Milch verrühre, geht mir durch den Kopf, dass er sonst mittags nie schläft. Ich stelle die Schüssel beiseite und gehe aus der Küche in sein Zimmer. Da liegt er im Bett, aber mit offenen Augen. Er starrt auf den Adventskalender, der an der Wand über ihm hängt.

„Du bist doch gar nicht müde, Friedrich."

„Ja, aber ich will den Kalender ansehen."

„Gut, aber nur ansehen. Hier wird nichts geöffnet, ist das klar?"

„Ja, Papa ..."

Ich gehe zurück in die Küche und stelle die übrigen Zutaten zusammen, erwartend, dass Friedrich bald erscheint, denn er ist ein geselliges Wesen. Genau dies geschieht jedoch nicht.

Mein Unbehagen verstärkt sich nach einiger Zeit so, dass ich mit dem Kneten erst gar nicht anfange, sondern wieder nach ihm sehe. Er kniet auf seinem Bett, beide Hände an dem Adventskalender, und sieht mich ängstlich über die Schulter an: „Ich habe nichts aufgemacht, Papa. Ich fühle nur. ... Können in den Adventskalenderpäckchen auch Kerzen sein?“

Philosophieren auf dem Hochsitz

Was ich beruflich mache? Ich erkläre es Ihnen gerne unterwegs, wenn Sie es tatsächlich wissen wollen. Steigen Sie ein, die Fahrt zum Hochsitz dauert zwanzig Minuten. Jagen? Nicht mehr wirklich, schon seit einigen Jahren habe ich damit aufgehört. Dennoch mag ich auf das Beobachten der Tiere – in freier Wildbahn, wie die Redewendung so schön heißt, – nicht verzichten. Herrlich, wenn der Wald bei Sonnenaufgang mit all seinen Geräuschen und Klängen erwacht – oder wenn in der Abenddämmerung die letzten Schwalben sich mit den ersten Fledermäusen im Zickzack kreuzen. Wenn im Frühling der schwere Blütenduft in der Luft hängt – Sie haben natürlich recht, jetzt ist es Winter, gelegentlich ist Rauch zu riechen – und sonst wenig. Aber ohne ein bisschen Fantasie werden Sie keine gute Beobachterin. Gleich sind wir da, ich stelle den Wagen hier gleich unter die kahlen Weiden. So, wenn Sie mir über den kleinen Trampelpfad folgen mögen, im Zickzack um ein paar Haselbüsche und gleich sind wir da. Mal sehen, die Sprossen der Leiter sind nicht vereist, das Holz ist trotz des Wetters trocken, seien Sie trotzdem vorsichtig – und klettern Sie bloß nicht zu schnell nach oben!

So, hier machen wir es uns gemütlich, hier ist es auf jeden Fall windgeschützt. Gegen die Kälte habe ich diese wunderbare Thermo-Decke, die können wir beide uns über die Knie legen. Sie werden sehen, sie hält wunderbar warm. Und wenn wir wollen, liegen hier oben noch dicke Fäustlinge im Fach und über die Schuhe können wir uns besondere Gamaschen stülpen. Und später können wir immer noch einen Schluck Cognac trinken. Sehen Sie, über diesem Dickicht von Zapfen und Nadeln und Zweigen können wir die Wiesen und Weiden sehen, die links am Seeufer enden und da hinten rechts am Wald. Vom See sieht man jetzt tatsächlich nicht viel, weil es windstill ist, wirkt er wie eine schwarze Scheibe – vielleicht geht der Mond ja noch auf.

Solange draußen noch nichts zu sehen ist, können wir uns ja leise ein bisschen unterhalten. Was ich beruflich mache, wollten Sie wissen, bevor ich Sie auf diesen Hochsitz verschleppt habe. Nein, ich bin keine Tierverkäuferin, ich bin Tierberaterin. Als Verkäuferin würde ich versuchen, möglichst viele Tiere an den Mann oder die Frau zu bringen, um möglichst hohe Gewinne zu machen. Ja, da haben Sie recht, ich verdiene so wohl mehr als eine Verkäuferin, aber das ist nicht meine ursprüngliche Absicht. Nebenbei: Bei meiner früheren wirtschaftlichen Tätigkeit habe ich etliches mehr verdient. Zurück zur Bezeichnung Tierberaterin: Genauer wäre Mensch-Tier-Maklerin, denn ich vermittele zwischen den Interessen und Wünschen meiner Klienten und den Bedürfnissen der Tiere. Ja, Sie haben richtig gehört, die Tiere haben für mich ihre ganz eigene Bedeutung. Dabei mache ich mir ein genaues Bild von jedem einzelnen Tier und versuche, mich auf es einzustellen. Obwohl ich die Fortschritte und Erkenntnisse der modernen Biologie verfolge und schätze, ist mir jedes Tier doch mehr als ein Vehikel seiner Gene. Ich habe nicht nur die Art oder Rasse im Blick, sondern durchaus das Individuum. Viel Zeit verbringe ich deshalb in den Tierheimen, aus denen die meisten meiner Tiere kommen, um sie kennenzulernen.

Tja, und auf der anderen Seite stehen die Leute, meine Klienten. Was sie wollen, ist oft sehr diffus, sie verlaufen sich im Labyrinth ihrer eigenen Wünsche. Und vor allem haben sie keine Zeit. Die meisten meiner Kunden sind intelligent, aber zeitlich ständig überfordert. Wenn sie sich an mich wenden, helfe ich ihnen zügig, sich über ihre eigenen Wünsche klar zu werden. Ich versuche also nicht, sie von irgendeinem Tier zu überzeugen, geschweige denn, sie zum Kauf zu überreden. Ich versuche, Ordnung zu stiften und einen Pfad durch das Unübersichtliche zu finden, an dessen Ende meist ein Tier steht, das zu meinem Kunden passt.

Sehen Sie diesen gleitenden Schatten, das ist eine Eule, wahrscheinlich eine Schleiereule. Das Stativ können wir später aufstellen, im Moment beobachte ich lieber mit bloßem Auge.

Wie ich das mache, die erfolgreiche Vermittlung? Das hängt ganz vom jeweiligen Klienten ab, also letztlich davon, wie ich ihn sehe und wie gut ich mich in ihn einfühlen kann. Bevor wir zur Sache kommen können, muss ich bei einigen zuerst Ängste und Bedenken ausräumen, ihnen klarmachen, dass es nicht peinlich ist, wenn sie Beratung nötig haben und das Gespräch mit mir suchen. Ja, und dann geht es sehr unterschiedlich weiter. Mit einigen kann ich alles in einer offenen und freundlichen Unterhaltung klären, bei anderen muss ich fast wissenschaftliche Methoden anwenden, um ihnen Klarheit über ihre Wünsche zu verschaffen. Für solche Klienten entwerfe ich dann Fragebögen nach dem Multiple-Choice-Verfahren, nein, es ist nicht immer derselbe, er wird auf die jeweilige Persönlichkeit zugeschnitten. So ein Fragebogen hat immer einen allgemeineren Teil mit Fragen wie: Was versprechen Sie sich von einem Tier? Oder: Welche Eigenschaften soll Ihr Tier haben? Im allgemeinen Teil werden dann Antworten vorgegeben, die anzukreuzen sind, im letzten Fall zum Beispiel groß, klein, langsam, schnell, bunt, unifarben usw..

Im konkreteren Teil werden auch die menschlichen Verhaltensweisen abgefragt: Wie intensiv möchten Sie sich um das Tier kümmern? Ständig, wenig, gar nicht? Tja, und anschließend werten wir dann den Fragebogen gemeinsam aus und fragen, welches Tier denn in Frage komme. Ganz nebenbei, die dunklen, etwas diffusen Flecken auf der Wiese dort ganz hinten sind Wildschweine. Doch zurück zu unserem Gespräch: Viele meiner Kunden schätzen dieses Vorgehen, weil sie so das Gefühl haben, dass sie eine neutrale Rückmeldung erhalten und nicht, dass ich ihnen irgendetwas einrede. Sie finden das alles ein bisschen langweilig, Ihnen klingt das zu sehr nach Börsenberatung? Die Ergebnisse, denke ich, können sich aber sehen lassen. Ich kann Ihnen das an vielen Einzelfällen anschaulich machen. Aber jetzt wollen wir unsere Aufmerksamkeit zuerst nach Westen richten. Was da aussieht wie ein Strichmännchen, ist einer der hiesige Jäger, die ich in meinem Revier toleriere. Sie werden schon noch sehen weshalb. Lassen wir den guten alten Eberhard in Ruhe, mal sehen, ob er zum Schuss kommt, und mich einmal an einigen kleinen Beispielen erklären, wie so etwas lauft.

Ich beginne einmal mit einfachen kleinen Beispielen: Wenn eine junge Frau zu mir kommt, deren Zimmer im vierten Stock liegt, und die abends erst aus der Agentur nach Hause kommt, dann wird im Gespräch schnell deutlich werden, dass der gewünschte Hund für sie nichts ist. Wenn sie gerne ein Tier zum Streicheln haben möchte, ist ein Meerschweinchen viel besser geeignet, ich würde ihr ein altes aus dem Tierheim besorgen. Den Hund, auf den sie ein Auge geworfen hatte, habe ich dann einem Sportlehrer vermittelt, der ihn vor der Schule ausführt und jeden Nachmittag zwei Stunden joggt oder mit seinem Mountainbike unterwegs ist, bevor er abends wieder seine Kurse in der Sporthalle hat. Einer Hausfrau, die gerne ein Tier um sich hat und auch hören möchte, dass es anwesend ist, die es jedoch nicht streicheln möchte, habe ich einen Wellensittich organisiert, in ihrer Lieblingsfarbe blau.

Ein Jungmanager wollte ein irgendwie schönes Tier zum gelegentlichen Ansehen. Aber was nützt Ihnen das schönste Tier, wenn Sie fast nie vor zehn Uhr aus dem Büro nach Hause kommen? Eine große

Wohnung mit schönen Möbeln hat er, aber es fehlte etwas Lebendiges. Oh, sehen Sie da, diesen kapitalen Hirsch habe ich hier noch nie gesehen. Seien wir dankbar für das spärliche Mondlicht. Am Ende eines philosophischen Gespräches hatte mein Jungmanager eingesehen, dass Pflanzen auch Lebewesen sind. Für den nächsten Abend organisierte ich für ihn einen Extra-Termin in einer Gärtnerei. Dort kauften wir ihm wunderschöne exotische Pflanzen für fünftausend Euro.

Einer seiner Kollegen, auch ein Single, startete unser Gespräch mit dem üblichen Hundewunsch. Auf seinem Fragebogen kreuzte er zum Aussehen des Tieres nur bunt und bewegt an, so dass ich zunächst in Richtung Aquarium dachte. Bei den Pflegefragen hatte er jedoch *völlig pflegefrei* angekreuzt, er wollte die Pflege auch nicht an die Putzhilfe delegieren. Ihm könnte man guten Gewissens auch keine Goldfische anvertrauen. Nach langem Überlegen kamen wir überein, den größten Raum seiner Wohnung ganz neu zu möblieren, mit vielen beweglichen Elementen: einem modischen Mobile, einer fluoriszierenden Leuchtlampe und einem neuen, sehr großen Display als Fernsehgerät.

In solchen Situationen werden Sie dann zur Innenarchitektin, vor allem um Tiere zu schonen, natürlich auch, um Kundenwünsche zu erfüllen. So, das Mondlicht wird heller, Eberhard hat sich inzwischen dem Hirschen erheblich genähert. Nein, es stört mich wirklich nicht, meinetwegen soll er zum Schuss kommen, Sie werden schon sehen. Lassen Sie mich lieber die schöne Geschichte von einer alten Dame erzählen, die eine schöne große Wohnung im dritten Stock in der Innenstadt bewohnt: Ihr habe ich gestern eine Katze vermittelt. Normalerweise würde ich dies niemals machen: Junge Katzen gehören in ein Haus mit Katzenklappe oder eine Parterre-Wohnung. Aber diese Katze aus dem Tierheim war schon alt, halb blind und wahrscheinlich taub. Ihr ganzes vorheriges Katzenleben hat sie in einer Etagenwohnung verbracht; also passt hier die alte Dame wunderbar.

Ja, und hier können Sie nicht nur Tiere, sondern auch Menschen wunderbar beobachten, sehen Sie, wie Eberhard jetzt auf den Hirschen anlegt. Ich habe das schon öfter gesehen. Er schießt, ja, ein lauter Knall, der in der Ferne über dem See widerhallt. Aus einem Baum hinter dem Hirsch fallen ein paar Zweige herunter, können Sie sehen? Keine Sorge, Sie sehen ja selbst, der Hirsch schüttelt wie verwundert seinen Kopf. Dabei müsste er Eberhard inzwischen wirklich kennen! Nun gut, jetzt läuft er ohne jede Hast in einem gemäßigten Trab in den Wald. Ich schätze, auch beim nächsten Mal wird Eberhard vorbeischießen. Er passt wirklich gut in mein Revier. Jetzt stapft er ja auch schon wieder zurück zu seinem Auto. Nun gut, und von links kommt nun der Mann mit der Schubkarre, der im Mondenschein sehr gut erkennbar ist. Das ist der Hirte, der in seinem Wohnwagen gleich hinter dem Erlenbruch wohnt, seine Schafe müssten sich auch in diesem Bereich aufhalten; hoffentlich hat er es geschafft, genügend Heu für den Winter zu speichern. Er lebt manchmal sehr in den Tag hinein. Weshalb er die Schubkarre dabei hat? Ich bitte Sie, erraten Sie es nicht? Was mag da zu Weihnachten transportiert werden? Ja, richtig, Sie fühlen sich ein: eine Kiste Bier, um Weihnachten zu feiern. Wir sind hier auf dem Land.

Ja, und hier auf Ihrem Handschuh haben wir tatsächlich die erste große Schneeflocke. Es beginnt zu schneien, die Kinder werden sich freuen. Ach ja, und dieses Schemen dahinten, im dichter fallenden Schnee wird es etwas undeutlich – nein, es ist kein Bär, der es über die polnische Grenze geschafft hat, nein, auch kein Elch, obwohl dies von der Größe her passte. Ja richtig, es ist ein Zugtier, das einen riesigen Schlitten zieht, richtig, der Schlitten ist bis obenhin bunt beladen. Ja, und Glöckchenklang liegt jetzt in der Luft, etwas matt zwar, aber immerhin – bei dem Schnee. Sprechen Sie es ruhig aus, es ist ein Tier aus der Familie der Schwielensohler, genau, ein großes zweihöckriges Kamel. Es ist nicht nur riesig, sondern auch genügsam, es kommt in der Hitze wie in großer Kälte zurecht. Und wie wir sehen, kann es die Lasten auch ziehen. Und der rotgewandete Herr mitten auf dem Schlitten sollte besser nebenher gehen und sich nicht ziehen lassen. Auf einen nicht zu umfangreichen Bauchumfang sollte er schon achten, sonst bleibt er eines Tages im Schornstein stecken, denn dort hat er beruflich zu tun. Es wäre schade, wenn er dort geräuchert würde. Nein, es ist nicht der Schornsteinfeger, der käme ja in Schwarz daher, es ist schon ein seltsamer Winterling.

Als ich ihn kennenlernte, hatte er noch ein Rentier und aushilfsweise gelegentlich ein Pferd vor seinem Schlitten. Von seinem Rentier rutschte er, als er ein wenig in die Jahre kam, immer häufiger ab, er behauptete, er hätte Probleme mit einer Hüfte. Sie sehen, er hatte Beratungsbedarf. Ja, er kam zu mir: Weil in dem Tierpark Hagenbeck ein großes zweihöckriges Kamel zur Verfügung stand, haben wir darauf geübt. Anders als auf dem Rentier rutschte er beim Reiten nicht hin und her, sondern saß fest zwischen beiden Höckern, ohne zu verrutschen. Also habe ich ihm ein wunderbares Kamel organisiert, das ihm seinen Schlitten zieht, auf dem er gut sitzen kann, das er jedoch, wie schon angemerkt, auch viel am Halfter führen sollte, um dem Kamel und auch sich selbst etwas Gutes zu tun. Leider kann man sein Gespann jetzt nur noch in groben

Umrissen sehen, der dichter fallende Schnee verschluckt inzwischen auch jedes Geräusch, aber Sie haben sozusagen auf freier Flur einen meiner liebsten Klienten gesehen. Na, haben Sie ihn erkannt?

Wir warten aufs Christkind

Und es verlässt jetzt unser Haus
mit viel Gebraus die Fledermaus.
Zum Weihnachtsfest wird nebenbei
das Haus auch von Vampiren frei.
Im Erdgeschoss, schon auf der Treppe
hören wir leise wie Geschleppe,
wie Klingeln auf den ersten Stufen,
Trappeln von Hufen, Gleiten von Kufen,
kommt da schon scheppernd angeglitten
das Christkind samt Geschenkeschlitten?
Ist es denn schon im Weihnachtsrock
im Treppenhaus im ersten Stock?
Erst eins, dann zwei, dann drei, dann vier,
in diesem Stockwerk wohnen wir.
Aufsteigend hörn wir nun ein Kratzen,
es hat doch Flügel, keine Tatzen
vor unserer Tür jetzt, welches Grauen,
beginnt das Christkind zu miauen.
Wir sehn uns mit Entsetzen an,
die Tür, die wird nicht aufgetan.

In der Unterführung zum Bahnhof

Mama kürzt ihn einfach mit WM ab. Die Abkürzerei hat sie sich angewöhnt in der Gegend, aus der wir ursprünglich kommen, etwas östlicher. Jetzt wohnen wir aber in einer großen Stadt mit S-Bahn, U-Bahn und Hafen, wo sie Arbeit gefunden hat. Als mir das in meiner Klasse aus Versehen rausgerutscht ist, war mir das ziemlich peinlich. Natürlich heißt WM Weltmeisterschaft und nicht Weihnachtsmann. Jacob und John haben gelacht. Dabei ist John bestenfalls zweitklassig im Fußball.

In der Unterführung, die ich immer nehme, wenn ich nach der Schule aus der S-Bahn steige, stehen verschiedene Verkaufsstände für Gemüse, Computerzubehör und auch Schmuck. Am Anfang der Unterführung steht ein Verkehrsschild vom Bezirksbürgermeister: *Lagern verboten.* Das ist eine Art Versammlungszeichen für Penner, Punker und Bettler. Obwohl die echten Bettler sich oft alleine und etwas abseitshalten, wenn sie um eine Spende bitten. Die Penner soll ich übrigens Obdachlose nennen. Mama legt darauf Wert.

Am interessantesten sind natürlich die Punker mit ihrem Metallgehänge, ihren gezackten Ringen in Ohr und Nase, den Stachelgürteln und den Ketten an der Hose. Und wegen ihrer Haare, Rastas und Irokesen. Jacob aus meiner Klasse meint, dass sie deshalb Skins wären. Stimmt aber nicht, ich habe nachgefragt. Sie haben etwas Ritterhaftes, auch die Frauen. Leider tragen sie keine Schwerter und Streitäxte. Pferde haben sie auch nicht, nur Hunde sind manchmal dabei. John meint, sie würden eher in *Der Herr der Ringe* passen. Finde ich nicht.

Als ich vor zwei Tagen mittags aus der Schule komme, sitzt jedenfalls, mitten zwischen den Punkies oder Skins, der Weihnachtsmann. Mit roter Kutte, etwas fleckigem weißem Bart und buschigen Brauen. Und er raucht eine Zigarette! Als wäre das nicht ungesund. Und vor ihm steht ein leerer Pappbecher. Muss man sich mal vorstellen, der Weihnachtsmann! Ich stelle ihn zur Rede, was denn das solle, das sei ja Betteln. Nein, das wäre Wünschen, erwidert der Weihnachtsmann. Ich sage ihm, zum Wünschen müsse er sich nur in seinen Schlitten setzen, die Augen zumachen und sich etwas Schönes vorstellen. Zum Wünschen müsse er sich nicht in die Unterführung setzen. Dann merke ich, dass er eine Fahne hat. „Trinkst du denn Alkohol?“, frage ich ihn. Natürlich, lautet die Antwort, Rotwein und Punsch. Das gehöre zu Weihnachten, sonst könne es nicht stattfinden. Im Schlitten sitze er immer alleine. Doch er sei gesellig und hier sitze er mit anderen zusammen und könne sich auch mal unterhalten. Das verstehe ich, aber nicht so ganz. Er wolle selbst mal was geschenkt bekommen, sagt er dann, und nicht immer nur die anderen beschenken. Auf die Weise überprüft er auch, wie gerne die Leute etwas abgeben.

Mama meint zu Hause, das sei Quatsch. Der WM sei Werbung.

Sie ist immer so kurz angebunden. Zuerst habe ich gedacht: „Wofür soll der Weihnachtsmann denn in der Unterführung werben?“ Jetzt bin ich etwas unsicher.

Heute standen am Bahnhofsausgang zwei Weihnachtsfrauen und ein Weihnachtsmann mit großen Säcken. Daraus holten sie kleine Geschenkpakete hervor. Zuerst wollten sie mir nichts geben, aber ich bin hartnäckig. Und es hat sich gelohnt. Wenn man die rote Schleife aufzog, waren in dem zusammengerollten Papier zwei Schokoladenweihnachtsfrauen im Bikini. Die Schokolade schmeckte super. Das Papier war eine Werbung. *Süße Versuchung zum Fest. Weihnachtliche Dessous.* Inzwischen habe ich das Wort Dessous geklärt. Ich merke, dass ich immer mehr Gedanken habe, die nicht jugendfrei sind.

Zu Hause sagt Mama: „Siehst du!“, und erklärt mir das Wort Dessous noch einmal, viel ungenauer als John, und dann noch, dass am Heiligen Abend das Christkind komme, nicht der Weihnachtsmann. Aber als ich nachfrage, ob das Christkind denn ein Mädchen oder ein Junge sei, hat sie zu tun.

Das mit dem Christkind ist Unsinn, in meiner Klasse glaubt vielleicht noch Marie daran. Die ist sowieso komisch und hat immer nur Pferde im Kopf. Wenn das mit dem Christkind kein Quatsch wäre, wäre es nicht gut. Was man als Kind alles nicht so draufhat, weiß ich auch. Vor einem Jahr zum Beispiel war ich noch ziemlich dumm. Darum ist mir der Weihnachtsmann schon lieber als das Christkind. Ich hoffe aber, dass er nicht trinkt.

Als ich meinen Vater besucht habe, haben wir auch darüber geredet, bevor wir ins Kino gegangen sind. Er hat gelacht und gesagt, es wäre ganz egal. Ich müsse auf die Geschenke achten. Wer sie brächte, spiele keine Rolle. Na ja, nach dem Kino hat er mich gleich nach Hause gefahren. Papa hat immer furchtbar wenig Zeit – aber dafür einen roten BMW X4.

Die WM-Frage lässt mich nicht los. Gestern ist in einem benachbarten Stadtteil ein Juwelierladen überfallen worden – von zwei als Weihnachtsmänner maskierten Räubern. Steht so in der Zeitung. Seit drei Monaten lese ich Zeitung, Mama ist stolz und lobt mich. Mir will nicht in den Kopf, weshalb sie sich ausgerechnet als Weihnachtsmänner verkleidet haben. Das ist doch unpraktisch. Ob da nicht mehr dahintersteckt? Vielleicht verteilen sie Weihnachten den Schmuck an die Armen oder so.

Und noch etwas. Auf dem Weg zur Schule habe ich gestern den WM in der Unterführung am Bahnhof fotografiert. Zuerst hat er die Augen gar nicht aufbekommen, so verschlafen war er. Dann hat er gelacht und gesagt, er könne zaubern. „Achte mal darauf, was mit dem Bild passiert." Und als ich während des Matheunterrichts John unter der Bank das Bild zeigen will, ist es nicht mehr da. John meint, mein Handy wäre eben eine Billigmarke. Bisher hat es immer gut funktioniert. Er sagt das wahrscheinlich, weil er überall einen Apfel drauf hat.

Und jetzt sitze ich mit dem WM am Tisch bei McDonald's. Wir essen beide Pommes und trinken eine Cola. Eigentlich wollte der WM ein Bier haben, aber da spiel ich nicht mit. Ich kenne das schon. Er sagt, mit dem Überfall habe er nichts zu tun. Ich zupfe an seinem Bart. Der ist echt und keine Verkleidung, aber er könnte ihn mal waschen. Damit er besser riecht. Ich will zu Weihnachten einen Laptop. Und einfach wünschen ist mir zu wenig. Nachher geht das schief. Ich sponsere also den Weihnachtsmann. Und nach dem Essen werde ich ihn noch mal fotografieren. Mal sehen, ob es klappt.

Seltsame Begegnung auf dem Dach

Verdrießlich stapfte er nach oben. Die Gedanken, die er sich machte, waren für die Hausfrau nicht sehr vorteilhaft. Wahrscheinlich hatte sie eine Zeitungsmeldung falsch verstanden; jedenfalls behauptete sie stur und steif, dass ihrer Meinung nach der Schornstein nicht mehr gekehrt werden müsste. Bei modernen Gasheizungen wäre eine Sichtkontrolle ausreichend, etwa durch Ausspiegelung. Er redete mit Engelszungen auf sie ein, vergeblich. Zum Glück war sie ihm dann doch noch in den Heizungskeller gefolgt: Sie hatte dort keine moderne Gasheizung, sondern eine Erdgasfeuerstätte nicht nur älterer, sondern schon uralter Bauart. Als er über die Steuerung am Thermostat die Gaszufuhr freigegeben hatte, entzündete sich das einströmende Gas erst einmal – nicht.

Was geschehen musste, geschah: Das Gas sammelte sich, es kam zu der absehbaren Verpuffung, bei der die Flammen so aus der Therme schlugen, dass sich die Hausfrau mit einem ängstlichen Schrei an seinen Arm klammerte. Ihm war das ein bisschen peinlich gewesen und er hatte sie schnell ein Stück weggeschoben, mit der Ausrede, sie solle sich an seiner schwarzen Kleidung nicht beschmutzen. Erst nach dieser harten Zündung war er für sie wieder ein ernsthafter Gesprächspartner gewesen und er hatte erneut versucht, ihr die Vorteile des traditionellen Kehrmonopols nahezubringen, das durch EU-Recht gerade in Brüssel abgeschafft wurde. Er hatte keine Lust auf Schornstein, nicht mehr. Zumindest nicht in dieser Jahreszeit. Den freien Fall liebte er allerdings nach wie vor; deshalb schlich er sich gelegentlich in ziviler Kleidung auf große Jahrmärkte und in Vergnügungsparks, um dort inkognito die verschiedenen Freifalltürme, Schleudergeräte und Achterbahnen zu besteigen. Er genoss es, gut gesichert im Sitz oder in der Gondel im Freefall-Tower oder Giant Drop nach oben geliftet zu werden, oben angelangt, fast unmerklich in den freien Fall überzugehen und Spitzengeschwindigkeiten zu erzielen, bis er unten von einer Bremsanlage sanft eingefangen wurde. Denn Spitzengeschwindigkeiten waren das allemal, verglichen mit dem Tempo, das er üblicherweise in geschlossenem Mauerwerk, also in Schornsteinen und Rauchfängen, erreichen konnte. Und als sanft empfand er den abschließenden Bremsvorgang, als das reinste Vergnügen, denn beruflich war er ein anderes Aufkommen gewohnt. Schornstein war also nicht mehr sexy. Er hatte zudem das Gefühl – und damit lag er sachlich nicht richtig –, dass die Schornsteine immer enger wurden. Es hätte ihm eigentlich ein Leichtes sein müssen, sein Alter in Betracht zu ziehen, und in Abhängigkeit von seinem Alter seinen veränderten Bauchumfang, doch so weit mochte oder konnte er nicht denken. Vielmehr konzentrierte er sich auf die Geräusche aus der Dachluke hinter dem großen Schornstein. Da kam wer. Gerade noch hatte er auf dem Dach des Hochhauses einen der vielen getroffen, der seinen Lebenswillen verloren hat. Einen, der einfach ein paar Schritte weiter laufen will – und über die Dachrinne springen. Als wäre das eine Lösung! Vielleicht könnte er dieselbe Idee wieder erfolgreich anwenden und ihn auf Sylvester orientieren. Es gab keinen vernünftigen Grund, sich am heiligen Abend heimlich von dannen zu machen.

Gedankenverloren öffnete er die Dachluke, plötzlich hatte er ein seltsames Gefühl, irgendetwas geschah, was nicht alltäglich war, was zugleich aufhellend und entspannend wirkte. Wie magisch fühlte er sich aus dem normalen Alltag herausgehoben – doch da sah er etwas erstaunt den anderen Mann. „Was machen Sie denn hier? So ganz im roten Zwirn?"

„Die Frage kann ich Ihnen ebenso stellen. Was wollen Sie hier oben, auf dem hohen steilen Dach? Ganz in Schwarz und mit Zylinder?"

„Ich komme hier in regelmäßigen Abständen vorbei und habe zu tun. Ich kümmere mich um die Schornsteine."

„Das ist ja interessant. Ich komme hier auch in regelmäßigen Abständen zu den Schornsteinen, um mich zu kümmern."

„Aber Sie pflegen sie nicht. Von mir werden sie begutachtet und gekehrt. Das machen Sie ja wohl nicht. Sind Sie der neue Hausmeister?"

„Für mich sind die Schornsteine Verkehrswege und Transportmittel. Manchmal ärgere ich mich, dass sie so stauben. Sie sehen doch, dass ich ganz in Rot bin. Weshalb meinen Sie denn, dass ich der Hausmeister wäre?"

„Der Hausmeister- und Putzdienst für dieses Haus ist von einer anderen Firma übernommen worden. Und eine einheitliche Kluft kommt doch überall in Mode."

Und so plätscherte das Gespräch noch eine Weile dahin, bis sie sich ernsthaft einander vorgestellt hatten und auf die Probleme ihres Berufsstandes zu sprechen kommen konnten.

Der Rote erzählte, dass er sich früher mit viel Schwung in die Schornsteine hatte fallen lassen, seinen Sack mit den Geschenken auf dem

Rücken. Heute ließe er zuerst den Sack am Seil vorsichtig nach unten, denn die Schornsteine würden immer enger. Dann würde er vorsichtig folgen, immer besorgt, nicht steckenzubleiben: „Stellen Sie sich das einmal vor, ich würde festsitzen und geräuchert wie ein Stück Schinken!"

Da musste der Schornsteinfeger allerdings widersprechen, denn über die Entwicklung der Schornsteinformate kannte er sich aus, und er zitierte aus der Heizungsanlagenverordnung und der Heizkesselwirkungsgradrichtlinie. Zugleich bemühte er sich, Trost und Zuspruch zu spenden: Wer dick sei, sei lustig. Und: Fettleibigkeit sei ein Zeichen hart erarbeiteten Wohlstandes. Er solle sich nur einmal die Rapper in den Musiksendungen des Fernsehens ansehen. Aber der Weihnachtsmann schaute nicht fern, sondern im Augenblick schlecht gelaunt in die hinter den Dächern auf der anderen Straßenseite untergehende Sonne. Doch auch der Bezirksschornsteinfegermeister konnte hadern und nörgeln. Früher öffneten sich dem öffentlich beliehenen Handwerker alle Türen wie von selbst, der schwarze Mann war der freundliche Glücksbringer, der in viele begehbare Schornsteine hinein durfte. Heute diskutierte er mit den Kunden die Gebührenordnung und war ständig dabei, Messungen durchzuführen und die verschiedenen Daten zu digitalisieren und in Excel-Tabellen zu berechnen. Dabei hatte er den Beruf gewählt, weil er aufs Dach wollte!

Als er das hörte, offenbarte der Weihnachtsmann eine andere Seite seiner Persönlichkeit: Er schwärmte, wie schön das sein müsste, ständig mit Zahlen umzugehen, zu rechnen und zu kalkulieren, mit Zahlenmaterial zu argumentieren. Endlich einmal die Gefühle beiseite lassen zu können, sich emotional nicht zu verausgaben, keine strapaziösen Touren durch zu enge Schornsteine unternehmen zu müssen! Seine Augen leuchteten – und der Schornsteinfeger rang um Fassung: Wie schön musste es sein, Groß und Klein zu beglücken, Geschenke zu überbringen, die alten und die neuen Schornsteine von innen zu erleben, die verschiedene formale Gestaltung, das unterschiedliche Mauerwerk.

Und so kam diese magische Begegnung auf dem Dach zu ihrem glücklichen Ende: Sie tauschten ihre Kleidung und mit ihr ihre Berufe. Der Schornsteinfeger fuhr rot gewandet in den Schornstein ein und der Weihnachtsmann stieg ganz in Schwarz ins Treppenhaus.

Im Gemüsegeschäft an der Ecke war wenig später die Rede von dem neuen Schornsteinfeger, seiner gepflegten Erscheinung, der sei ja so freundlich. Die Hausfrau legte ihre zarte Hand in den Bart des etwas überraschten Weihnachtsmannes. Er wirkte anders als im letzten Jahr, und dennoch kam er ihr bekannt vor.

Im Schornstein

Von drauß vom Walde kommt er her
auf seinem Rentier angeritten,
im Bart spürt er, es weihnachtet sehr.
Das Vordach reicht für seinen Schlitten
Und ist ansonsten auch nicht ohne,
ist nämlich erogene Zone.

Genau da parkt er seinen Schlitten,
um durch ein Fenster auf den Rücken
der Hausfrau fröhlich einzublicken,
er ist noch immer zum Entzücken,
und sie dabei, den Baum zu schmücken
mit vorweihnachtlichem Vergnügen,

wohl wissend, dass in dieser Nacht
– Vorfreude steht in ihren Zügen –
kommt jemand durch den Schornsteinschacht
in diesen Raum herabgestiegen;
unter dem Baum ist es noch leer,
das Schmücken fällt deshalb nicht schwer.

Von den natürlichen Gesetzen
die Schwerkraft ist ihm kein Problem,
andere kann er nicht verletzen,
sie bleiben auch für ihn bestehn:
Durch Wohlleben und Glöckchenklang
vergrößert sich der Bauchumfang.

Er fragt dagegen jährlich bänger,
wenn er ihn nimmt in Augenschein,
wird denn der Schornstein immer enger?
Er muss in diesen Schornstein rein!

Muss springen, den er oft gesprungen,
und der ihm meist auch gut gelungen,

den Ursprungs-Sprung in klassisch reiner
und eleganter Form, geschraubt,
den kann nur er so, und sonst keiner,
dass schwarz es aus dem Schornstein staubt,
er mag kein Klettern, keine Seile
er liebt Geschwindigkeit und Eile.

Der Hausfrau gilt sein letzter Blick,
er greift nach Päckchen und Geschenken,
dann gibt es für ihn kein Zurück,
und ohne Zögern und Bedenken
springt er ab zur großen Sause;
sein Ziel, das ist die Frau im Hause.

Nach kurzem Fallen bleibt er stecken;
nicht nach unten, nicht nach oben
geht's trotz Strampeln, Schimpfen, Toben:
Leider muss er nun verrecken.
Ohne seine Beteiligung
der Weihnachtsfeier fehlt der Schwung.

Er wird gedörrt, er schrumpft und schrumpelt,
doch noch nicht in die Tiefe rumpelt,
der Räuchervorgang noch nicht ganz
beendet ist, in stillem Glanz
der Schornstein steht und leuchtet weit
während der ganzen Festtagszeit.

Und mager wie in jungen Jahren,
kann er endlich abwärts fahren.
Und es erfüllet sich sein Los,
er fällt der Hausfrau in den Schoß,
während sie reinigt den Kamin:
Weihnachten geht nicht ohne ihn

Moralisches Geschlampe

Wärmewelle auf den Lidern
Wohliges Knistern im Ohr
Zwischen den Wimpern
tanzt das Insekt
schön beleuchtet und nicht mehr erreichbar
hinter der Scheibe.
Wie beim Fernsehen.
Was wird gesendet,
was läuft? Er läuft,
der Ohrenkneifer, Handlung
zwischen fließenden Flammen,
hin und her auf dem Ende des Astes,
aus dem kleine Wasserblasen schäumen.
Nicht auszuschalten.
Seine Fühler leuchten,
hell loht seine Schere,
glüht nach und ist verschwunden.
Kein Bildschirmschoner, kein Schonprogramm.
Glocken
von draußen, aus der Ferne.
Wie im Kino richtet er
sich auf – zum tragischen Höhepunkt,
dann schrumpft er - wirklich, verliert seine Form
und ist nicht mehr erkennbar.
Es glimmt hinter gläserner Grenze
und fliegt nach oben weg.
Früher wurde der Vogelflug zum Rätsel.
Der schöne neue Ofen – nach dem Gehaltssprung,
zum Fest, auch: die Energiepreise, Punkt.
Bisher blieb keine Zeit
zur Unterscheidung der Hölzer,
für die Gesetze der Feuchtigkeit und

für Fragen der Lagerung.
Moralisches Geschlampe
zu Weihnachten

Komisches Jahresende

Komisches Jahresende, meint der Gast aus Beijing,
in Mitteleuropa, zum Beispiel in Deutschland

Stille Nacht dröhnt es aus Lautsprechern
auf den Abend verlegten Märkten
eingeschränktes Sortiment Süßwaren und Würste
vor allem öffentliches Alkoholtrinken
überall die gleiche Werbung für Babyprodukte Babys im Futtertrog
im Stall mit spärlichem immergleichen Getier
mit Kuh und mickrigem Pferd
überlange Ohren wahrscheinlich dahinter die Agrarindustrie
und alte Männer
überall in den Fußgängerzonen unrasiert
nicht braun nicht blond nicht schwarz nicht rot
aber rote Mützen keine Käppis und rote Mäntel die Weißbärte
Jobs vielleicht für ältere Migranten ein Flüchtlingsprojekt
und Bäume in Räumen illuminiert
Koniferen-Kränze und Lichterbogen
Plastikbäume auf Märkten Lichtergirlanden und Sterne
mit fünf Zacken doch schon Wahlkampf?
Rote Sterne für die Linken für die Grünen die aus Stroh
die Union hat Silberkugeln die SPD macht in Bordeaux
mit menschlichen Körpern Flügelfiguren
ein Gag der Hühnchenindustrie
oder Tierschützerwerbung für Empathie
zu Männchen umgeformte Zangen Holzfiguren auch mit Bart
mit Rauchausblasen prangen Holzgeschnitzte gleicher Art
ein Werbe-Fest der Tabak-Lobby Schlittengespanne ohne Stall
bestimmt ein neues Freizeit-Hobby Jingle Bells und Glockenschall
auf diesem Lichter-Festival
Markt und Straßen sind voll Leben
eben Glühweintrinken überall

Franziska Linkerhand

Verführung einer Spartakistin

Der Referent legte den Laserpointer beiseite, mit dem er fortlaufend auf die grammatischen Subjekte und Prädikate gedeutet hatte, als stünde er vor einer etwas unterbelichteten Zuhörerschaft. Die Powerpoint-Präsentation endete mit dem schriftlichen Signal zum Applaus – Vielen Dank für Ihre Aufmerksamkeit – dem etwa die Hälfte der Versammelten nachkam, während die Jalousien nach oben glitten und die Nachmittagssonne durch die hohen alten Fenster der gastgebenden Schule zurückkehrte. Der Beifall war da, fiel aber etwas verhalten aus, wie er fand. Wahrscheinlich wird geklatscht aus Dankbarkeit, überhaupt etwas präsentiert zu bekommen. Ihm fiel bei sich selbst ein ähnliches Gefühl auf. Es war schön, nicht zuerst wieder selbst aktiv werden zu müssen. Nicht wieder aufgeteilt in sogenannten kleinen Murmelgruppen, nach der gerade so modischen Methode der Best practise, nach an Schulen schon funktionierenden Beispielen für die abstrakten bildungspolitischen Vorgaben zu suchen, für deren praktische Umsetzung in der Behörde noch keine oder nur sehr grobe Vorstellungen entwickelt werden konnten.

Wie er wusste, konnten die Abteilungen der Behörde mit dem hohen Reformtempo, das in der letzten Zeit gerne ironisch mit dem Attribut *sportlich* versehen wurde, kaum Schritt halten. Er sah sich unter den vielen Gesichtern um, unter den Kolleginnen und Kollegen, die den Deutsch-Fachschaften an den weiterführenden Schulen der Stadt vorstanden, und die nun im Halbkreis der hellen Aula saßen, aus dem nahen Hafen waren Schiffe zu hören. Er winkte der Schulleiterin eines nachbarlichen Gymnasiums zu, die die vermutlich erkrankte eigentliche Fachleiterin ersetzte, mit der er schon häufig zusammengearbeitet hatte. Einige der jungen Männer waren wohl ganz neu im Amt, er hatte sie noch nie gesehen. Kurz überlegte er, ob die unbekannte Kollegin im leuchtend grünen Sommerkleid mit den fließenden rotblondgrauen Haaren in seinem Alter sei. Etwa ein Drittel der Anwesenden glaubte er zumindest vom Ansehen her zu kennen.

Die Fachreferentin der Behörde für Schule und Berufsbildung, eine neue Oberschulrätin, richtete sich lächelnd auf, rückte das Mikrophon und leitete mit sanfter Stimme den nächsten Tagesordnungspunkt ein: „Und nun, liebe Fachvertreterinnen und Fachvertreter aus allen Teilen der Freien und Hansestadt, möchte ich auch hier, auf der Fachleitungsebene, den Erfahrungsaustausch über die schriftlichen Aufgaben für das Zentralabitur in Deutsch eröffnen. Obwohl die Evaluierungsbögen der im Abitur beteiligten Lehrerinnen und Lehrer noch nicht alle zurückgelaufen und ausgewertet sind, haben wir doch schon etliche Feedbacks aus verschiedenen Stadtteilen erhalten. Die erste Aufgabe zur Literatur von der Aufklärung bis zur Klassik, die Interpretation der beiden Goethe-Gedichte hat wohl im Großen und Ganzen den Erwartungen und unterrichtlichen Vorbereitungen entsprochen, ähnliches gilt für die Aufgabe zur Literatur bis zum Ende des 19. Jahrhunderts, bei der es dieses Mal bekanntermaßen um Gerhard Hauptmanns Vor Sonnenaufgang ging. Anders dürfte dies im dritten Bereich sein, der Literatur des 20. Jahrhunderts mit dem Schwerpunkt DDR und dem Referenztext Franziska Linkerhand von Brigitte Reimann. Und da sehe ich auch schon die ersten Meldungen, bitte schön, die Kollegin hinten am Fenster."

„Ich weiß nicht", sagte die junge Lehrerin noch im Aufstehen mit lauter Stimme, sie verzichtete auf das Mikrophon, „was die Behörde geritten hat, ausgerechnet diesen 700-Hundert-Seiten-Roman für das Abitur auszuwählen. Für die moderne Literatur hätte man auch Beispieltexte nehmen können, die leichter lesbar und dünner sind. Und vor allem eindeutiger. Ich bevorzuge es, wenn der Erfolg meines Unterrichts auch durch die Noten im Abitur messbar wird. Die Punktezuordnung anhand des Erwartungshorizontes war aber in dieser Aufgabe nur ziemlich vage möglich. Und das liegt, tut mir leid, auch an diesem kryptischen und schwer zu deutenden Roman." Beifall brandete auf, aber auch Gemurmel, vereinzelt wurde gezischt, viele Hände gingen nach oben. Als nächstes erhielt der Kollege das Wort, den er noch aus studentischen Zeiten kannte; damals hatte er im Allgemeinen Studentenausschuss gesessen und in öffentlichen Veranstaltungen gerne das Bildungssystem der DDR als vorbildlich und gerecht gepriesen: „Ich will inhaltlich nichts zu dem Reimann-Roman sagen, das haben schon andere getan, aber als Gewerkschafter muss ich einen anderen Aspekt beleuchten. Es ist uns seit langem versprochen, das Lehrerarbeitszeitmodell, das sich als reines Spar-Modell des Senats auf dem Rücken der Kolleginnen und Kollegen herausgestellt hat, zu überarbeiten. Der damalige FDP-Senator hat es genauso wie die Verkürzung der Schulzeit auf G8 Hals über Kopf eingeführt, eine Überarbeitung der Faktorisierung ist dem Personalrat und der GEW immer wieder zugesichert worden, ohne dass erkennbar irgendetwas passiert, auch nicht im Augenblick, wo die Senatorin der Grünen diese Politik ohne jedes Zögern fortsetzt …"

Zwischenrufe aus dem Hintergrund wurden laut: „Was hat das mit Franziska Linkerhand zu tun?"

„… eben das, liebe Kolleginnen und Kollegen, dass wir hier einen 700-Hundert-Seiten-Roman vorliegen haben, dessen Lektüre bestimmt die gesamten Herbst- oder Weihnachtsferien erfordert hat und für den es, anders als zu Goethe oder Hauptmann, so gut wie keine Sekundär-Literatur für die Hand der Schüler gibt, weil der Roman in den anderen größeren Bundesländern keine Rolle im Zentralabitur gespielt hat. Die Auswahlentscheidung ist hier zu Lasten unserer Arbeitskraft gegangen." Er wischte sich die Haare aus der Stirn und setzte sich zwischen zwei jüngere Lehrer, die ihm auf die Schultern klopften.

Eine Lehrerin mit kurzen dunklen Haaren und großen runden Ohrringen erbat und erhielt das Mikrofon: „Meine Damen und Herren, ich will Ihnen hier einfach einmal einige Meinungen meiner Schülerinnen zum Besten geben, die sie teilweise auch bei Amazon oder auf Facebook gepostet haben: Die Autorin von Franziska Linkerhand hat einen Hang zu ellenlangen Sätzen. Dazu kommen noch völlig sinnlose Zeit- und Perspektivensprünge, die dermaßen irritieren, das man manche Seiten mehrmals lesen muss, um sie verstehen zu können. Inhaltlich fängt sie mit der Kindheit an, die leider durch die beschriebenen Probleme unlesbar ist. Hat man sich an den Schreibstil gewöhnt, passiert nichts mehr. Sie hockt in Neustadt fest, trauert um ihre Motivationslosigkeit und hat diverse Liebhaber. Und das alles ist so depri geschrieben, dass man sich Seite für Seite durchquält. Oder eine andere Schülerin schreibt …" Die Kollegin machte eine Kunstpause und las dann eine Tonlage höher mit nörgelnder Stimme: „Ach Ben, Ben, wo bist du vor einem Jahr gewesen, wo vor drei Jahren? Welche Straßen bist du gegangen, in welchen Flüssen hast du gebadet, mit welchen Frauen geschlafen? Wiederholst du nur eine geübte Geste, wenn du mein Ohr küsst oder die Armbeuge? Ich bin verrückt vor Eifersucht. So der Anfang des Romans. Im gleichen Ton jammert Franziska über dies und das weiter: Leben in der DDR, Architektur, Planwirtschaft, gestörte Beziehungen zu Eltern und Ben. Ich kann dem Buch leider auch nach zweifacher Lektüre und ausführlichem Besprechen im Unterricht absolut nichts Positives und

Tröstendes abgewinnen. Die Autorin muss ebenfalls ziemlich verbittert gewesen sein. Sie starb übrigens, bevor sie das Romanfragment vollenden konnte. Zuletzt will ich zitieren, wie die Mutter eines Schülers schriftlich geurteilt hat: Es handelt sich um ein furchtbar langweiliges und psychotisches Buch. Franziska Linkerhand ist eigentlich eine Antiheldin. Lebensinkompetent, depressiv und antriebslos lebt sie völlig in sich zurückgezogen ein trostloses und trauriges Leben, jeder Fähigkeit zu spontaner Reaktion oder sogar Aktion mit ihrer Umwelt beraubt. Schlagfertigkeit, Humor und Lebensenergie gehen ihr völlig ab. Ihr Alltag ist wahrhaft sinnentleert. Für junge Menschen ist dieses Buch jedenfalls völlig ungeeignet. ... Und dieser Bewertung, liebe Kolleginnen und Kollegen, kann ich mich leider nur anschließen."

Beifall und Pfiffe mischten sich, die Lärmkulisse veränderte sich, die moderierende Oberschulrätin schaltete kurz das Saalmikrophon aus und mahnte zu mehr Gelassenheit, bevor sie der nächsten Rednerin das Wort erteilte. Die Frau im grünen Kleid nahm das Mikrophon, in der anderen Hand hielt sie die rotschwarze Taschenbuch-Ausgabe aus dem Aufbau-Verlag. Ihre Arme waren schlank und hell, ihre Körpersprache selbstbewusst: „ Ach Ben, Ben, wo bist du vor einem Jahr gewesen, wo vor drei Jahren?" Sie las sehr klar und melodisch, mit einem Mal fühlte er sich sehr persönlich angesprochen, seine Anwesenheit in dieser Veranstaltung wirkte plötzlich bedeutender als noch vor einigen Minuten. Diese Stimme hatte er schon einmal gehört: „Welche Straßen bist du gegangen, in welchen Flüssen hast du gebadet, mit welchen Frauen geschlafen? Wiederholst du nur eine geübte Geste, wenn du mein Ohr küsst oder die Armbeuge? Ich bin verrückt vor Eifersucht." Ja, diese Stimme kannte er, die Erinnerung setzte ein.

Im Philosophenturm der Universität waren sie durch den Trubel im Phil-Foyer über den Campus zum Gebäude des Pädagogischen Instituts geschlendert, es musste über dreißig Jahre her sein, irgendwann zwischen Mitte und Ende der 1970er Jahre. Jedenfalls kamen sie nicht aus einer philosophischen Veranstaltung. Denn sie war Spartakistin und er kannte keine Mitglieder des Marxistischen Stundentenbundes Spartakus, die Philosophie studierten. In dieser Richtung schienen sie keine Fragen zu haben, da war alles klar. Vermutlich von irgendeinem literaturwissenschaftlichen Seminar, vielleicht bei Briegleb, Hillmann oder Mandelkow. Allerdings ging es nicht um DDR-Literatur, das wüsste er noch. Irgendwie kamen sie von dem kurzen rechten Weg zum PI, dem in die Universität integrierten Pädagogischen Institut, für einen Augenblick ab, ließen sich wassersüchtig auf den Rand des Springbrunnens vor dem PI-Eingang nieder, er erinnerte sich an schlanke weiße Arme, wallendes rotblondes Haar und viele Sommersprossen unter bernsteinfarbenen Augen. Er redete gegen das Rauschen des Brunnens bis ein Windstoß die Fontäne abschnitt und einen kleinen Wasserfall auf sie schüttete. Wie in Zeitlupe erinnerte er ihr Gesicht, bei sich ändernder Tiefenschärfe und verschwimmendem Hintergrund, und einen Lächelzauber, dem er nichts entgegenzusetzen hatte. Das Buch unter ihrem Arm war feucht geworden, Franziska Linkerhand, er wollte ihr ein neues kaufen. Schon gingen sie wieder, und dieser kleine Spaziergang war in einem abgelegenen Teil seines Gedächtnisses genau protokolliert, durch die Eingangshalle des PIs: Auf vielen Büchertischen der politischen Studentengruppen lag Franziska Linkerhand stapelweise, bei den Trotzkisten der GIM neben Raubdrucken von Erica Jongs Angst vorm Fliegen, auf dem roten Tuch des Marxistischen Studentenbundes Spartakus lag Linkerhand rechts neben dem ND und der UZ, der Tageszeitung der DKP, beim Sozialistischen Studentenbund neben dem Arbeiterkampf und der Solidarität. Auf dem rotbarock betuchten Klapptisch der Sozialistischen Studentengruppe, der SSG, diente es als Stütze für die Stapel der KVZ und des Neuen Roten Forums. Selbst der Büchertisch des Sozialistischen Büros stand ihm vage vor Augen, gegenüber der Cafeteria, da lagen die Reimann-Exemplare, neben Maxie Wander und Peter Weiss, unsicher, ob neben dem ersten oder schon dem zweiten Band der Ästhetik des Widerstands. Von der Decke und den Säulen im PI-Foyer, das über wenig Wandfläche verfügte, hingen bunte Wandzeitungen mit Aufrufen zu Vollversammlungen und Demonstrationen. Überall kleine Gruppen von Kommilitonen und vor allem Kommilitoninnen, hier war das Verhältnis anders als im Philosophenturm. Auf den lilafarbenen Tüchern des Frauen-Büchertisches wurde für Hamburgs erste reine Frauenkneipe hinter dem Schulterblatt im Schanzen-Viertel geworben, auch hier verschiedene Texte von Maxie Wander, Brigitte Reimann und Irmtraud Morgner neben der Emma und photokopierten Seminarbroschüren. Überall war „der kleine Unterschied“ ein großes Thema.

Im PI-Café fanden sie freie Plätze – und sein Ohrengedächtnis war plötzlich wieder da, überall Murmeln, Tuscheln, Rufe. Ein neues Linkerhand-Exemplar hatte sie nicht gewollt, sie nahm Vorlieb mit ihrem geduschten Buch. Erstaunt war sie, dass er Franziska Linkerhand noch nicht gelesen hatte, und begann kurzerhand mit sanfter und trotz der lauten Geräuschkulisse klar verständlicher Stimme vorzulesen: „Ach Ben, Ben, wo bist du vor einem Jahr gewesen, wo vor drei Jahren?

Welche Straßen bist du gegangen, in welchen Flüssen hast du gebadet, mit welchen Frauen geschlafen? Wiederholst du nur eine geübte Geste, wenn du mein Ohr küsst oder die Armbeuge? Ich bin verrückt vor Eifersucht." Es hatte begonnen, wie es immer begann. Sein emotionaler Zustand wandelte sich in das, was er im Rekurs auf Systemtheoretiker wie Luhmann als „willenlose Ergriffenheit" hätte bezeichnen können, als unvernünftig, trivial, utopisch, tragisch. Wenn dies denn für irgendetwas gut gewesen wäre.

Innerhalb weniger Tage hatte er dann das Buch verschlungen, dabei Stimmungsschwankungen zwischen Hyperaktivität und Antriebslosigkeit durchlaufend, als hätte er ein Medikament geschluckt. Und sie trafen sich, im Abaton, in der Bar Centrale, den Szene-Kneipen an Grindelhof, Rutschbahn und am Schlump, bei ihm, bei ihr. Franziska Linkerhand wurde ihm zur Ankunftsliteratur, wenn auch nicht im ursprünglichen Sinn. Er trug wieder seine eigentlich längst abgelegte grüne Jacke in Anspielung an Ben, legte ihr gerne seine Hand in den Nacken und kalauerte vom Ritterheld im Bitterfeld. Beim Frühstück holte er ein Spielzeug-Auto, einen Kipper, aus der Tasche, kurvte mit ihm zwischen den Tellern und Tassen und versuchte den Augenblick zu simulieren, der im Roman als *belletristisch* bezeichnet und gezielt ausgespart wird : „Und so, mit halb geschlossenen Augen, lief sie über die Straße und vor die Schnauze eines Kippers, der mit schreienden Bremsen stoppte und stand, die Räder quer. Der Fahrer sprang ab, er war erblasst, du warst blass vor Wut, Ben." Er fand sie nicht naiv, an ihr liebte er – wie Trojanowicz – ihre Unbedingtheit, ihren Schwung, ihren starken Glauben – selbst wenn er sie hätte ohrfeigen mögen, wie der vom Kipper abspringende Trojanowicz bei ihrer ersten Begegnung Franziska Linkerhand wegen ihrer mangelnden Weitsicht. Wie konnte sie nur – mit ihren schönen bernsteinfarbenen Augen – die DDR so verklärt sehen, wenn sie bei Reimann das Gegenteil lesen konnte, sie stritten: Was hält Jazwauk von emanzipierten Frauen, weshalb steht ihre Liebe zu Ben von Anfang an unter einem unglücklichen Stern?

Doch sie findet ihre Arbeit und ihr Selbstbewusstsein in ihrer Arbeit!

Aber in welcher Arbeit, etwa im industriellen Plattenbau in Neustadt?

Seit der Studienberatung zu Beginn des ersten Semesters war sie beim Marxistischen Studentenbund hängengeblieben, hatte gleich in einer MSB-WG an der Grindelallee ein großes Zimmer beziehen können neben einem Sportstudenten, den er nach einem Küchengespräch ihr gegenüber frotzelnd mit Franziskas erstem Mann Wolfgang verglichen hatte, der mit seiner Mister-Universum-Figur vollkommen gewesen wäre, hätte Gott ihn mit Stummheit geschlagen. So solidarisch sei der MSB und so flexibel, er lasse sich ändern, wenn etwas falsch laufe!

Er hatte dagegen gehalten, solche Liberalisierungshoffnungen hätten viele vergeblich mit dem Machtantritt Honeckers verknüpft. Ja, Honey, hatte Udo damals schon seinen „Sonderzug nach Pankow“ losfahren lassen, oder puzzelte er noch in seiner Hochparterre-Küche in der Johnsallee an seinen ersten deutschen Texten? Auf politischem Terrain wirkte sie unerschütterlich und unzugänglich, ihr Verhalten provozierte seinen Widerspruch, den sie allerdings mit einem Blick durch ihre langen Wimpern sogleich zerbröselte.

Sie hatte ihn zu einer Party in ihrer WG eingeladen. Steter Tropfen höhlt den Stein, dachte er, dass sie dachte. In der Spartakisten-Wohngemeinschaft in der Grindelallee drängten sich die Gäste in allen Zimmern, im Flur wurde getanzt, er fand seinen Platz in der Küche. An der einzig freien Wand über dem Herd stand in großen roten Lettern: Nicht jammern und picheln, sondern hämmern und sicheln.

Sie ging zur Eingangstür, um eine Gruppe von Psychologie-Kommilitonen zu empfangen. Er fädelte sich in den politischen Small-Talk der Gruppe am Herd ein. Es wurde über die maoistischen Gruppen gelacht, die jeden Pups aus Peking als Hauch revolutionären Weltgeistes registrierten. Er versuchte zunächst ironisch den Transfer von Peking nach Moskau. Als sie in die Küche wiederkehrte, war er in eine heftige Diskussion mit ihren Mitbewohnern verstrickt, es ging um Säuberungen, die Moskauer-Prozesse, das Fortleben des Stalinismus in der SU, von Ironie war keine Spur mehr vorhanden. Als er einen Witz über die Ungefährlichkeit von Atomkraftwerken unter der Herrschaft der Arbeiterklasse machte, riss dem Sportstudenten der Geduldsfaden, er drohte handgreiflich zu werden und forderte ihn auf, sofort die Wohnung zu verlassen, einige seiner Genossen pflichteten ihm bei. Mit gesenktem Blick stand sie an der Wand und sagte kein Wort. Er zögerte, wendete sich ab – und ging. Der erwartete Anruf war ausgeblieben. Er hatte später gehört, dass sie aus dem MSB ausgetreten sei und die Universität gewechselt habe. Gesehen hatte er sie nicht mehr.

Bis jetzt.

Zweifellos war sie es, konnte ein Herz rückwärts schlagen? Er sah sie reden, ohne auf den Sinn zu achten, sie stand ruhig und aufrecht und sah ins Publikum, mit der einen Hand das Mikrophon haltend, mit der anderen ihre Rede unterstreichend. Als sie das Mikro weiterreichte, brandete starker Applaus auf, er hörte in den Reihen hinter und vor sich Kommentare: „Sehr gute Rednerin!“

„Eindrucksvoll, sie unterrichtet bestimmt Theater."

Neben sich hört er einen Kollegen tuscheln: „Sie sieht eben gut aus, und das wirkt immer."

Eine ältere Kollegin ergriff das Wort: „Sie haben mir eben aus der Seele gesprochen, aber zu den Vorrednern muss ich doch noch äußern: Welchen Text haben Sie im Unterricht eigentlich gelesen? Jedenfalls nicht den gleichen wie ich. Franziska Linkerhand muss sich aus ihrer Familie freischwimmen, die bevormundende väterliche Hand des Professors Reger, die anschließend auf ihrem Leben lag, abschütteln, sie erringt Anerkennung und Selbstbewusstsein durch ihr Können als Architektin, sie wird zwar durch die triste Realität der DDR desillusioniert, aber sie gibt nicht auf, sie packt an, ist unter schwierigsten Bedingungen aktiv, sie ist nicht depressiv oder antriebslos. Bis zum Schluss hält sie an ihren Vorstellungen fest, dass es eine Synthese zwischen dem Schönen und dem Notwendigen in der Architektur geben müsse. Dass das Männer-Frauen-Verhältnis in der DDR etwas anders ausgesehen hat, als es uns früher die DKP und der MSB-Spartakus weismachen wollten, wird wunderbar gezeigt, siehe den Ehemann Wolfgang, siehe das freudlose Verhältnis von Schafheutlin zu seiner Frau, den sich gerne mit schönen Frauen umgebenden Jazwauk, der Gleichberechtigung so wenig schätzt, oder den politisch gebrochenen Trojanowicz, der das Engagement und die Lebendigkeit der Franziska nicht aushält." Sie schien zu Ende gekommen zu sein, hielt das Mikrophon aber noch, wartete einen Augenblick, bis sich der Beifall wieder legte: „Zum Ende noch etwas ganz anderes: Wenn man davor zurückscheut, einen solchen Roman zu lesen, sollte man meines Erachtens nicht auf der Oberstufe unterrichten." Mit diesem Abschluss polarisierte sie die Zuhörerschaft, lebhafte Zustimmung und halb scherzhafte Buh-Rufe hielten sich die Waage. Ein junger Mann stellte sein Laptop hinter sich auf den Stuhl: „Im Hinblick auf die Lehrer, werte Kollegin, haben Sie sicher recht. Auch Ihrer Lesart des Romans kann ich mich nur anschließen. Wenn ich aber an meine Schülerschaft denke, und wir haben auf der anderen Elbseite einen sehr hohen Anteil von Schülern mit Migrationshintergrund, wir haben nicht die günstigen Kess-Faktoren wie die Gymnasien entlang der Elbe und der Alster, dann frage ich mich doch, ob es wirklich erforderlich ist, den Schülern auf dem Weg zum Abitur eine solche Schwarte als Hürde in den Weg zu legen. Kompetenzen lassen sich doch auch mit kleineren und weniger komplexen Texten trainieren. Ein weiterer Punkt sei noch erwähnt: Im Unterricht kam es immer wieder zu peinlichen Situationen, die damit zu tun haben, dass viele Passagen sexuell so freizügig angelegt sind, dass Schüler aus anderen Kulturkreisen damit ihre Schwierigkeiten haben."

Er meldete sich – wiederholt schon –, unsicher, ob ihn die Diskussionsleiterin registriert hatte. Aufgerufen wurde ein junger Hüne, der sich als neuer Schulleiter eines Gymnasiums aus dem Norden der Stadt vorstellte: „Ich vertrete heute meine Fachleiterin, die sich auf einer Profilreise befindet. Und ich möchte in einem wichtigen Punkt meinem Vorredner widersprechen. Wir stehen am Anfang der Kompetenzorientierung, die zwar bildungspolitisch gewollt, aber für den Deutsch-Bereich noch sehr unübersichtlich und kontrovers ist. Dennoch wünscht die Behörde, dass wir, wie eingangs in dem Powerpoint-Vortrag gehört, Kompetenzraster entwickeln. Wenn wir das wirklich wollen, brauchen wir Zeit. Und die wird uns durch die Aneignung von 700-Seiten-Texten genommen."

„Sechshundert Seiten, Herr Kollege, nicht siebenhundert!", rief er in den Raum, die Hände vor dem Mund zu einem Trichter geformt, was zu einer allgemeinen Heiterkeit führte. Er hatte sich immer wieder gemeldet, doch die Redezeit war auf solchen Veranstaltungen ein rares Gut und es stand in den Sternen, ob er demnächst aufgerufen werden würde. Immerhin drehte sich die Frau in Grün und wendete ihm ihr ganzes schönes Gesicht zu. Ungerührt setzte der hünenhafte Schulleiter seine Rede fort: „Mögen es 600 Seiten sein, ich bin kein Germanist, sondern Anglist. Franziska Linkerhand habe ich nicht gelesen, mir scheint es indes offensichtlich, dass Text-Erschließung auch an schmaleren Texten geübt werden kann. Ich würde noch einen Schritt weitergehen – an solchen Punkten lasse ich mich gerne einen Provokateur schimpfen – und die Sache mit Blick auf unsere medienaffinen Schülerinnen und Schüler noch mehr vereinfachen. Holen wir die Schülerinnen und Schüler doch da ab, wo sie stehen, lassen sie uns auf Filme setzen ..." Er hörte nicht weiter zu, sondern legte sich seinen Redebeitrag zurecht. Womit sollte er beginnen? Die ersten zwei, drei Sätze mussten klar sein, wie von selbst kommen, dann würde er im Reden Tritt gefasst haben und könnte auch schlagfertig auf Zuhörerreaktionen eingehen: Unsere Behörde ist durchsetzt mit Schafheutlins, und sie sind – wie der wahre Schafheutlin – gar nicht mal so unsympathisch, sie können charmant sein auf eine etwas schafsartige Art, und oft auch sprach- und hilflos. Was sie zu Schafheutlins macht: Sie gehen an die Literatur wie Schafheutlin an seine architektonischen Aufgaben, früher in unserem Fach die Lernziel-Fans, heute die Kompetenzfetischisten. Heraus kommt Plattenbau und alle sind begeistert, es gibt ja Wohnraum. Fast alle, die

Franziska Linkerhands geben sich nicht zufrieden. Für sie ist Literatur kein Mittel für irgendetwas anderes, sie hat einen Eigenwert. Wer sich auf sie einlässt, riskiert, dass sich seine Vorstellungen, sein Denken und Fühlen verändern. Wenn wir uns bemühen, die Literatur zu verstehen, lernen wir uns auch selber besser kennen, wir Lehrer natürlich anders als die Abiturienten. Das ist die Methode Franziska Linkerhand! Die Ergebnisse einer solchen Auseinandersetzung mit dem Roman lassen sich nicht präzise prognostizieren. Nach der Lektüre bin ich vielleicht nicht mehr dieselbe oder derselbe wie vorher. Insofern kann ich die Auswahlkommission nur beglückwünschen, einen so guten Text vorgelegt zu haben. Das war endlich mal ein starkes Signal aus unserer Stadt! So ungefähr sollte er aussehen, hätte sein Redebeitrag ausgesehen, wäre er denn aufgerufen worden.

Die die Diskussion leitende Oberschulrätin schaltete sich selbst ein: „ Liebe Kolleginnen und Kollegen, wenn ich auf die Uhr schaue, bin ich völlig überrascht. Die Diskussion ist so spannend, dass ich als Diskussionsleiterin fast nicht gemerkt hätte, dass es schon 18.00 Uhr ist. Wir könnten jetzt weiterdiskutieren oder – ich greife die anfänglichen Anmerkungen des GEW-Kollegen zur Arbeitszeit auf – wir kommen zum Ende, denn diese Nachmittagsveranstaltung ist bis 18.00 projektiert. Wie ich weiß, hatten viele von Ihnen schon einen anstrengenden Vormittag in der Schule und streben jetzt wahrscheinlich in den wohlverdienten Feierabend. Ich möchte das aber nicht ex cathedra verordnen, sondern hätte dazu gerne ein schnelles Meinungsbild."

Freundlich und zügig führte sie die Abstimmung durch. Es musste nicht ausgezählt werden, auf Anhieb war ersichtlich, dass eine sehr große Mehrheit der Lehrkräfte nach Hause strebte, die Leiterin überschlug kurz die Zahlen und sagte: „Mehr als Dreiviertel", wünschte allen Anwesenden einen schönen Feierabend, die gestempelten Nachweise für die Teilnahme an der Veranstaltung könnten nun am Ausgang mitgenommen werden.

Gedränge am Ausgang, Begrüßungen, Verabschiedungen. Mehrere bekannte Kollegen aus Altona kamen ihm entgegen und frotzelten, immerhin habe er einen Zwischenruf zustande gebracht, eigentlich hätten sie mehr erwartet. In der Schlange von links sah er sie, im leuchtend grünen Sommerkleid, mit graublondroten Haaren. Sie lächelte ihn an, es blitzte bernsteinfarben: „Wollen wir um die Ecke noch einen Kaffee trinken, oder am Schulterblatt, da hat ein neues Café eröffnet, es ist ganz nett und heißt Café Neustadt."Er spürte, wie etwas nach ihm griff, was bei Luhmann als *krankheitsähnliche Besessenheit* bezeichnet wurde.

Schulreform

Wäre schön
wenn das Engagement
gegen das Verflachen der Bildung
im Namen der Emanzipation
mehr FürsprecherInnen
gewänne, gewinnt.

werde wohl bleiben

mama mama
schock verwirrung trauma taumel
kein zurück geburt ist auch trennung
mama mama immer wieder
will sie mir die
geschichte ihres lebens
erzählen mir der ich eingesprungen
vertretend kaum zeit
habe die akten zu aktualisieren auf
dieser station mit der überall gleichen software
vertraut sonst vieles neu in zeiten des mangels auf wunsch
könnte ich bleiben in diesem Krankenhaus
mama mama beenden die ortlosigkeit
mama höre ich sie geboren in Prag
wie ich lese abgeschoben während der feiertage
von angehörigen mama mama klagt sie mahnt sie
soll ich anders dosieren die schmerzmittel wechseln
mama mama als beschwörte mama betete mama sie um das wunder
der Erhörung als riefe sie eine gottheit an
aber dann sitze ich gebannt an der bettkante
mama ruft die 90-jährige zahnlos lächelnd
in richtung meines bartes schmeichelnd mama mama
und ich halte ihre hand
sage hier
in meiner neuen Klinik

Meine neue Klinik

Am Anfang sind wir zu zweit und noch vor der Morgenbesprechung. „Mama, Mama.“ Verwirrung, Taumel. Sie lässt die Hand nicht los, die sie hält, meine Hand. Vorsichtig entwinde ich mich zur Morgen-Besprechung, hinter mir heisere Mama-Rufe.

Blutabnahme, freundlich und zügig die Schwestern, keine Native Speaker, doch wir verstehen uns gut. In jedem Zimmer das Rauschen der Heizungsanlage, auch das Fließen des Wassers. Durch die Geräusche des Ortes hindurch auf dem Flur noch immer, immer noch das Rufen, schwächlich und in zunehmenden Abständen, dann kaum vernehmbar, aus dem Zimmer, welche Nummer gleich, hinter der dicken Tür im zweiten Quergang.

Sich ziehende Visite, auffällig die Goldknöpfe am Kittel des Kollegen, in der Ferne: Mama. Anschließend: Vorbereitung der Entlassungen, Erstellen der Arztbriefe, einen starken Kaffee zur Anamnese.

„Mama, Mama.“

Ich öffne die Tür und sehe hinein, sie streckt die Hand aus. Hat sich die Wolke gelichtet, soll ich die Beruhigungsmittel anders dosieren, reine weiße Gegenwart herstellen? Schon bin ich gegriffen, meine Hand wie im Schraubstock, woher kommt diese Kraft? Hervorkommt zwischen schmalen Lippen: „Mama.“

Klingt dies liebevoll, oder trostlos? Kann sie unterscheiden zwischen hell und dunkel, zwischen Schmerz und Nicht-Schmerz? Lass meine Hand los. Weshalb kann sie sich nicht wie andere Alte mit irgendeinem Gott verständigen? Ihr fällt Haar ins Gesicht, verleiht ihr etwas Unbekümmertes. Sieht sie mich an, verwechselt sie mich? Als wenn Mama das Paradies wäre. Geburt ist auch Verlust und Trennung, erst durch den Geburtsschock werden die Sinne stimuliert. Ich drücke ihr die Hand, es gibt kein Zurück, der Weg ist versperrt, ein für allemal! Lächelt sie zur Decke oder zu mir, erwacht ihr Bewusstsein so weit, dass sie mich sieht?

Lass mich bitte los, ich bin nicht gemacht für solche Anlässe, hier nur zur Vertretung. Könnte zwar bleiben – bei dem augenblicklichen Ärztemangel, meine seit einigen Jahren routinierte Ortlosigkeit beenden. Jedenfalls bin ich eingesprungen, fremd hier und deshalb besonders zeitknapp, vertraut ist die überall gleiche DRG-Software zur Abrechnung, sonst fast nichts.

Mit sanfter Gewalt befreie ich mich, bereite im Ärztezimmer die verschiedenen Untersuchungen vor. Hier werden noch Zettel ausgefüllt für das Röntgen, die Endoskopie, den Ultraschall. Vor den Spiegelungen schiebe ich eine Pause ein, um nun sie zu durchleuchten, um ihr Gesicht aus dem Kopf und von der Seele zu haben, um es zu verdünnen und zu verflüchtigen auf die wesentlichen Daten, ich sehe nach in der Akte. Sie ist über Neunzig, geboren in Prag. Vielleicht ist ihre Erkenntnis der Welt vor Jahren schon eingefroren, abgelagert in irgendeinem Winkel ihres zerdehnten, realiter natürlich geschrumpften Hirns. Vielleicht aber auch nicht. Vielleicht beginnt für sie jeden Morgen derselbe Tag, sicher ist das nicht.

„Mama, Mama." Ich sehe viele Gesichter, viele Gesichter laufen über mich, durch mich, wenige bleiben haften. Meine Tür steht offen, ihres gehört dazu.

Eigentlich habe ich überhaupt keine Zeit für sowas. Als ich auf ihrer Bettkante sitze, flüstert sie „Mama", nicht ratlos, nicht panisch, doch schmeichelnd in Richtung meines Bartes.

Ich halte ihre Hand und höre mich sagen, klar und deutlich:

„Hier."

G 20
Stunde des Wolfs

Homo homini lupus. Thomas Hobbes

Beim Aufschließen der Tür fällt sein Blick auf das Klingelschild, bei dem sich eine Schraube gelöst hat und das jetzt schräg nach unten hängt. Er müsste es wieder befestigen. Immerhin kann man seinen Namen noch lesen, Wolf Hirt. Eigentlich heißt er Wolfram, aber er hat den Namen nie gemocht. Auf seine sprachliche Mitarbeit war bei der Zuteilung des Namens ja ohnehin verzichtet worden, also hat er ihn zumindest verkürzt. In der Küche wirft er die Brötchentüte und die Morgenzeitung mit der lächelnden Kanzlerin und dem winkenden Donald Trump auf den Tisch, das Einzige, was er einkaufen konnte. Im nahen Bahnhof hatten Polizei-Ketten die Eingänge verriegelt, im Einkaufszentrum dahinter schlossen Security-Kräfte gerade den Zugang, „kein Verkauf heute, hören Sie mal Nachrichten." An einigen kleineren Geschäften waren die Handwerker noch dabei, die Schaufenster mit Holzplatten zu verrammeln. Mit Akku-Schraubern standen sie auf hohen Leitern, zogen die Befestigungen nach oder vernagelten sie. Einige trugen Ohrenschutz, vielleicht wegen der in den Nebenstraßen immer wieder aufheulenden Polizei-Sirenen. Auf den Stopp-Schildern an der Allee leuchteten die Stopp-G20-Aufkleber, in der Unterführung und an den Häuser-Fassaden frische Graffiti in Rot und Schwarz: G 20 – Welcome to Hell. G 20 entern – Kapitalismus versenken. Molotow-Cocktails statt Sekt-Empfang. All cops are bastards. A.C.A.B. Daneben normale Werbung für Möbel und anderes in entfernteren Stadtteilen: Räumungsverkauf – Einkaufen jenseits der G-20 Krawalle. Ein Wunder, dass die kleine Bäckerei in der großen Einkaufsstraße noch geöffnet hatte und die Brötchen trotz der Käufer-Schlangen noch nicht ausverkauft waren.

Wolf wirft einen Blick in den Kühlschrank. Der Ziegenkäse überspringt gerade unhörbar die Haltbarkeitsgrenze. Ansonsten ist es umso lauter, das Geschirr klirrt im Schrank und die Möbel zittern. Und das seit zwei Tagen permanent, wenn die Polizeihubschrauber über das Haus donnern. Hier in Altona in der Nähe des Bahnhofs meist in niedriger Höhe. Gerade steht wieder ein Helikopter in seinem Lärm über dem Häuserblock. Sehen kann er ihn nicht, aber dafür drei andere durch sein Küchenfenster nach Südosten. Da, wo sie fast unbeweglich in der Luft neben der Spitze des Fernsehturms verharren, muss ungefähr das Messegelände sein, wo sich gerade Putin und Trump die Hände schütteln. Andere Hubschrauber bewegen sich, in einem Rudel von der Elbphilharmonie und den Tanzenden Türmen zu Beginn der Reeperbahn her kommend, in Richtung Altona, sie fliegen parallel zum Elbufer – wahrscheinlich bis Nienstedten oder Blankenese. Er sieht auf die Straße hinunter, sie liegt in künstlich gebrochenem Naturlicht, der Schatten des Hauses von der gegenüberliegenden Straßenseite wird von den hohen Fenstern des eigenen Hauses weggespiegelt, unten ist kein Mensch unterwegs.

Er macht sich einen Kaffee, obwohl der Kühlschrank leer ist und er keine Milch mehr hat. Die Brötchen wird er ohne Butter essen müssen. Den Korb voller Schmutzwäsche schiebt er in die Ecke, ein Käfer krabbelt auf den Küchenfliesen unter den Kühlschrank. Er hat nicht mehr viel zum Anziehen. Während der Wasserkocher kaum vernehmbar zu rauschen beginnt, schaltet er das Radio ein – Waking the Demon. Um das Gefühl zu bekommen, etwas Sinnvolles zu tun, steckt er das Ladekabel ins Smartphone. Er sollte aufhören zu rauchen und schaltet das Radio wieder aus. Die Musik in normaler Lautstärke wird ohnehin vom Krach der Hubschrauber übertönt. Er horcht lieber in sich hinein – und verspürt ein leichtes Grollen, irgendwo in der Magengegend. Es wäre schön, jetzt woanders zu sein. Das Blubbern des kochenden Wassers ist mehr zu sehen als zu hören. Ein Gefühl wachsender Nervosität steigt in ihm auf. Er gießt das Wasser auf den Kaffee und hat ein Gefühl, als hätte er Watte im Kopf. Vielleicht sollte er seine Gedanken protokollieren. Oder besser, sie unterdrücken. Wäre schön, jemand anderes zu sein. Mit dem Kaffee und den trockenen Brötchen geht Wolf durch sein Schlaf- und Wohnzimmer, das ungemachte Bett riecht nach Hund, öffnet die Tür zu dem kleinen Balkon mit Blick in die zu Gärten gestalteten Hinterhöfe. Er setzt sich auf den einzigen etwas wackligen Stuhl und in das Wummern der Hubschrauber, verbrennt sich die Zunge an dem zu heißen Kaffee. Die große grüne Linde, zwischen deren Blattwerk er oft die Eichhörnchen und Rotkehlchen am Stamm und auf den Ästen huschen sieht, bewegt sich wie im Sturm. Von den Amseln, die hier sonst den ganzen Tag zu hören sind, ist jetzt nichts zu sehen, nur einige Tauben suchen im Stressflug Unterschlupf, begleitet von hektisch flatternden Möwen, die sonst hoch über den Häusern segeln. Der

Hamburger Juli-Himmel ist wolkenverhangen und helikopterdurchsetzt, immer wieder frischt der Wind auf. Schwankt die Linde in einer Böe oder durch die Hubschrauberrotoren? Jedenfalls reißt der Wind jetzt den Himmel auf und die Sonne kommt durch, der Hubschrauber über dem Haus fliegt langsam weiter über die nächste Häuserreihe, trifft dort auf einen zweiten, mit dem er um den blassgrünen Hochhausturm der Deutschen Bank neben dem Altonaer Bahnhof kreist. Wie Libellen, die sich verfolgen. Er streckt sich. Gestern gab es Sturzregen und Gewitter, jetzt wird es wärmer. Er isst knusprige trockene Brötchen. Durch das Rotoren-Getöse hört er nicht einmal die Presslufthämmer von der nahen Dauerbaustelle an der Poststraße um die Ecke, die direkt auf die große Einkaufsstraße, die Neue Große Bergstraße, und zum Eingang des kolossartigen Ikea-Gebäudes führt. Wird dort heute überhaupt gearbeitet? Die üblichen Hafengeräusche und der Viertelstunden-Glockenschlag der nahen Petri-Kirche müssen jedenfalls irgendwo in der allgemeinen Geräuschkulisse vorhanden sein, er hat sie schon lange nicht mehr gehört. Die im Hintergrund ständig und überall zu hörenden Polizeisirenen werden lauter und überdecken sogar den Hubschrauberlärm, scheinen nun direkt vor dem Haus zu stehen. Seine Stimmung sinkt. Er stellt sich an das Balkon-Geländer und sieht nach unten. Immerhin ist er im vierten Stock, die Tiefe zieht an den Schuhen. Eigentlich kennt er keine Höhenangst. Es wäre ein Leichtes, über das Geländer zu flanken, gelähmt steht er einen Augenblick, überwindet seine Panik und kippt den restlichen Kaffee über die Brüstung nach unten in den Garten. Er geht zurück in die Wohnung, die ihm normalerweise ein sicherer Ort ist.

Seinen Körper duscht er heiß und kalt, der Badezimmerspiegel ist beschlagen, er sollte bei Gelegenheit den grünlichen Schimmel aus den Ecken entfernen. Überdreht und irre sieht er in den klarer werdenden Spiegel, sucht nach Selbsterkennungszeichen, der Haaransatz ist in die Stirn gerutscht, die Augenbrauen wirken wie Zahnbürsten, gräulich sprießt der Bart, obwohl er sich am Morgen rasiert hat. Er kneift sich in die pelzige Brust, will sich spüren, ist das noch sein Gefühl oder Mimikry, er darf jetzt den inneren Kontakt mit sich nicht verlieren, fürchtet Dissoziation, schließt die Augen, sieht Bilder aus okkulten Erlebnissen, hat Halluzinationen. Diese somnambulen Geister muss er dingfest machen, sie säkularisieren, um sie zu verjagen. Wie ein alter schlafender Hund lagert in ihm irgendwo die Angst vor Lykanthropie und Hypertrichose. Aus der Therapie weiß er: psychopathologisch, durch die Hirnstruktur zu erklären, versucht an antike Metamorphosen zu denken, es gibt strafende und rettende Verwandlungen, ein Teil des Frontallappens seines Gehirns, die Amygdala, muss längst mit der Ausschüttung Stress auslösender Transmitter begonnen haben. Er braucht möglichst schnell andere Bildergeschichten in seinem Gehirn, muss Imagination und Wirklichkeit wieder trennen. Ist die Wohnung noch schützende Höhle, soll er ausharren, sich wund warten? Dem zähnefletschenden Wesen im Spiegel schlägt er die Faust ins Gesicht. Die Scherben kann er später beseitigen. Er muss aus der Wohnung entfliehen, sonst wird sie zur Wahrnehmungshölle. Seinen Körper wiedergewinnen, die Polizei-Strategie der Broken-Windows auf sich selbst anwenden, die Kontrolle zurückerobern. Raus aus dem schwarzen Sog und dem G-20-Strudel. Er reißt sich die Kleider vom Leibe, schlüpft in die Sport-Klamotten, greift die Jogging-Schuhe. Krachend fällt die Tür ins Schloss und ins Innere seines Kopfes. Einen neuen Anfang finden, weg von sich, Ground Zero. Ab in den Volkspark.

Wolf lässt die Bewegung ganz aus dem Körper kommen, den Kopf ausschalten, er läuft. Joggen beruhigt, nach einiger Zeit werden die Glücksendorphine die Stimmung aufhellen. Vielleicht. Jedenfalls spürt er das Blut pulsieren, ihm wird warm. In einiger Entfernung sieht er eine Gruppe schwarz gekleideter Gestalten auf sich zukommen, er konzentriert sich darauf, den Bauch locker zu lassen und das Becken nicht zu kippen. Seine Muskeln scheinen sich zu lockern. Im menschlichen Zellgedächtnis steckt das Erbe der gesamten Evolution, hat ihm neulich ein joggender Kollege begeistert erzählt, wir haben Tiger und Antilopen und Wölfe in der Bewegung. Ja, es befreit. An der Kreuzung stößt er auf die schwarze Gruppe, ohne besonders beachtet zu werden. Immerhin trägt er auch ein schwarzes T-Shirt – er läuft nebenher. „Riscaldarsi, eh?", ruft ihm grinsend ein Läufer mit dunklem Lockenkopf und schwarzem Halstuch zu, Wolf reiht sich ein, in sehr mäßigem Tempo trabt die Gruppe durch den sommerlichen Volkspark. Einige haben zusammengerollte Transparente dabei, alle tragen Rucksäcke, manche scheinen sehr schwer zu sein. Er passt sich dem langsamen Tempo an. Eine Läuferin wendet ihm den Kopf zu, runzelt die Stirn und wendet ihn wieder ab. Unverwandt greift er sich ins Gesicht, fühlt das Fell und die schon stark gewölbte Nase, mit der Zunge tastet er über die spitzen Zähne, in seinem geschwollenen Mund und Rachen arbeitet es noch. Auf einer Wiese hinter den Schulgärten hält der Trupp, die meisten gehen zum Verschnaufen in die Hocke oder setzen sich auf den würzig riechenden, frisch geschnittenen Rasen, ein Hüne mit kurzem blonden Bart bleibt stehen, sieht auf sein Smartphone: „Hartes Ding an der Ecke Schnackenburgallee-Bondenbarg, aber gleich kommen wir nach Bahrenfeld. Erst mal T-Shirt-Wechsel. Wer will, kann den Umweg über Flottbek machen, geht hier lang, Bonzenviertel abarbeiten. In der Geschäftsstraße am Bahnhof Othmarschen gibt es vier Banken und überall liegen Steine rum, weil dort gerade Großbaustelle ist. Ihr könnt euch bedienen und müsst nichts mitschleppen, vielleicht Krähenfüße. Ansonsten geht es jetzt nach Altona, Orientierungspunkt Bahnhof, da können wir uns alle wieder treffen. Wer will kann auch noch einen kleinen Schlenker durch die Elbchaussee machen, die läuft direkt nach Altona rein zum Rathaus, vorbei an Donners Park, da ist Proviantaufnahme möglich, wenn eure Rucksäcke bald leer sind, ihr habt die Stadtpläne. Wir teilen uns auf." Der Lockenkopf von vorhin richtet sich auf und redet mit sehr lauter Stimme und italienischem Akzent auf Englisch eine gekürzte Fassung der Ansprache des Blondbartes, dann das Gleiche noch einmal auf Italienisch, deutlich schwungvoller und sehr viel länger. „Bevor es losgeht, ein bisschen Umkleide, Schuhsohlen schwärzen, eine rauchen." Während sich alle helle und bunte T-Shirts aus ihren Rucksäcken überziehen und nach den Schuhcremes greifen, mustert ihn ein schmaler Junge neben ihm misstrauisch: „Dich kenne ich nicht. Was soll diese Ranschmeiße. Ich glaube, ich will mich entfreunden. Wie siehst du überhaupt aus, was hast du mit deinem Kopf gemacht?" Die Punkerin mit Earcuff neben ihm lacht, „il lupo, eh." Der Mann mit dem geflochtenen Zopf, der ihm bisher den Rücken zugekehrt hat, dreht sich um, ein Hauch von Verwegenheit und Rasierwasser umweht ihn: „Was soll der Scheiß, keinen Rassismus, nur weil einer ein anderes Gesicht oder einen anderen Kopf hat, ein bisschen Gender-Fluidität tut gut. Schon mal was von LGQBTQIA gehört? Wir machen Riot, jeder kann mitmachen, lesbisch, gay, queer, plus. Du musst mal ein bisschen out oft the box denken. Capitalism will end anyway, you decide when." Er greift in seinen Rucksack: „Trägst du schon eine Maske? Die sieht komisch aus, nimm lieber die hier. Und mach dir keinen Kopf." Wolf nimmt die angebotene schwarze Maske, streift sie über, die Mundpartie sitzt sehr straff. Kurzerhand reißt er ein Loch in den Stoff, damit er die Schnauze durchschieben kann, greift dann nach der hingehaltenen Schuhcreme, Kiwi Shoe Polish schwarz, hört „letzter Platz Adidas." Schweigend schwärzt er die Sohlen seiner Jogging-Schuhe. „Sag mal, hast du überhaupt keinen Rucksack dabei", wird er von hinten gefragt, „Rucksack, zaino, sac à dos, den brauchst du, du kannst meinen zweiten haben, hier ein Backpack von Wolfskin, passt zu dir." Eine aufmunternd lächelnde Rothaarige mit bunten Mix-

Match-Ohrringen reicht ihm einen Damenrucksack, er probiert ihn gleich aus. Obwohl er etwas spannt, kann er ihn tragen. „If life gets boring risk it“, der Italiener gibt das Zeichen zum Aufbruch, die Gruppe teilt sich auf. In den Lippen hat er ein Gefühl, als wimmelten dort Ameisen, in seinen Hals scheinen lauter Nadeln gesteckt zu werden. Die Mutation läuft noch und sein Trupp langsam in Richtung Altona.

Freundliche Botschaften auf Pappschildern entlang der Straße: *Yes, we camp. Menschenrecht auf Zelten. Grenzenlose Solidarität statt G20. Lieber tanz ich – als G20*, auf jedem zweiten Verkehrsschild: *G20 – Bier holen*. Blondbart in der ersten Reihe verharrt einen Moment und ruft: „Kuchen backen gegen G20.“ Viele lachen, zum Teil mit Verzögerung, Übersetzungsarbeit ... „meaningfully ..., yes, cake“, hinten wird gesungen „Allez, au four le gateau“, von vorne schallt es zurück: „Backe, backe Kuchen ...“ An der Kirche auf der Verkehrsinsel hängt ein großes Transparent *Welcome to Heaven*, kleiner darunter *Hamburg zeigt Haltung*. Auf das Straßenpflaster wird *Welcome to Hell* gesprayt. Das Bodenpersonal der Revolution zieht weiter zum nächsten McDonald, Riot-Pause. Er hat einen Mordsdurst und einen Wolfshunger, die Zunge klebt ihm am Gaumen. Obwohl er sich bisher meist in der letzten Reihe gehalten hat, schafft er es nicht, sich jetzt hintenanzustellen, er drängelt sogar und bestellt sich auf Anhieb zwei Big Macs und Big Tasty Bacon BBQ, vergessen ist die sonstige Gewohnheit, sich vegan zu ernähren, der körperliche Umbau scheint abgeschlossen. Delicious starts right here. Während die ganze Gruppe futtert, mampft und schlingt, wird auf den Tischen vor der Tür Arbeitsgerät ausgebreitet. Wie auf dem Gabentisch am Heiligen Abend liegen da schwarze Sturmhauben, Schlupfmützen und Gesichtsmasken aus Fleece, Goretex und Polyester in Biker und Ski-Versionen. Er entdeckt vereinzelte Halloween-Maskeraden. Mcdonald is a place where the whole family can get away from the drudge of everyday life and the only rule is to be happy. Letzte Getränke werden geordert, Mango-Smoothies, Strawberry Shakes, er nimmt Coca-Cola Zero Sugar. „Put on your facemasks and windstoppers.“ Masken über, Kleingruppen bilden! Er trägt als einziger schon die ganze Zeit seine Haube über dem Wolfsschädel. In Dreier- und Vierer-Gruppen treten die Leute zusammen, wechseln aus den Rucksäcken heraus die T-Shirts. Der Italiener kommt auf ihn zu, sagt „Martello?“ und weist ihn gleich einer Zweier-Gruppe zu.

Begrüßung durch Fauststoß und Abklatschen, Jean-Pierre und Finn-Ole. „So kannst du uns nennen.“ Beide haben etwa seine Größe, Jean-Pierre trägt eine Icon Performance Sturmhaube, eine schwarze Trainingsjacke, Jeans im Destroyed Look, sieht ihn aus freundlichen blauen Augen an. Finn-Ole hat auf eine Gesichtsmaske verzichtet, dafür ein stylisches Basecap Flexfitted, eine quadratische Sonnenbrille von Versace, der stabile Rahmen unterscheidet sich farblich nicht vom dunklen Glas, Gore-Tex-Jacke von The North Face: „Jetzt beginnt die Schwarzarbeit." Beide nesteln in ihren Rucksäcken und schlüpfen in schwarze Handschuhe, Jean-Pierres sind aus Leder, Finn-Ole hat enganliegende Arbeitshandschuhe aus einem anderen Stoff. Wolf nimmt gerne die schwarzroten Fahrradhandschuhe, die ihm angeboten werden, sie passen, sind gepolstert und mit angerauter Handfläche. „Et maintenant le marteau", Jean-Perre klopft lachend auf den Asphalt, „to make a hammering noise."

„Nicht so gut wegen des Kunststoffgriffs", murrt Finn-Ole, „die sind nicht kleinzukriegen, aber dämpfen alle Schwingungen weg, das wird ziemlich anstrengend." Er selbst hat einen Hammer mit Holzstiel, „mittleres Kopfgewicht, macht das Arbeiten angenehmer, beim Auftreffen entsteht eine leichte Drehkraft. Dahinten liegt noch ein Latthammer mit Dorn auf dem Boden, auch nicht gut, aber den kannst du erstmal nehmen, oder willst du lieber mit den Bengalos arbeiten?" Wolf zögert, „was habt ihr denn dabei?" Finn-Ole greift nach den Rucksäcken von sich und Jean-Pierre, hält sie hoch: „Na schon ein bisschen Kleinkram, Strobolobo, Fatalo 1, Lycopodium, Breslauer Feuer, alles BAM zertifiziert und mit CE-Zulassung, und ein paar andere nette Kleinigkeiten … aber ich merke schon, dir fehlt da wohl die Routine, du verbrennst dir noch die Finger, Hämmern ist auch cool, dann mach doch das ..." Aus der Gruppe wird gerufen: „Los geht's, we have to leave, on y va …" Transparente werden entrollt und kurz gezeigt, *Carlo Guliani – never forget*", *Carlo vive* und *Make capitalisme history*. Wolf weiß nicht, wer Carlo ist, aber Finn-Ole sagt: „Jetzt ein bisschen Schwarzarbeit." Der ganze Trupp schließt auf und setzt sich gemächlich in Trab. Der Himmel über Altona ist jetzt hochsommerlich blau, der Sprechchor setzt ein: „A-, Anti - , Anticapitalista!", alle laufen im Rhythmus. Wolf hat ein angenehmes Gefühl von südländischer Leichtigkeit.

An einer Reihe von Jahrhundertwende-Häusern gibt es einen kurzen Zwischenstopp, Spraydosen werden herausgeholt und die Fassaden besprüht, an denen auch schon andere vorbeigelaufen sind, wie die Graffiti in verschiedenen Farben zeigen: *Tristero. Lot 49. ACAB. MALP – Muerte a la Policia. Brigades Antifeixistes Castello BAF.* Sie haben aber genügend Raum gelassen bis zu den etwas verblassten Parolen und Tags aus der Fußball- und Sprayer-Szene an dem Eckhaus: *Tese, GAP, DSF,*

USP. Ultra St. Pauli. Pyrotechnik legalisieren – Emotionen respektieren. Die freundliche Rothaarige – „Du kannst mich Ödipa nennen", deren Rucksack er trägt, sprüht in schönen schwarzen Lettern, dabei ein älteres Tag covernd, WASTE und ENTROPIE, Finn-Ole in grellem Rot daneben FCK – G20. Und er gibt die Spraydose an Wolf weiter, dem auf Anhieb nichts einfällt, er betrachtet die Dose, *covers all* steht darauf, unter der Markenbezeichnung Molotow. In kleiner etwas verhuschter Schreibschrift sprüht er dann mit sanft zischender Spraydose irgendwas darunter: Menetekel .... „Kann man ja kaum lesen", meint Finn-Ole, Jean-Pierre greift die Can, sprüht Smash G-20 und deutet auf einen Spruch in blassem Grün: Weg mit G-20 und G-8, „que ca veut dire, what's that supposed to mean?" Finn-Ole macht eine wegwerfende Handbewegung, „forget it – Bildungs-Lego." Weiter geht's – die Ringstraße entlang Richtung Elbufer, die hohen Bäume sind schon in Sicht, dann die großen Rhododendron-Büsche der zur Elbe abfallenden Parks, scharf links in die Elbchaussee, es ist kaum Verkehr, die große Gruppe zieht sich in schnellem Schritt locker auseinander, teils auf der Straße, teils auf den Bürgersteigen. Die Kleingruppen bleiben für sich eng zusammen, Wolf läuft dicht hinter Finn-Ole, sie sind die letzte Kleingruppe. Rechts die Büsche und Parks zur Elbe hin, links die Villen und Stiftungshäuser für Senioren, unterbrochen von den kleinen Straßen, die von Ottensen auf die Elbchaussee laufen, Fischers Allee, Susette-Straße – er liest kurz die Erklärung: nach Susette Gontard, Hölderlins Diotima. Schon vorbei ist Donners Park, sie laufen auf der rechten Straßenseite jetzt schon am Heine-Park entlang, neben ihnen eine Dreiergruppe, eine Frau ist dabei, die er an den Haaren erkennt, die rot unter ihrem schwarzen Käppi hervorquellen. Vor dem Heine-Gartenhaus direkt an der Elbchaussee ist sie plötzlich neben ihm, lacht, „hier ist der junge Heine seinen Cousinen nachgestiegen." Auf dem breiten Bürgersteig vor dem Gartenhaus steht ein Golf mit kokelnden Reifen, auf der anderen Straßenseite gegenüber klirrt es, drei Männer kommen aus der Zufahrt des Hauses gelaufen, bei dem sie offenbar die Scheiben eingeworfen haben. Masten stehen im Vorgarten, an denen verschiedene Flaggen hängen, es ist ein Konsulat. Auf der rechten Straßenseite nähern sie sich zügig Altona zwischen hohen Häusern der Jahrhundertwende und den kleinen alten Villen mit Vorgärten, hin und wieder eingestreut sind aufwendige Neubauten, auf der linken Straßenseite - ab hier darf geparkt werden und weiter vorne klirrt es auch schon.

Ein Lichtblitz steht kurz über den am Straßenrand geparkten Autos, dann steigt Rauch auf. Es scheppert wieder, vorbei geht es an den ersten brennenden Autos, Jean-Pierre bleibt neben einem Wagen stehen und greift in den Rucksack, „los, schlag die Scheibe ein!“ Wolf folgt der Finn-Oles Aufforderung und schlägt auf die Windschutzscheibe, zwei Sprünge ziehen sich durchs Glas. Er knallt seinen Hammer ein zweites Mal auf die Frontscheibe – und erzeugt das Muster eines Spinnennetzes, das Glas hält stand. Jean-Pierre fasst sich mit der Linken an den Kopf, in seiner Rechten raucht es. Finn-Ole stöhnt, „doch nicht auf die Frontscheibe“, tritt neben den Wagen, klopft kurz auf die Seitenscheibe, die sofort zusammenfällt, Jean-Pierre steckt seinen Bengalo in den Wagen, „to make a little fire.“ „Komm, lass uns mal die Hämmer tauschen, mit meinem Fäustling fällt es dir leichter.... und nie auf die Windschutzscheibe, die ist aus Verbundglas, VSG, wie ein Schutzschild, hast du keine Ahnung von Autos?“ Wolf sieht Flammen auf dem Beifahrersitz, beugt sich nach unten, um besser in das Innere des Autos sehen zu können, Finn-Ole zieht ihn weiter, „nicht stehen bleiben.“ Während sie weitergehen erklärt Finn-Ole kurz die Unterschiede zwischen ESG- und VSG-Glas, von vorne ist erneut Splittern zu hören, Wolf hat noch nie von Einscheibensicherheitsglas gehört, zwischen den hohen Häuserwänden beiderseits der Straße – sie sind inzwischen mitten in Altona - ist jetzt Feuerschein zu sehen, beißender Rauch steigt ihm in die Nase, immer mehr Autos rechts und links der Straße brennen. Vor einer Goldschmiedewerkstatt steht ein silberner BMW, an dem Jean-Pierre stehenbleibt. Die Schaufensterscheibe ist eingeworfen, Wolf bemerkt kaum die Pflastersteine in der Auslage, seine Aufmerksamkeit gehört ganz dem Wagen, dessen Scheinwerfer-Augen ihn zornig anblicken. Das Kühlermaul starrt mit Säbelzahnstäben, als wolle es gleich nach ihm schnappen. Wolf unterdrückt die aufsteigende Aggression und tritt nicht in den Kühlergrill, sondern geht diszipliniert daran vorbei und schlägt mit dem neuen Hammer gegen die Seitenscheibe, die sofort kollabiert. Jean-Pierre wirft seinen Bengalo auf den Fahrersitz, das Wageninnere ist gleich grell beleuchtet. Gerne würde Wolf zusehen, wie dieser Wagen ausbrennt, aber schon wieder wird er weitergezogen, „wir müssen zügig arbeiten.“ Sie überspringen die nächsten beiden Autos, die schon Feuer gefangen haben, bleiben kurz bei einem Kleinwagen stehen, dessen Seitenscheiben schon durch ein leichtes Klopfen mit dem Fäustling zusammenbrechen und zerbröseln. „Strobolobo“, lacht Jean-Pierre, „for cooking on a high heat.“ Es gibt eine Stichflamme und sofort lodert es im Inneren, sie ducken sich vor der aufsteigenden Wärmewelle. „Il brule d'une belle flame, un brasier.“ „Nur ein Twingo“, sagt Finn-Ole und ist schon beim nächsten Auto.

Aber die Seitenscheiben des SUV's springen zwar, aber zerspringen nicht. „Die haben manchmal auch in den Seitentüren Verbundglas, kann man bestellen, ist aber gefährlich, wenn du einen Unfall hast und raus willst", merkt Finn-Ole an und deutet auf die Reifen. Jean-Pierre sucht Grill-Anzünder aus seinem Rucksack, legt sie auf die Vorderreifen und zündet sie an, „dauert halt länger." Auf der Straße hupen einige Autos und versuchen mit Abstand an den brennenden Wagen vorbeizukurven, ein Linien-Bus fährt langsam in Richtung Blankenese, einige Bus-Insassen haben ihre Smart-Phones auf die in Flammenden stehenden Autos gerichtet, Jean-Pierre und Finn-Ole winken ihnen fröhlich zu. „Panache de fumée", freut sich Jean-Pierre, zwischen den Häuserwänden stehen schwarze Rauchfahnen. Aus einem Hauseingang tritt ein Anwohner, ein riesenhafter älterer Mann, mit gerunzelter Stirn unter graublonden Haaren und verschränkten Armen stellt er sich mitten auf den Bürgersteig: „Weshalb zeigt ihr eure Gesichter nicht, warum seid ihr vermummt?" Finn-Ole tippt sich leicht mit dem Hammer an die Stirn: „Das müssen wir machen, da wird Magnesium verbrannt. Der Rauch ist beim Einatmen gesundheitsschädigend." Sagt er – und geht an dem Mann vorbei, Jean-Pierre und Wolf folgen ihm. Finn-Ole lacht: „So ein Vollhorst, ich habe nichts gegen Leute, die wirres Zeug erzählen, aber bitte doch nicht hier in Altona." Auf dem letzten Teil der Straße bis zum Altonaer Rathaus stehen keine parkenden Autos mehr, die Straße ist zu eng. Der Rauch lichtet sich, zur Linken kommt die Christianskirche in den Blick, die Häuserreihe endet vor dem Kirchhof, auf der rechten hängt in dem alten weißen Haus mit der Galerie im Erdgeschoss wie immer eine riesige dänische Fahne in luftiger Höhe des zweiten Stocks. Aus einer Gruppe vor ihnen werden zwei Leucht-Raketen in das Tuch des Dannebrogs geschossen, aber sie prallen ab, fallen auf die Straße und verglimmen. Einige Leute sprühen ihre No-G-20-Parolen auf den Asphalt der Straße: ACAB, All cops are targets, ACAT, Tout le monde déteste la police. Wolf erkennt einen roten Zopf und stellt sich neben sie. In kunstvollen Buchstaben sprüht sie Adramelech und Abbadonna auf die Straße. Er fragt, welche Sprache das sei – oder einfach Phantasie-Namen, vielleicht die Namen von Rock-Bands? Sie zieht sich das Halstuch vom Gesicht, zeigt auf den Zaun und die Hecke des Kirchhofs direkt an der Straße und strahlt ihn an: „Ein paar Meter dahinter liegt Klopstocks Grab, und das sind seine Lieblingsteufel." Dann bückt sie sich wieder auf den Asphalt und sprayt: Karl Moor, never forget. Wolf ist verwirrt und wird gerufen, „komm weiter zum Rathaus." Vorbei geht es an der kleinen Reihe uralter roter Backsteinhäuser zum Rathaus. Wolf sieht über den Park des Altonaer Balkons auf den Hafen und die ferne Köhlbrandbrücke, auf der sich wie Spielzeug-Autos die LKW stauen. Vor dem Rathaus brennen zwei kleinere Autos, am Rathaus wird gearbeitet. Alle Kleingruppen sind wieder zusammen und versuchen mit Pflastersteinen die hohen alten Fenster im Hochparterre einzuwerfen. Sie liegen zu hoch, um mit dem Hammer arbeiten zu können. Klirrend zerspringen sie und zeigen das übliche Spinnennetz, fallen aber nicht in sich zusammen. Jean-Pierre, Wolf und Finn-Ole beschäftigen sich mit einem Fenster an der Fassade des Standesamtes. Die Scheiben sind ausgesprochen stabil und halten den krachenden Steinwürfen minutenlang stand, Wolf spürt, wie seine Kräfte allmählich nachlassen, der Luftweg scheint enger zu werden, alle sind außer Atem. Mit ihrem Fenster sind sie die letzten, die anderen ziehen schon weiter durch die Allee, vorbei an dem Park zwischen Altonaer Rathaus und dem nahen Bahnhof, Rauchsäulen markieren ihren Weg. Ein paar Leute schieben einen brennenden Müll-Container auf die Kreuzung vor dem Rathaus, an der Bushaltestelle schwingt Finn-Ole seinen Hammer ins Glas, „endlich wieder was für meinen Zauberstab." Sie haben Mühe, zwischen schon brennenden Autos rechts und links der Allee den Anschluss zu den Letzten aus ihrem Trupp zu halten, die Ersten sind schon irgendwo hinter einer Wand aus Rauchschwaden verschwunden, die über dem Park und der Straße liegt und die Sicht auf den Bahnhof verhindert. Jean-Pierre zeigt auf die große Glasscheibe eines Fahrradgeschäftes, aber Finn-Ole winkt ab und schlägt bei einem direkt davor parkenden BMW die Seitenscheibe ein, Jean-Pierre wirft seinen Bengalo, als wäre er beim Bowling, auf der Rückbank flammt es diesmal rot. Auf der Kreuzung vor dem Bahnhof herrscht klare Sicht, die Glasfassaden der Bankgebäude sind im Erdgeschoss mit den vertrauten Netzen überzogen, die schnelleren Kleingruppen kommen ihnen von dort entgegen, er erkennt den Hünen mit dem blonden Bart, kaum zu sehen unterm schwarzen Tuch: „Kleiner Kundenbesuch bei der Deutschen Bank und der Commerzbank, der Bereich für die Fernzüge und die S-Bahn ist leider dicht, verrammelt wie eine Festung. Immerhin zwei Peterwagen abgefackelt, und jetzt geht's in die Große Bergstraße, verteilt euch auf die rechte und die linke Seite!" Vor dem Bahnhof stehen zwei Kollegen mit blauen Rucksäcken und roten Handschuhen an der Fußgänger-Unterführung. Sie zielen mit Zwillen auf die Bahnhofsuhren. „Romantiker", ruft Finn-Ole und zieht den langsamer werdenden Wolf am Arm in die sehr breite Einkaufsmeile, „jetzt ein bisschen entglasen." Unter seinen Jogging-Schuhen sieht Wolf das bekannte bunte Muster der schmalen Pflastersteine in verschiedenen Rottönen, kunstvoll im rechten Winkel verlegt, durchzogen von wenigen langen Streifen mit gerillten weißen Streifen für Blinde. Sie überholen die ersten Gruppen, die sich an den Scheiben der Targo-Bank abarbeiten und leichteres Spiel an dem kleineren Laden von Money.Gram. geldtransfer haben. Jean-Pierre bleibt vor dem Kilo-Shop stehen, Finn-Ole zeigt auf die große Schrift, Second Hand Kleidung. Deutsches Rotes Kreuz, und schiebt ihn sanft vorwärts, das Rot-Kreuz-Logo ist eindeutig. Im Schaufenster eines Schlüsseldienstes steht ein No-G20-Plakat. „Das ist nicht ernst gemeint, Trittbrettfahrer", klärt Finn-Ole auf, „die wollen nur, dass wir ihre Fenster nicht einschmeißen." Mit kräftigen Hieben auf die immer gleiche Stelle arbeitet Jean-Pierre das Gewebe einer Riesenspinne heraus. Gegenüber und hinter ihnen rasselt und klirrt es, vor ihnen Jubel und Gelächter, wo sich die Einkaufszone etwas verjüngt, Sing-Sang in Sprechchören: „Vapiano, Vapiano." Die vom Parterre bis ins erste Stockwerk des großen Glasgebäudes reichende Pasta-Pizza-Bar wird nicht angerührt, die kleinen Vodafone und o2-Shops daneben entglasen sich wie von selbst. Einen Stau gibt es an der Filiale der Hamburger Sparkasse, an jedem Fenster unter dem roten Haspa-Band sind mehrere Leute beschäftigt, die Scheiben haben eine besondere Dicke. Bei den Mühen am Bankautomaten spürt Wolf seine müden Arme, der Hammer scheint sein Gewicht vervielfacht zu haben. Kurz überlegt er, als sich der Automat mit Netzen überzieht, ob nun sein überzogenes Konto gelöscht wird. „Hirngespinst, Glasgespinst", lacht Finn-Ole, „Webfehler im Automat." Schräg gegenüber liegt wie ein großes Kreuzfahrtschiff das Ikea-Gebäude. Vor der Metallkonstruktion der Ikea-Fassade mit ihren sehr breiten Fenstern, die beim Näherkommen die Farbe verändern, hantieren mehrere Dreiergruppen mit Verkehrsschildern, die sie von der nahen Baustelle hinter der Post geholt haben. Sie setzen die Stangen als Rammböcke gegen die Schaufenster ein und produzieren Spinnweben, die wie Deko-Elemente aussehen. Es lässt sich gut durch sie hindurch auf die ausgestellten Möbel sehen, hinter der Ausstellungsfläche sind Menschen erkennbar, Kunden und Personal in Blau-Gelb, die wie gebannt auf die netzartigen Fenster starren. Im Mittelpunkt ist das Glas etwas zerbröselt und sieht aus wie Schnee. „Spider Web", ruft Jean-Pierre, „like Haloween Party Decoration." Sie schlendern weiter – „Haloween Walk" – vorbei an dem Kulturcafé bergtags, vor dem normalerweise die Hipster mit Schaumkaffee und Laptop sitzen. Heute ist es geschlossen, im Schaufenster hängen kleine Wandzeitungen: #G20. Wir ziehen nicht aus. Wir haben nur Angst. Bitte nicht einschmeißen. "Wenn das man gut geht, sie sollten das nicht nur auf Deutsch schreiben. Kommt weiter." Bei macro.computersysteme sind zwar die Scheiben zersprungen, „Pfui Spinne!", die neuesten Apple-Modelle stehen aber unversehrt im Raum. Eine kleine Aufregung vor dem True Rebell Store, zwei Männer fuchteln mit Hämmern vor den Fenstern, ein dritter redet laut und beschwichtigend auf sie ein: „Das FCK G-20 ist hier mal ernst gemeint. Seht euch die Auslagen an, Dr. Martens Shoes, die Hoodies, die Sweater, Fred Perry Klamotten – das ist unser Kram. Lest mal die Sticker: Absolut Antifa, HATE, FCK CPS. Also Finger weg!"

In Richtung St.Pauli schreiten die Gruppen in nunmehr gemächlichem Trott, die Einkaufszone wird immer mehr zur Ramschmeile mit Spielhallen, kleinen Imbissen, Ein-Euro-Shops, Wolf fühlt sich zunehmend rammdösig. Auf der Höhe des Dänischen Bettenlagers überkommt ihn ein ungeheures Gähnen, die Leere greift nach ihm, es reißt in der Brust, er steht, keuchend, und vorwärts gebogen, Augen und Mund – unter der Maske – weit offen, er meint, er müsse den auffrischenden Wind in sich ziehen, alles in sich fassen. Das Prasseln der Glasmassen neben sich hört er kaum mehr, das Schaufensterglas von Büchner&Lenz, Stoffe und Accessoires, muss sehr dünn gewesen sein. Finn-Ole klopft ihm aufmunternd auf die Schulter: „Komm mal wieder in Flow, dein Hammer, du, das Glas, dann tritt die Welt zurück, der Puls steigt, du musst nicht groß denken. Das ist intensiv Leben." Vor Dick mit Chic. Berufskleidung für Handwerk und Gastronomie stehen sechs Leute und beratschlagen, Finn-Ole mischt sich ein, „nein, der ist nicht für Antifas oder Hartz 4, aber für dicke Prols." Beim Weitergehen wird ihm nachgerufen: „Weshalb stehen bei euch Klamotten-Läden unter Naturschutz." Abwärts nach St. Pauli entlang dem jüdischen Friedhof, vorbei an den Pulks von Obdachlosen, die vor der Ali Maus auf ihr Essen warten, der türkischen Moschee neben dem Discounter-Laden zum Nobis-Treff. Dort ist es gerammelt voll, sie weichen aus zum Cliffhanger nebenan, Finn-Ole und Jean-Pierre ordern Astra und Flens, blicken vor der Bar stehend auf die Reeperbahn, den Beatles-Platz und verwundert auf Wolf: „Du willst jetzt nicht mit auf den Kiez, fatigué?" Der überlegt, vielleicht kann er trotz der bleiernen Müdigkeit mit nach St.Pauli, könnte, hätte gekonnt. Er ist knochenschwer müde, weiß, dass ein Regenerationszyklus ansteht und winkt ab. Er gibt seinen Hammer zurück und streift den Rucksack ab, kurz ist der Abschied, „ruh dich aus, du kannst ja heute Abend in die Schanze kommen, großes Event, Party mit Eskalationsmöglichkeiten." Auf dem Rückweg zu seiner nahen Wohnung wird Wolf immer langsamer, findet mit Mühe das Schlüsselloch, geht im Flur an seinem Briefkasten vorbei, der überquillt, quält sich die Treppen hoch, fällt aufs Bett und schafft es noch, den Wecker zu stellen, bevor er in Tiefschlaf verfällt.

seltener griff

an die tür in den steinen
den mauermann ficht es nicht an
worte wägen schlüsselwort
knocking on heavens door
doch kein adventskalender
wir glauben mir beide nicht
sanft und sesam klopft das glück
aufspringt ein knurriger knorriger vorhänger
schwingende tür in der mauer spinnweben
zwielicht über der schwelle von vorn kalte luft
wird zu wind wirbelt wolken von klängen von überall
offen weit wie ein fenster also hüte ich mich
fall nicht gleich durch die tür durch die mauer
ins haus und lass nicht mich befallen von scheu
an dieser schnittstelle dem zugang wohin
ja hinter die mauer die tür zu welchen antworten
blinzelt der türsteher provoziert meinen eintritt
weltenfahrt auf die rückseite der steine
als wäre es die tiefe der eigenen seele
die wichtigen fragen stellen sich selbst wenn sie an der zeit sind leicht
gehe ich vorwärts spüre mich selbst in bewegung durch die kühle
des mauerwerks bergamott in der luft sanft dreht die tür
und mit musik im kreis mich zurück vor die tür
wie ein wiedergänger der türhüter
er grinst und posiert ich sehe
die flöhe in seinem pelzkragen

Hey Kafka

Gespräche aus dem Türsteher-Milieu

Wo die Grenzöffnung sein soll, steht zwischen Zaun und Mauer ein Gebäude. Den Mann vor der offenen Tür rufe ich an. „Hey du, ja du! Bist du Kafka, der Türsteher?"

„Woher kennst du meinen Namen – und was willst du?", antwortet der Türwächter.

„Ich will hier rein. Ich habe mehrere SMS erhalten, dass man bei dir durchkommt."

„Hier kommt kein anderer durch", knurrt der Türsteher und hebt einen Arm wie die Freiheitsstatue auf Liberty Island im Hafen von New York, allerdings hält der muskulöse Arm kein Schwert.

„In den Discos in Damaskus und Beirut bin ich noch an jedem Türsteher vorbeigekommen", sage ich.

Der Türhüter fragt mich, ob ich als Konkurrent komme oder ob ich verfolgt sei.

„Ich muss hier rein", sage ich und halte mein Smart-Phone hoch, „hier ist der Leuchtpunkt auf meiner Wanderungskarte, ich werde verfolgt, weil ich falsch bete und den falschen Sex habe, weil ich krank bin, zu viel gearbeitet und zu wenig verdient habe, auf meinem Bildungsweg gebremst werde, wegen meiner Haarfarbe und der Geschlechtszuweisung …"

„Du lügst und trügst", unterbricht mich der Türwächter und lacht, und ich lache auch. Er hält mir die Handflächen entgegen, ballt die eine Hand zu einer großen Faust, dreht sie mit dem ausgestreckten Daumen langsam nach unten und sagt: „Jetzt nicht." Während er zur Seite tritt und etwas in sein Biometrie-Gerät tippt, gehe ich in die Hocke und versuche, durch die offene Tür ins Innere zu blicken. Doch ich kann nichts erkennen, weil es so hell ist. Der Türsteher wendet sich mir wieder zu und fordert: „Arme hoch." Mit großen kräftigen Händen tastet und klopft er meine Kleidung ab. „Ich muss abwägen", sagt er, „als Grenzschützer entscheide ich mich im Zweifel für die Sicherheit. Aber du kannst ja versuchen hineinzugehen, wenn es dir so wichtig ist. Meinst du wirklich, dass du es schaffst, mein Verbot zu übertreten? An mir ist übrigens noch nie jemand ohne meine Erlaubnis vorbeigekommen. Ich sage dir noch etwas, ich bin nur der erste Türsteher. Gleich im Inneren gelangst du an eine zweite Tür, vor der steht ein Grenzschützer, der ist noch besser trainiert. Mit ihm würde selbst ich mich nicht anlegen. Danach folgen andere Türen, Barrieren und Kontrollen mit weiteren hochspezialisierten Wächtern, die von den großen Behörden sorgfältig ausgesucht worden sind. Je nach Bedarf arbeiten sie mit Metalldetektoren, auch starke Magnetfelder oder Röntgenstrahlung werden eingesetzt. Die Spezialisten sowie die leitenden Frauen und Männer jener Behörden habe ich nur aus der Ferne gesehen, mit Bodyguards, in großen Autos, wie ich niemals eines fahren werde. Ihre Gesichter kenne ich nur vom Bildschirm." Lächelt der Türsteher?

Er stellt mir einen Klappstuhl neben die Tür und lässt mich Platz nehmen. Schon wieder Probleme. Ich hatte damit gerechnet, durchgewinkt zu werden. Gehört hatte ich, dass alle willkommen seien, jeder sollte Einlass in ein gutes Leben finden. Nur deshalb habe ich den weiten Weg und alle Strapazen auf mich genommen. Ich dachte, ich wäre endlich am Ziel angekommen, aber immer wieder gerät meine Reise vor neuen Hindernissen und Grenzen ins Stocken. Verloren und verschollen sitze ich nun vor diesem Hünen von Türsteher. Die Sonnenbrille hat er sich auf den kahlrasierten Schädel geschoben, silbern schimmern die Ohrstecker, das eng anliegende Hemd betont seine Brust- und Bauchmuskeln. In Druckbuchstaben enthält es die Aufschrift *Tore statt Terror*. Tätowierungen zieren seine Arme und ziehen sich hinauf zum Hals. Ein kleiner Tierpark wird auf der fast unwirklichen Muskelmasse seiner Bizepse zur Schau gestellt. Bei näherem Hinsehen fällt allerdings auf, dass die Farbe Grün fehlt, es gibt keine Pflanzen-Tatoos. Der Torwächter bemerkt meine Blicke und posiert ein bisschen, er lässt den Bizeps mit dem Affen in Rot anschwellen, bis der Affe befremdlich in Richtung der huschenden Mäuseschar zu grinsen scheint. Durch das Spiel der Muskeln werden die Mundwerkzeuge des dreigliedrigen schwarzen Käfers in beißende Bewegungen gebracht. Unterhalb des Piercings, schon vom Hals aus, sieht mich ein blauer Fisch mit runden Augen an, als schwömme er im Aquarium. Vor dem Mund hat er eine Blase, vielleicht eine Seifenblase, aber Fische können nicht sprechen und ich bin diesseits der Scheibe. Der Türsteher verwirrt mich mit seinem Zoo. Er beginnt mich auszufragen, woher ich die Information hätte, dass diese Tür nicht nur ein Hinterausgang wäre. Mit wem zusammen ich auf der Route hierher unterwegs gewesen sei.

„Einzelfallprüfung“, sagt er und lächelt fast, „wir wollen einer Abschiebung doch vorbeugen.“

Ich erzähle meine Geschichte des letzten Jahres, wie mich in Istanbul mein autoritärer Onkel nach kurzer Zeit wieder aus seinem großen Geschäft geworfen hat, von der Überfahrt mit den beiden syrischen Ingenieur-Studenten nach Lesbos, die wir nur knapp geschafft haben – wir konnten alle nicht schwimmen. Von dem Job als Liftjunge in dem griechischen Hotel, der mir wieder gekündigt worden ist, von der schwer erträglichen und schäbigen Zeit in Serbien als Laufjunge für eine dicke Prostituierte. Ich schmücke aus, gebe mein Bestes, um aus der Konfrontation mit der Vergangenheit Erzählfunken zu schlagen, die ihn begeistern könnten, sein Mitgefühl erwecken, um ihn auf Gemeinsamkeiten einzustimmen. Ich erhebe mich von meinem Klappstuhl, um auf Augenhöhe zu sein und dem Gespräch größere Vertrautheit zu geben. Kann ich ihn zum Verbündeten gewinnen, der sich meiner Sache annimmt?

Der Türsteher zuckt mit dem Mundwinkel und sagt, das alles spreche nicht gegen eine Rückführung. Ich habe ihn nicht in meine Geschichte hineinziehen können, sie scheint ihm herzlich egal zu sein. Als ich mich setze, streife ich seine harten Muskeln, die Dinge bleiben in der Schwebe. Der Abstand zur offenen Tür scheint größer, die Tür noch niedriger und schmaler geworden zu sein.

Schulterweggezuckt sitze ich mit klammen Fingern auf dem Klappstuhl. Etwas ratlos suche ich aus meinem Rucksack die teuren Zigaretten, die ich in Wien eingetauscht habe. Vielleicht kann ich so seine Sympathie gewinnen. Der Türsteher nimmt sie an, mit gehobener Braue. Er raucht, aber nicht auf Lunge. Er pafft den Rauch in Ringen, die sich oval verformen, in die Luft. Wie kleine Nullen schweben sie nach oben und lösen sich auf. Während er die Zigarette zum Mund führt, sehe ich auf der Haut seines prallen Unterarmes die verwischten Konturen eines Tierkopfes, vielleicht eines Dachses oder Maulwurfs, es könnte auch ein Hund oder Fuchs sein. Nur die Augen sind deutlich und sehen mich an. Mir fällt eine uralte Fabel aus der Schulzeit ein, vom Fuchs, der die süßen Weintrauben nicht erreichen kann. Er rümpft die Nase, sagt, sie seien ihm nicht reif genug, und spaziert erhobenen Hauptes von dannen. Soll ich hartnäckig am blockierten Ziel festhalten oder mein Vorhaben lieber abbrechen? Will ich nur durch das Tor, weil ich solange gereist bin und so viel investiert habe? Ist es nicht besser, sich von unerreichbaren Zielen zu lösen? Der Türsteher raucht und ich habe feuchte Hände.

Weshalb sitze ich hier wie gelähmt und höre die Flöhe husten, wende meine ganze Aufmerksamkeit auf den Türsteher, der jetzt seine Zigarette ausdrückt und über mich hinweg schnippt. Er agiert auf der Schwelle meines künftigen Lebens, aber aus seinem Mund spricht nicht die Zukunft, sondern die Vergangenheit. Ich darf mir keinen Floh ins Ohr setzen lassen, ich muss mich aus seinem Bann lösen, mich auf die offene Tür konzentrieren. Fällt eigentlich noch Licht heraus? Gibt es überhaupt Grenzen, die unüberwindbar sind? Den Tod natürlich. Droht der mir denn, wenn ich hier durchgehe?

Doch hier kommt sowieso niemand lebend raus. Ich sollte nicht trauernd herumsitzen und meine Wünsche beerdigen. Nimm das Leben nicht so ernst. Warum steht anstelle des muskulösen Türhüters kein Hausmeister in Arbeitskleidung – oder eine vollschlanke ältere Dame mit roter Handtasche und freundlichem Gesicht vor der Tür? Eine blonde Dame, deren Posing darin besteht, die Hände vor dem Körper zu einem Dreieck zusammenzulegen und freundlich zu lächeln? Nichts Genaues weiß der Türsteher von den anderen Torwächtern, mit denen er droht. Er kennt sie nur aus der Ferne. Woher nimmt er sein Recht, mir den Eintritt zu verweigern. Vielleicht präsentiert er seinen gestählten Körper nur auf der Grundlage von Anabolika und Steroiden und bekommt über kurz oder lang Herz-Kreislauf-Probleme. Will er mit testosterongesteuerten Machtspielchen die Armseligkeit seines Jobs kaschieren? Oder aus Langeweile eine kleine Vereinsamungstragödie mit mir als Hauptfigur inszenieren? Weshalb warte ich auf seine Genehmigung? Ich muss mein Anwalt sein, nicht mein Staatsanwalt, und mir das Recht auf Einlass nehmen. Das Recht auf unerlaubten Grenzübertritt. Tore sind gemacht, um durch sie hindurchzugehen. Nicht, um vor ihnen Halt zu machen. Ich stehe auf, der Türsteher tritt beiseite. Um durch das Tor zu gehen, muss ich mich gar nicht bücken.

Sommerflüchtlinge am bayerischen See 2015

Im Hintergrund Berge und Himmel blau
blau der Himmel im See spiegelt Sonne
von den Bäumen kein Rauschen nur Schatten
bei dieser Hitze viel nackte Haut weiß und gebräunt
auf Tüchern und Matten auch Sonnenbrand
beschattetes Liegen und Lagern im Badezeug
und Dösen und Reden und Lesen
in praller Sonne nur wenige Decken
mit jungen Körpern und wenig Bewegung,
langsames Wischen auf Handys und faules
Nicken unter Kopfhörern ein bisschen
frostige Kälte gegen den Hochsommer viel Eis
am Stiel vom nahen Kiosk unter der Kiefer
blauweiß beflaggt hochstehend brütet die Sonne
im Wasser kein Mensch, Mittagsstunde, Stunde des Pan.
In der Ruhe ein Juchzen zwei junge Männer stehen am See
gehen lachend ins Wasser und spritzen und waten
bis zu den Hüften hinein kein Kopfsprung ins Nasse
kein Tauchen kein Schwimmzug sie bleiben stehen
die Hände zum Himmel mit Flaschen und Tuben
sie glucksen sie spritzen Lotion und Shampoo
auf sehr schwarze Haare sie seifen sich ein
schwelgen in Duschgel Lust und Erquicken
es lacht die Sonne Gelächter vom See
und es flockt und perlt um die weißen Häupter und schäumt
einen schönen Teppich, größer werdend
von strahlendem Weiß auf dem schönen
sauberen Wasser des bayerischen Sees
wie Schnee funkelnd in der Sonne
regenbogenfarben blitzend, soap bubbles on liquid
Dispersion von Luft in tensidhaltiger Lösung
polyederbildendes Netzwerk

flüssiger Lamellen geräuschvoll begleitet
mit lustvollen Rufen schaumiges Vergnügen.
Winterliche Welle weht durch die Liegenden sie richten sich auf
und erstarren das Weiß fährt in Glieder und durch sie hindurch
zum See alle Blicke wie im Kino
auf die munter keckernden Schaumschläger
in fremder Sprache im Winterlicht Träume sind Schäume
einfrieren am Badesee Kälte macht keine Worte
niemand sagt etwas eisiger Schaum im Hochsommer.

Nase hoch

Spröde vernarbt und wund ist
die Innenseite der Außenseiter
nach unten zeigen die Stirnen
Wenige heben den Blick
und beginnen als Schmuggler
den kleinen Grenzverkehr
sie gehen in die Fugen vergrößern
Risse finden Lücken sie schleusen
ihre Waren und Botschaften
in die Mitte der Ausgrenzer
zählen die Löcher der Nasen
blasen Frühling in Altweibersommer
Altmännerhaar balancieren Sinn
und Gegensinn schaben an der
Außenseite nehmen Glanz gewinnen
Widersinn aus kleinsten Fragmenten
sie lehren das Rechnen und:
Nase hoch hilft nicht gegen Rechnen.
Allmählich und fast unbemerkt
wird etwas ordnen neu sich Verhältnisse
bipolare Störung die Mehrheiten wandern
wenn die Zahlen sich ändern Mitte sich schiebt
eingegrenzt ist ausgegrenzt
und: Nase hoch hilft nicht gegen Rechnen

Ringparabel Revisited

Der weise Jude spricht, vor grauen Jahren
lebt ein Mann im Osten, der einen Ring
von unschätzbarem Wert aus lieber Hand besaß
aus Lessings Feder, und rettet so sein Gut und Blut
seine Gedanken rettet Lessing vor christlicher Zensur
mit einem Märchen, der Stein war ein Opal
der hundert schöne Farben spielte, durch Kunst kopiert
das Original sei nur an seiner Wirkung zu erkennen
vor Gott und Menschen angenehm zu machen.
Wo stehen die Kindeskinder, wie hell strahlt ihnen Licht
der aufgeklärten Morgensonnen und spiegelt sich in ihren Ringen
wie endete der Erbschaftsstreit der Eingottreligionen
um besten Glauben, bessere Welt? Jetzt ist sie nicht.
Der junge Christ, von einem Muslim, einem Juden
einst befreit vom Fanatismus, ist alt und schwach geworden
matt sein Ring und antiquarisch stumpf vor leerem Himmel
aus dem die Götter fielen – und Raum für Bomber bleibt.
Und andere alte Männer murmeln beim Barte des Propheten
vom Allerheiligsten in ihre Bärte, beten die Asche an.
Aus Restglut Funken schlagen Kindeskinder
beleidigte verbrannte Seelen, von den Fingern
drehn manche eng gewordene Ringe und verwandeln
zu Abzugsringen sie für Handgranaten
Sprengfallen für das Paradies, das eigene.
Offen bleibt, was Lessing sah, zuvor, vorher
Déjà-vu, lose Prognose, das Kommende als Rückblende
als Vorschau die Erinnerung, Vorher-Sehung.
Offen bleibt, was Nathan spricht, die bessere Welt
jetzt ist sie nicht.

Nein. Er ist's.

Endgültig vorbei ist nun leider der Winter
die Abende schön in Barkinotheater
morgens ins Bett ohne Vogelgezwitscher
bald ist allüberall Frühling der Fall

allüberall Frühling rollt gegen mich
schickt Welle auf Welle aus allerlei Farben
zieht vor die klare Sicht in die Ferne
hoch einen Vorhang vornehmlich aus Grün

mein Blick geht noch gerade zur Ecke der Hecke
verwirrt sich, wird müde im trüberen Grün
im Schleim der Schnecken schimmert die Sonne
im Kompost sitzt der Zombi, oh welche Wonne.

überforderung eines einsilbigen tieres

oder: nach der rückkehr von ernst jandls geburtstagsfeier

ein königreich für ein pferd
fürferdfürferdferdfürfährtfährtfährt
auto pferd auto fehrt
fährt auch so
gegen gegen gegen gegen
auto wumm bumm bumm wumm pferd
spaß staunt jandl jandl staunt
dellen statik innenleben
give the horse a good shake
statik beulen lebenleben
reconstructed horse
pferd belastbar königreich
lieber könig lieber reich
lieber lieber königreich
auf hohem Ross ein Autofahrer
hohem hohen Ross
ist schlecht für Ross, ist schlecht für Fahrer
schlecht ist schlecht ist schlecht
ihm schenk die Freiheit schenk sie ihm
bring lass lass bring stell es es
no fear shakespeare
auf weideweide koppel wiese
das königreich das königreich
das königreich ist eine wiese

Eng wird es für Zitronenfalter

Hinter bezuschussten Ganzpflanzensilagen und grün gestrichenen
Kläranlagen eng wird es für Zitronenfalter in unifarbenen
Rapslandschaften GPS-gepflegt standardisiert für
Bienen im Getreideteppich zu oft gesaugt und formatiert für
Löwenzahn und Ehrenpreis null Chance in der Mais-Idylle
bodenanalytisches Precision Farming without
the birds and the bees and the flowers and the trees

Hinter bezuschussten Ganzpflanzensilagen und grün gestrichenen
Kläranlagen eng wird es für Zitronenfalter in unifarbenen
Rapslandschaften GPS-gepflegt standardisiert für
Bienen im Getreideteppich zu oft gesaugt und formatiert für
Löwenzahn und Ehrenpreis null Chance in der Mais-Idylle
bodenanalytisches Precision Farming without
the birds and the bees and the flowers and the trees

Welcome willkommen Ihr Flüchtlinge vor Gülle-Gewittern
und Gift-Geriesel
aus dem Land der Horizonte wo der Spritzbauer spritzt im
echten Norden
und dem Land das guttut wo an Seen und Küste der Mastbauer jaucht
und die Frühaufsteher ihr Speed-Roundup in der Börde verteilen
willkommen Ihr Asyl-Gewächse Exil-Insekten Ihr Füchse
mit Migrationshintergrund
kommt in die Parks die Gärten die Grünanlagen die alten die
neuen Ihr solltet es wagen
Hinterhöfe besiedelt die Kronen der Bäume an schönen Alleen
am Rande von Plätzen
Neue Räume schafft zum Summen und Flattern zum Zwitschern und
Schwätzen
Denn heute gilt wieder zweierlei: Landlust wird Stadtlust und
Stadtluft macht frei

Wall-Art Berlin 2017

Trifft ein Gedicht auf eine Wand
auf eine hochsensible Wand
eine Berliner Hochschulwand
empfindlicher als nackte Haut.
Mit dem Kopf durch die Wand wollen
sei keine gute Idee, meint die Wand
und spitzt die Ohren, singt da jemand
pfeift sie an, will Tattoos einbringen
und Teufel anmalen, Menetekel
fährt da die Wand aus der Haut
aus dem gelehrten Häuschen
wackelt noch nicht, sondern löscht
die Blumenfrauenbewunderer
bleibt lieber ein unbeschriebenes
Blatt.

In Höhlen

In Höhlen zeigt die Erde ihre schwarzen Seiten
mischt Hell und Dunkel, zeigt Licht und Schatten
an der Wand, das Licht ist immer etwas früher
in Höhlen, die mit Moränen, Gletschern sich verschoben
aus fernen Zeiten wanderten und krochen
mütterlich warm und eisig kalt ins Heute.
Und ist einmal, am Mittag, eine da
die suchend eindringt in die Welt der Höhlen
und fechtend mit den Schatten an der Wand
voraus und hinterher geworfen
sie überspringend ohne Angst
geht ihr, geht ihm – vielleicht – ein Licht auf
denn nur wo unerkannt und fremd im Schatten
etwas liegt, dort kann verstanden werden.

Hambacher Herbst 2018

Seht ihr sie, die Fledermaus
bei Tageslicht kommt sie heraus
sie sitzt nun nicht mehr da und morst
einmal umfliegt sie ihren Horst
zur Ehrenrunde durch den Forst
Flechten, Pilze blähen, bauschen
beifällig die Bäume rauschen
es jubeln und winken die Menschen
am Boden, aus Bäumen, Attention
die Tierwelt quiekt, röhrt, summt und quakt
Frau Bechstein ist jetzt angesagt
Bechstein-Rufe und Applaus
genießt die kleine Fledermaus
sie ruft zurück im Ultraschall
das hört zwar keiner, ist egal.
Erst mal Schluss ist mit der Rodung
Frau Mausohr fliegt den Rösselsprung
musikfrei zeigt sie Bechsteinflügel
fliegt schulterfrei über die Hügel
die Kraterlandschaft, Tagebau
die Riesenbagger, Grau und GAU
sie segelt höher ins Himmelsblau
im Sonnenschein liegt die A Vier
das alles hier ist ihr Revier
und dreht dort, sehr schön anzusehen
in klimawandelwarmen Höhen
einen Looping rund und schön
der Forst zuvor noch wie verschandelt
ist mit einem Mal verwandelt
durch Fledermausnaturgewalt
zum mysteriösen Zauberwald
und auf dem Hambach-Festival
klingt Bechstein, Bechstein überall

immermehr wird offenbar
hier wird ein Bechsteinmärchen wahr.

Der Autor

Jochen Stüsser-Simpson ist im Rheinland aufgewachsen, kam nach der Schule nach Hamburg, lebt dort – im Laufe der Jahre in verschiedenen Stadtteilen, meist des Hamburger Westens in Elbnähe. In der Freizeit hält er sich gerne im Sternberger Seenland hinter Schwerin auf. Er unterrichtet Philosophie und Deutsch am Christianeum in Hamburg-Othmarschen, ist begeisterter Leser, schreibt gern, viel Gereimtes, Gestrophtes, Geschütteltes, auch – oft phantastische oder groteske – Prosa, gelegentlich Fachartikel.